IP-Cert: Auditierung und Zertifizierung von Intellectual Property

Axel Mittelstaedt

IP-Cert: Auditierung und Zertifizierung von Intellectual Property

Wettbewerbsstärke sichern
und Unternehmenswert steigern
mit effizienten Prozessen

Axel Mittelstaedt
Köln
Deutschland

ISBN 978-3-658-02971-5 ISBN 978-3-658-02972-2 (eBook)
DOI 10.1007/978-3-658-02972-2

Die Deutsche Nationalbibliothek verzeichnet diese Publikation in der Deutschen Nationalbibliografie; detaillierte bibliografische Daten sind im Internet über http://dnb.d-nb.de abrufbar.

Springer Gabler
© Springer Fachmedien Wiesbaden 2014
Das Werk einschließlich aller seiner Teile ist urheberrechtlich geschützt. Jede Verwertung, die nicht ausdrücklich vom Urheberrechtsgesetz zugelassen ist, bedarf der vorherigen Zustimmung des Verlags. Das gilt insbesondere für Vervielfältigungen, Bearbeitungen, Übersetzungen, Mikroverfilmungen und die Einspeicherung und Verarbeitung in elektronischen Systemen.

Die Wiedergabe von Gebrauchsnamen, Handelsnamen, Warenbezeichnungen usw. in diesem Werk berechtigt auch ohne besondere Kennzeichnung nicht zu der Annahme, dass solche Namen im Sinne der Warenzeichen- und Markenschutz-Gesetzgebung als frei zu betrachten wären und daher von jedermann benutzt werden dürften.

Lektorat: Manuela Eckstein

Gedruckt auf säurefreiem und chlorfrei gebleichtem Papier

Springer Gabler ist eine Marke von Springer DE. Springer DE ist Teil der Fachverlagsgruppe Springer Science+Business Media
www.springer-gabler.de

Vorwort

Auf den Punkt gebracht

- IP-Management[1] ermöglicht Unternehmenserfolg in der Wissensökonomie.
- IP-Cert[2] bringt Licht ins Dunkel, ob – und wie – Unternehmen diese Chance nutzen.

Es geht hier um zwei Dinge – den Besitz geistigen Eigentums **und sein möglichst ideales Management im Gesamtzusammenhang der sich fortlaufend dynamisch entwickelnden Unternehmensrealität.**
„Haben Sie geistiges Eigentum (Patente, Marken, Design & Co.)?" Meine an Unternehmer gestellte Frage nach ihren „immateriellen"[3] Vermögensgütern ist noch nie verneint worden![4] „Und wie gehen Sie damit um? Wie nutzen Sie es?" lautet dann die zweite Frage. Größere Unternehmen geben dazu Antworten, die nicht selten einiges Problembewusstsein und sogar qualifizierte Detailkenntnis of-

---

[1] Management des geistigen Eigentums in Unternehmen. Dieses Thema ist Gegenstand einer Vielzahl auch jüngerer aktueller Veröffentlichungen (s. Literatur).

[2] IP-Cert: IP hat sich als Abkürzung für Intellectual Property, als Symbol für geistiges Eigentum, bei uns eingebürgert. IP-Cert = Zertifizierung des geistigen Eigentums und seines Managements; IP-Cert schließt die Auditierung des geistigen Eigentums und seines Managements als notwendig vorausgehenden Prozess ein.

[3] Im Gegensatz z. B. zu den materiellen Vermögensgegenständen, die das Anlagevermögen konstituieren.

[4] Sehr zu Recht! Denn schon der Unternehmensname und das immer vorhandene Knowhow gehören dazu. Der Anteil von immateriellen im Vergleich zu materiellen Aktiven am Unternehmenswert stieg in der vergleichsweise kurzen Zeit von 1978 bis 2008 von 20 % auf 80 % (vgl. Münch und Ziese (2012), S. 5, unter Hinweis auf die aus anderem Zusammenhang bekannte Quelle „Standard and Poor's": 500 Stock Index und Intellectual Asset Management Magazine, März 2006).

fenbaren, aber auch oft Mängel verraten. Kleine und mittelständische Unternehmen (KMU) reagieren hingegen nicht selten mit Achselzucken.[5]

Dabei ist inzwischen längst **Allgemeingut** geworden, dass die Bedeutung des geistigen Eigentums (IP) für die *gesamte* Wirtschaft stetig zugenommen hat und mit ihrer fortlaufenden Weiterentwicklung noch zunimmt.[6] Auch dass seine **richtige Handhabung** und **Nutzung** entscheidend dazu beiträgt, die Position des *einzelnen* Unternehmens im Wettbewerb zu verbessern und seinen Wert zu steigern[7], und zwar beides fühlbar.

Aber es gibt noch eine **dritte Frage:** „Entspricht das Management des geistigen Eigentums in Ihrem Unternehmen *Ihren* **Qualitätsansprüchen?**" Die Antwort darauf mag sich jeder Leser selbst geben. Und er mag sich zusätzlich fragen, ob die **Sicherheitsbedürfnisse** des Unternehmens in dieser Hinsicht befriedigt werden, z. B. das Bedürfnis, *sicher* zu wissen, dass das Unternehmen sich im Bereich seines IP-Managements auf der Höhe der Zeit befindet, auch soweit es etwa um die **Entwicklung zur Informations- und Wissensgesellschaft** geht.

Im Umgang eines Unternehmens mit seinem geistigen Eigentum (IP-Management) laufen seine IP-Management**prozesse** ab. Sie stellen die Umsetzung des zugrundeliegenden IP-Managementsystems dar, das das Unternehmen hierfür installiert hat. In diesem Buch soll es nunmehr um die Chance gehen, die IP-Managementprozesse des Unternehmens zu **identifizieren**, sie zu **bewerten** und vor allem ihre **Qualität** im Zusammenhang des Gesamtunternehmens zu **steigern** – und damit letztlich auch die Qualität des Gesamtmanagements.

Das **geeignete und berufene Mittel** für diese Arbeit des Erkennens, Beurteilens, Verbesserns oder vielleicht sogar Optimierens besteht darin, das IP-Managementsystem zusammen mit seinen Managementprozessen einer Untersuchung, nämlich **Auditierung, Begutachtung** und **Zertifizierung** zu unterwerfen. Dieser Vorgang – IP-Audit und Zertifizierung („IP-Cert") – ergänzt notwendig die Thematik „Geistiges Eigentum von Unternehmen und sein Management" und reicht weit über sie hinaus. IP-Cert kann wesentlich zur Steigerung der Wettbewerbsstärke des Unternehmens insgesamt und zur Verbesserung seiner Zukunftsaussichten beitragen. Es ist der **Hebel**, der ein wirklich qualifiziertes, ernsthaftes und die Gesamtheit des geistigen Eigentums erfassendes interdisziplinäres IP-Management zum Nutzen des Unternehmens ermöglicht.

---

[5] Entsprechende Beobachtungen machten Münch und Ziese (2012), S. 6.

[6] Der Wert von Immaterialgütern für die *Volkswirtschaft* wird allerorts hervorgehoben; vgl. z. B. Münch und Ziese (2012), S. 2. Sie fördern das Wachstum und die globale Konkurrenzfähigkeit einer Volkswirtschaft.

[7] Vgl. Mittelstaedt (2009), „Strategisches IP-Management – mehr als nur Patente".

Das vorliegende Buch soll an diese noch recht neue Thematik heranführen, über ihre Chancen und Möglichkeiten informieren und Anregungen geben für den Einsatz von IP-Audit und IP-Zertifizierung zum Vorteil des eigenen Unternehmens. Grundsätzlich sind alle IP-Managementprozesse einer Untersuchung, Begutachtung und Zertifizierung zugänglich und können davon profitieren. Es lohnt sich, die gegenüber Audits bisweilen geäußerten Vorbehalte zurückzustellen oder sogar zu überwinden.[8]

IP-Cert – Auditieren und Zertifizieren des IP-Managements: ein geeigneter, allfälliger Weg, das geistige Eigentum umfassend und effizient in den Griff zu nehmen – und zu behalten. Die Methoden und Techniken des strategischen IP-Managements sind bekannt und stehen zur Verfügung. Die Möglichkeit, die Wirksamkeit und Profitabilität dieses Managements zu **sichern**, ist mit seiner Auditierung und Zertifizierung gegeben. Diese Chance nicht zu nutzen, heißt, den Unternehmenserfolg partiell weiterhin **von Zufälligkeiten abhängig** zu machen und **ohne Echolot zwischen Untiefen zu navigieren.**

---

[8] Sie werden mehr als entkräftet durch die Vorteile, die eine Zertifizierung durch einen anerkannten Zertifizierer bietet: sie führt zu einer signifikant höheren, empirisch belegten Bereitschaft der Kunden, geprüfte Dienstleistungen, Prozesse und Produkte **höher zu vergüten** (Institute for Marketing Research 2009).

Inhaltsverzeichnis

1 Die Notwendigkeit der Auditierung und Zertifizierung des
  Intellectual Property Managements 1

2 IP-Audit und IP-Zertifizierung – Grundlagen und Verortung 7

3 Zwölf Gründe, das IP-Management eines Unternehmens auditieren
  und zertifizieren zu lassen 11
  3.1 Gewinn an Wettbewerbsstärke 13
  3.2 Gewinn an Führungssicherheit 14
  3.3 Mehr Transparenz, Gewinn an Durchblick 16
  3.4 Mehr Kostenkontrolle über den Bereich IP 17
  3.5 Mehr Effizienzkontrolle 18
  3.6 Fundiertes Verständnis des „Prozesses IP-Management" 18
  3.7 Gewinn an Vertrauen 20
  3.8 Positive Wahrnehmbarkeit des Unternehmens 20
  3.9 Verbesserung des geistigen Eigentums und seines
      IP-Managements 21
  3.10 Sichtbarmachung von Innovationsvorsprüngen 21
  3.11 Steigerung der Mitarbeitermotivation 21
  3.12 Steigerung der Attraktivität für die Mitarbeiterrekrutierung 22

4 Die IP-gerichtete Anpassung der Unternehmensstrukturen und
  -prozesse an die Erfordernisse der Wissensökonomie 23

5 Das geistige Eigentum, seine Entstehung und Erfassung, sein
  Management und dessen Prozesse sowie die IP-Verwertung als
  Gegenstand der Auditierung und Zertifizierung 27
  5.1 Ganzheitliche Vernetzung der IP-Bestandteile 28
  5.2 Innovationsstreben 29

5.3	Innovation und Kreativität als Hauptressourcen für Wettbewerbsstärke	29
5.4	Wahrnehmbarkeit auf der Ebene der Kaufentscheidungen	31
5.5	Geistiges Eigentum	32
5.6	Erfindungen	33
5.7	Auf F&E und Innovation beruhende Leistungsergebnisse	38
5.8	Rechtsschutz-Dimension	39
5.9	Die Identifizierung der IP-Managementprozesse im Unternehmen	44

6 Das geistige Eigentum (IP) eines Unternehmens und seine Bestandteile als Gegenstand eines auditierbaren und zertifizierbaren IP-Managements 49
    6.1 Bestandteile des Intellectual Property 51
    6.2 Systemische Strukturen 51
    6.3 Die Bestandteile des Unternehmensvermögens „Geistiges Eigentum" 52
        6.3.1 Marken und der Prozess ihres Managements 56
        6.3.2 Patente und der Prozess ihres Managements 73
        6.3.3 Gebrauchsmuster und der Prozess ihres Managements ... 81
        6.3.4 IP-Management und die „human resources" 101

7 Geistiges Eigentum und Arbeits-, Dienst-, Auftrags- und Kooperationsverhältnisse 105

8 IP-Prozess „Bewertung und Verwertung des geistigen Eigentums" 109

9 Die Durchsetzung des Schutzes geistigen Eigentums mithilfe des Staates 113

10 Die Auditierung und Zertifizierung der IP-Managementprozesse im Unternehmen 121
    10.1 Der Prozess der Auditierung der IP-Managementprozesse im Unternehmen 121
    10.2 Der zusätzliche Vorgang der Zertifizierung 122

11 Das IP-Management als Gegenstand der Auditierung – Das IP-Audit: Audit des geistigen Eigentums und seines Managements („Intellectual-Property-Audit") 125
    11.1 Fragen des IP-Audit 126
    11.2 Definition des IP-Audit 126
    11.3 Praxis des IP-Audit 127

		11.3.1	Was erspart das IP-Audit dem Unternehmen?	127

       11.3.1 Was erspart das IP-Audit dem Unternehmen? 127
       11.3.2 Was gewinnt das Unternehmen mit einem IP-Audit? 129
       11.3.3 Die Situation ohne IP-Audit 129
       11.3.4 Wie es aussehen könnte 130
  11.4 Die Arten des IP-Audit und seine Durchführung 132
       11.4.1 Umfassendes IP-Audit 133

12 Die Vorbereitung des Unternehmens auf die Verfahren der Auditierung und Zertifizierung 137

13 Das Unternehmen nach der Auditierung und Zertifizierung seiner IP-Managementprozesse 141

14 IP-Auditierung und Zertifizierung: Umsetzungshilfen für die Praxis ... 143
  14.1 Die Identifizierung der IP-Managementprozesse im Unternehmen 143
  14.2 IP-Cert-Anforderungsprofil 157
  14.3 IP-Audit-Prüfungsstruktur (umfassendes IP-Audit) 170
  14.4 IP-Audit-Fragebogen 177
  14.5 Marken-IP-Audit: Prüfungsstruktur/Prüfschema 182
  14.6 Schema zum Phänomen und Prozess der Wahrnehmung 190

Literatur 193

Stichwortverzeichnis 197

Der Autor

Axel Mittelstaedt ist Rechtsanwalt für Marken-, Wettbewerbs-, Geschmacksmuster- und Patentrecht und seit 30 Jahren im gewerblichen Rechtsschutz auch als Autor aktiv. Er ist ehemaliges Vorstandsmitglied des Marketing-Clubs Köln/Bonn und dort weiterhin im Beirat aktiv. Zusätzlich ist er gefragter Referent. Sein Buch "Strategisches IP-Management - mehr als nur Patente" ist 2009 bei Springer Gabler erschienen.

Abkürzungsverzeichnis

a. a. O.	am angegebenen Ort
abgek.	abgekürzt
a. E.	am Ende
BGH	Bundesgerichtshof
CD	corporate design
CI	corporate identity
CR	Computer und Recht
ders.	derselbe
engl.	englisch
EuGH	Europäischer Gerichtshof
F&E	Forschung und Entwicklung
Fn.	Fußnote
GebrMG	Gebrauchsmustergesetz
GeschmMG	Geschmacksmustergesetz
GGV	Gemeinschaftsgeschmacksmusterverordnung
GMV	Gemeinschaftsmarkenverordnung
GRUR	Gewerblicher Rechtsschutz und Urheberrecht (jur. Fachzeitschrift)
GRUR Int.	Gewerblicher Rechtsschutz und Urheberrecht, internationaler Teil (jur. Fachzeitschrift)
HABM	Harmonisierungsamt für den Binnenmarkt
Hj.	Halbjahr
i. e.	id est
IP	Intellectual Property
IP-Audit	Auditierung des Geistigen Eigentums und seines Managements
IP-Cert	Zertifizierung des Geistigen Eigentums und seines Managements
i. V. m.	in Verbindung mit
Kap.	Kapitel
KMU	kleine und mittelständische Unternehmen

LG	Landgericht
M&A	Mergers and Aquisitions
MarkenG	Markengesetz
MarkenR	Markenrecht (jur. Fachzeitschrift)
Mitt.	Mitteilungen der deutschen Patentanwälte (jur. Fachzeitschrift)
m. w. A.	mit weiteren Angaben
m. w. N.	mit weiteren Nachweisen
OLG	Oberlandesgericht
PatG	Patentgesetz
Rn.	Randnummer
s.	siehe
SIP	Strategisches IP-Management
UrhG	Urheberrechtsgesetz
u. U.	unter Umständen
UWG	Gesetz gegen den unlauteren Wettbewerb
vgl.	vergleiche
wrp	Wettbewerb in Recht und Praxis (jur. Fachzeitschrift)
Ziff.	Ziffer

Die Notwendigkeit der Auditierung und Zertifizierung des Intellectual Property Managements

Auf den Punkt gebracht

- Geistiges Eigentum ist in jedem Unternehmen vorhanden.
- Es wird immer auch gemanagt – so oder so.
- Das Thema IP-Management lässt sich somit nicht aussparen. Wie jedes andere Managementthema fordert es die Unternehmensführung heraus.
- Die Chancen, die im IP-Management liegen, dürfen nicht ungenutzt verstreichen. Sie helfen, die Unternehmensziele zu erreichen.

Die Notwendigkeit, das geistige Eigentum in jedem Unternehmen kundig und phantasievoll zu managen – auch die **Vorteile**, die damit verbunden sind –, habe ich in meinem Buch „Strategisches IP-Management – mehr als nur Patente" näher dargelegt.[1] Es offenbart den Zusammenhang zwischen der absatzfördernden Wahrnehmbarkeit des Unternehmens und seinen Schutzrechten.

Mochte dem Thema „IP-Management" anfangs in den Augen mancher bisweilen etwas Exotisches oder Modisches anhaften, erscheint es heute deutlich alltäglicher. Schon spätestens um 2010 konnte gesagt werden, dass „IP... aus betriebswirtschaftlicher Sicht immer mehr zu einem ganz gewöhnlichen Asset (wird), das es zu managen gilt".[2]

Aufgrund langjähriger Praxis bin ich in der Lage zu bezeugen, dass der Umgang mit geistigem Eigentum leider nicht immer die Bezeichnung „managen" verdient. Nicht selten geschieht es, dass der beauftragte Rechtsanwalt im Verhandlungstermin bei Gericht – oder schon vorher – den Eindruck gewinnt, hätte man dieses

---

[1] Mittelstaedt, A. (2009), „Strategisches IP-Management – mehr als nur Patente".
[2] Vgl. Wurzer, A.J. (2010), Mitt. 2010, Aktuelles aus der IP-Ökonomie, S. 524.

oder jenes im Unternehmen des Klienten wirklich anders gemacht, dann hätte man im Prozess viel bessere Karten. Natürlich wird dergleichen bei Gericht nie ausgesprochen, aber manches Mal zeigt ein Blick in die Gesichter der Richter, dass sie ähnlich denken. Natürlich geht es beim IP-Management nicht nur um den Aspekt der effizienten Verteidigung. Aber Gerichtsstreitigkeiten offenbaren einiges. Leider sind die Fälle höchst selten, bei denen nach geführtem, insbesondere verlorenem, Prozess im Unternehmen eine Schwachstellenanalyse stattfindet und die Chance zur Verbesserung genutzt wird.

Das **Thema IP-Cert** hat die Aufgabe im Visier, das System Unternehmen und geistiges Eigentum und die zugehörigen systemischen **Prozesse zu beherrschen**. Zugleich geht es darum, unternehmerische **Visionen zu verwirklichen**. Ein hervorragendes Mittel dazu ist z. B. das Markenwesen des Unternehmens, das das Unternehmen vorteilhaft wahrnehmbar machen kann. Ob das konkret angewandte Markenmanagement die darin liegenden Chancen nutzt, kann IP-Cert in Erfahrung bringen. Es deckt die Potenziale für die Umsetzung der Visionen auf und öffnet das Tor zu ihrer Nutzung.

IP-Management[3] ist als Thema seit etwa einem Jahrzehnt Gegenstand einer Vielzahl beachtenswerter und beachteter Veröffentlichungen.[4] Es besteht Übereinstimmung darin, dass das IP-Management zu einem **zentralen Faktor des Unternehmenserfolgs** geworden ist. IP-Management bietet Chancen, die zu nutzen sich jedes Unternehmen erlauben sollte und muss, im Interesse seiner Wettbewerbsfähigkeit.

Beim **IP-Management** geht es um **kommerzialisierbares Unternehmensvermögen**. Bedeutende schutzrechtsbasierte **Wettbewerbsvorteile** gelangen in Reichweite und entsprechende **Monopolpositionen** sowie deren wirksame Absicherung und vorteilhafte Nutzung. Diese **Vorteile** bietet das systematische Management des geistigen Eigentums[5] eines jeden Unternehmens.

Dieses Ziel kann das Unternehmen erreichen, wenn es sein geistiges Eigentum IP phantasievoll generiert, günstig gestaltet und vorteilhaft kommerzialisiert. Dementsprechend sind die drei Themen

- Generierung von IP
- Gestaltung von IP
- Kommerzialisierung von IP

---

[3] Unter dem Begriff Management (des geistigen Eigentums) sollen hier sowohl die Leitungsfunktionen in Unternehmen bezeichnet werden als auch die Menschen, die diese Funktionen ausüben. Typischerweise gehören zum Management als Prozess die Einzelprozesse Planung, Organisation, (Durch-) Führung und Erfolgskontrolle.

[4] S. Literatur.

[5] Engl. Intellectual Property = abgekürzt IP.

1 Die Notwendigkeit der Auditierung und Zertifizierung... 3

Gegenstand der durch DIN Deutsches Institut für Normung e.V. zusammen mit der TÜV Rheinland AG geschaffenen Norm **DIN SPEC 1060**[6], die die Überschrift „Dienstleistungsqualität im Intellectual Property Management" trägt.[7] Das Strategische Management des geistigen Eigentums (SIP)[8] kann es bedeutend erleichtern – wenn nicht überhaupt erst ermöglichen –, die nachfolgend aufgezählten **Aufgaben** zu **erfüllen** und die damit zusammenhängenden **Ziele** zu **erreichen:**

1. Kreativität und Innovationskraft der Menschen im Unternehmen gezielt fördern und steigern
2. Erreichen eines überlegenen Innovations- und Technologiemanagements und -niveaus
3. F&E-Anstrengungen des Unternehmens sinnvoll konzentrieren
4. Besitzstand an wertvollen Schutzrechtspositionen schaffen (zumindest temporäre Monopole mit großem Schutzumfang[9], Schutzrechte mit bedeutendem Wert)
5. deren Verteidigungsmöglichkeit systematisch aufbauen, Verteidigungsstrategien und Verteidigungsstrukturen in Kooperation mit Unternehmensexternen begründen[10]
6. dadurch rechtlichen Schutz und faktische Schlagkraft für Unternehmen herbeiführen
7. relevante IP-Managementprozesse von nachhaltiger Effizienz installieren unter Zusammenführung und Nutzung interdisziplinärer Kompetenzen
8. das Marketing verstärkt die Schutzrechte und Schutzpositionen
9. und umgekehrt: Marken, Patente und andere Schutzrechte und Schutzpositionen verstärken durch ihren bestimmungsgemäßen Gebrauch die Unternehmenskommunikation und das Marketing des Unternehmens
10. dadurch wird eine positive Wahrnehmbarkeit des Unternehmens und seiner Hervorbringungen gewährleistet, die dauerhaft seinen Markterfolg sichern

---

[6] DIN SPEC 1060:2010-04 des DIN Deutsches Institut für Normung e. V., Berlin.

[7] Dabei geht es sowohl um unternehmensintern geleistete IP-Dienstleistungen als auch um Dienstleistungen Externer in diesem Bereich (z. B. der Rechtsanwälte und Patentanwälte, aber auch sonstiger Dienstleister mit zum Teil neuartigem Leistungsspektrum; vgl. Wurzer, A. J. (2013), Mitt 2013, S. 223).

[8] Im Folgenden steht für Strategisches Management des geistigen Eigentums kurz SIP.

[9] Dieser wichtige Begriff des gewerblichen Rechtsschutzes und IP-Managements wird hier synonym mit dem Wort „Schutzbereich" verwendet.

[10] Dieser und auch der nächste Punkt verkennen nicht, dass der Fokus des IP-Managements sich deutlich verschoben hat von dem Bemühen, Schutzrechtspositionen zu erwerben und zu verteidigen, hin zu einem vielschichtigeren Ansatz, der das geistige Eigentum und den unternehmerischen Umgang damit wesentlich umfassender und vor allem ganzheitlich-strategisch konzipiert.

11. „freedom to operate" des gesamten Unternehmens nimmt zu
12. Erkenntnisse über finanzielle Werte helfen, die Unternehmensziele zu erreichen
13. Verbesserung der finanziellen Gesundheit des Unternehmens durch Generieren höherer Erlöse (cash flow), etwa durch Erzielen von Lizenzeinnahmen
14. Senken von Kosten, z. B. durch Vermeidung unnötiger F&E-Anstrengungen
15. Verminderung von Unternehmensrisiken, so z. B. durch Vermeiden von Kollisionen mit Schutzrechten Dritter

Mit dem Erreichen dieser Ziele werden die **Wettbewerbsstärke** des Unternehmens und auch sein **Wert** ggf. spürbar und nachhaltig erhöht.[11] In diesem Sinne hat das systematische und strategische IP-Management dem Unternehmen zu dienen.

Somit zielt SIP zum einen darauf ab, dass Unternehmen ihr geistiges Eigentum in seiner Gesamtheit – unter Berücksichtigung der Unterschiede zwischen seinen einzelnen Elementen – systematisch und **angelehnt an die generelle Unternehmensstrategie** managen. Zum anderen aber beinhaltet SIP den **Appell**, die **Vernetzung** des geistigen Eigentums und seines Managements mit anderen Disziplinen des Unternehmens **zu erkennen** und zu fördern. Erst dann kann das gesamte Potenzial zur Entfaltung kommen, das in den miteinander vernetzten Bestandteilen des geistigen Eigentums angelegt ist, insbesondere in der genannten Verknüpfung mit anderen unternehmerischen Disziplinen und Kompetenzen.

Angesichts dieser sehr weit ausgreifenden Positionierung des Themas Strategisches IP-Management ist mir schon mehrfach sorgenvoll die Frage entgegengehalten worden, ob dieses ambitionierte Anforderungsspektrum die Unternehmen nicht **heillos überfordere**. Meine Antwort darauf lautet eindeutig „Ja", Unternehmen werden überfordert, wenn sämtliche erzielbaren SIP-Effekte möglichst schnell und überdies gleichzeitig herbeigeführt werden sollen. Hingegen findet **keine Überforderung** statt, wenn das Unternehmen einerseits bedenkt, dass ihm die Überlegungen des SIP jedenfalls im Ansatz durchaus vertraut sind[12], und es andererseits sich darauf beschränkt, sein IP-Management zunächst in den Bereichen zu verstärken, in denen es bereits im Ansatz – oder sogar schon deutlich stärker – vorhanden ist. Dann kann der Umsetzungsbereich behutsam und in der dem Unter-

---

[11] Vgl. Mittelstaedt, A. (2009), Strategisches IP-Management – mehr als nur Patente, passim.
[12] So gehen z. B. der Einführung einer neuen Marke natürlich stets die Überlegungen voraus, welche Bedeutung sie ökonomisch und rechtlich (Schutzumfang!) für das Unternehmen erlangen soll, wie sie in die „Kennzeichenwelt" des Unternehmens integriert werden kann und sich mit den anderen Kennzeichen des Unternehmens verträgt, welche Funktion sie in seiner Unternehmenskommunikation übernehmen soll und wie sie im Marketing des Unternehmens eingesetzt werden kann.

1 Die Notwendigkeit der Auditierung und Zertifizierung … 5

nehmen angemessenen Geschwindigkeit ausgeweitet werden. An diesem Prozess werden die Unternehmensangehörigen beteiligt, für die SIP relevant ist oder sein wird, wenn es konsequent durchgeführt wird. Auf diese Weise wachsen sie ohne das Gefühl der Überforderung miteinander in den Verbesserungsprozess hinein, so dass die Erfüllung der Aufgaben des SIP ihres Unternehmens für sie zur Selbstverständlichkeit wird.

Ein systematisches IP-Management, das an die allgemeine Unternehmensstrategie angelehnt ist[13], bleibt aber unvollkommen und gelangt nur zufällig zu seiner ganzen Entfaltung, wenn es nicht einer regelmäßigen Überprüfung unterworfen und die Möglichkeiten seiner Optimierung ausgeschöpft werden. Das Mittel, das sich dazu anbietet, ist die **Auditierung und Zertifizierung der** mit dem systematischen IP-Management zusammenhängenden **Managementprozesse**. Entsprechende Zertifizierungsdienstleistungen werden gegenwärtig in zunehmendem Maße von der zertifizierenden Wirtschaft angeboten, die schon seit längerem Erfahrung mit der Zertifizierung diverser anderer Managementprozesse in Unternehmen hat.

Damit ist bereits in etwa thematisch und inhaltlich umrissen, welche Aufgaben das IP-Management im Unternehmen und seine Überprüfung und Begutachtung (Auditierung und Zertifizierung) haben. Das wird in Bezug auf die einzelnen IP-Managementprozesse und ihr Zusammenwirken untereinander näher darzustellen sein. Zu berücksichtigen ist dabei, dass das IP-Management und andere Unternehmensbereiche und Managementdisziplinen unvermeidlich miteinander in einem **Verhältnis wechselseitiger Beeinflussung** stehen. Entscheidend ist, welche Forderungen an dieses Managementsystem und seine wesentlichen Bestandteile (Subsysteme) zu stellen sind.

Im Folgenden sollen zunächst die Gründe erörtert werden, die für eine Auditierung und Zertifizierung des IP-Managements im Unternehmen sprechen. Sodann ist darzustellen, was unter dem Begriff des geistigen Eigentums im Einzelnen zu verstehen ist und was er umfasst. Danach soll die Problematik der Entstehung von geistigem Eigentum in Arbeits-, Dienst- und ähnlichen Verhältnissen betrachtet werden, an denen Dritte beteiligt sind.

Im Anschluss daran ist der IP-Prozess der Bewertung und Verwertung des geistigen Eigentums kurz zu streifen.

Von erheblicher Bedeutung für Wahrung der IP-Interessen von Interessen ist der Aspekt der Durchsetzung des Schutzes geistigen Eigentums mithilfe des Staates, die sodann untersucht werden soll.

---

[13] Dies ist eine grundlegende Forderung; ansonsten ist nicht gewährleistet, dass die allgemeine Unternehmensstrategie durch das IP-Management nicht gestört oder gar konterkariert wird (vgl. Münch, P./Ziese, H. (2012), S. 7).

Für ein gelingendes IP-Management ist es wesentlich, die **IP-Managementprozesse** des Unternehmens zu **identifizieren**, die in ihrer Gesamtheit das IP-Management des Unternehmens ausmachen. Eine größere Zahl von IP-Managementprozessen, die in Unternehmen typischerweise vorkommen, sind in Kap. 14.1 aufgeführt. Dieser Anhang soll dazu dienen, den Blick für die Gegenstände der Auditierung und Zertifizierung im Unternehmen zu schärfen. Es wird sich nicht selten ergeben, dass bestimmte Prozesse des Managements des geistigen Eigentums spezieller Unternehmen in dieser Liste nicht aufgeführt sind. Das ist nicht weiter verwunderlich. Denn die Kombination dieser Prozesse wird von Unternehmen zu Unternehmen variieren. Entscheidend aber ist, bei dieser vergleichsweise neuen Materie einen Anhalt dafür zu haben, um welche Prozesse es üblicherweise geht.

Anschließend daran sollen die **Forderungen**, die an diese Prozesse zu stellen sind, detailliert aufgeführt werden. Hieraus ergibt sich ein **IP-Cert-Anforderungsprofil**, dem das IP-Management des Unternehmens zu genügen hat und das als Modell für Überprüfungen des IP-Managements Anwendung finden kann (s. Kap. 14.2).

In Kap. 14.3 wird eine **IP-Audit-Prüfungsstruktur** und in Kap. 14.4 ein spezieller Fragebogen vorgestellt (**IP-Audit-Fragebogen**), die beide die Annäherung an das Thema der Auditierung des geistigen Eigentums und seines Managements im einzelnen Unternehmen erleichtern können.

Kapitel 14.5 befasst sich speziell mit dem Thema des **IP-Marken-Audit**, da diese Art Audit für viele Unternehmen als erstes und ggf. wichtigstes in Betracht kommt.

Es ist bei alledem nicht zu verkennen, dass die Eigenheiten und Besonderheiten der Unternehmen unvermeidlich auch zu Unterschieden bei den Prozessen der Auditierung und Zertifizierung führen. Von Unternehmen zu Unternehmen werden unterschiedliche IP-Managementprozesse festzustellen sein, sowohl was eine aktuelle Bestandsaufnahme angeht als auch die Frage, welche Prozesse im konkreten Fall fehlen, aber unverzichtbar sind und somit entwickelt werden müssen. Das führt dazu, dass für jedes einzelne Unternehmen das „passende" IP-Anforderungsprofil ermittelt werden muss. Das individuelle Profil wird von dem anderer Unternehmen notwendig abweichen. Demzufolge können die Aufzählungen und Listen in diesem Buch und speziell die Anhänge nur Anhaltspunkte und Orientierungshilfen bieten für die Auflistungen und Profile, die einem konkreten IP-Audit und IP-Cert eines einzelnen Unternehmens zugrundezulegen sind.

Aber zunächst ist herauszuarbeiten, wie sich IP-Audit und IP-Cert in die Realität von Unternehmen und ihren Marktgegebenheiten einordnen.

IP-Audit und IP-Zertifizierung – Grundlagen und Verortung

2

Auf den Punkt gebracht

- Jedes Unternehmen besitzt geistiges Eigentum.
- Mit SIP (Strategischem IP-Management) kann aus geistigem Eigentum ein nachhaltig ergiebiges „Profit-Center" werden – unter Einsatz des IP-Audit.
- Ein IP-Audit ist ein unerlässliches Instrument, die Position des Unternehmens im Bereich IP konkret zu bestimmen und den Wert seines geistigen Eigentums zu ermitteln.
- Die Ergebnisse eines IP-Audit liefern Entscheidungshilfen für die strategische Ausrichtung und das professionelle Management des geistigen Eigentums. „If you don't measure it, you can't manage it (Vgl. Wurzer, A. J. (2004), S. 20; Dreyfus, N./Thomas, B. (2006), S. 25)."
- Der durch ein IP-Audit erworbene Kenntnisstand erodiert schnell, wenn er nicht sukzessive aufgefrischt wird.
- Eine Zertifizierung des IP-Managements signalisiert nach außen hin den durch den IP-Audit festgestellten Leistungsstandard des Unternehmens.
- IP-Cert bietet mehr Sicherheit, dass das geistige Eigentum so gut wie irgend möglich gehandhabt und vor allem weiterentwickelt wird.

Der gesetzlich gewährte Schutz für Innovations*vorsprünge* belohnt die Innovationsanstrengungen und ermöglicht die **Aneignung der Innovationsrendite**. Eine Verzinsung der Investitionen in Leistungsergebnisse wird unter dem Schutz eines zumindest **temporären rechtlichen Monopols** weitgehend gesichert. Aufbauend darauf können die entstehenden Handlungsfreiräume zum Streben nach neuen Innovationen genutzt werden.[1] Die Unternehmenszukunft wird gesicherter.

---

[1] Allein das Bewahren und der weitere Ausbau der Innovations*vorsprünge* können die bestehende Wettbewerbskraft der westlichen Volkswirtschaften und ihrer Unternehmen erhalten; vgl. Münch, P./Ziese, H. (2012), S. 5.

Immaterielle Vermögensgüter stellen deswegen eine **bedeutende Unternehmensressource** dar. Als solche sind sie – so gut es irgend geht – zu nutzen und zu bewirtschaften. Ein diesbezügliches Versagen dabei kann sich im globalen Wettbewerb fatal auswirken. Genug Motivation also, sein geistiges Eigentum denkbar gut zu handhaben und weiterzuentwickeln.

Genügt das, um das IP-Management des Unternehmens zur **Chefsache**[2] zu erklären? Die Frage beantwortet sich leichter, wenn die Dimension gesehen wird, in der sie sich stellt: Noch wichtiger als das geistige Eigentum an sich als Teil des Unternehmensvermögens sind die darauf aufbauenden wirtschaftlichen Funktionen und deren Nutzung bei der Umsetzung von Aneignungsstrategien[3] zur Schaffung von Vermögenswerten des Unternehmens.

Dabei ist entscheidend: Ein qualifiziertes IP-Management setzt die **Definition der IP-Strategie** des jeweiligen Unternehmens voraus, die ihrerseits die allgemeine **Unternehmensstrategie** in ihrem speziellen Bereich **umsetzt**. Die herausragende und stetig steigende Bedeutung der Immaterialgüter eines Unternehmens für seinen Erfolg insgesamt erfordert es, dass strategische Entscheidungen über diese Güter von derjenigen Unternehmensinstanz getroffen werden, die für die Unternehmensstrategie insgesamt zuständig ist. Das ist eindeutig die **Führungsspitze** des Unternehmens.[4]

Sie ist aufgerufen, sich des IP-Optimierungsbedarfs anzunehmen, der in den meisten Unternehmen – oft auch bei den Großen – besteht. Dass dieser Bedarf immer bewusst ist, erscheint fraglich. Unternehmen wünschen, sich Klarheit zu verschaffen, wo sie stehen und welche Möglichkeiten sie haben. Das spricht **Zertifizierungsinstitutionen** an, die sich nunmehr zunehmend dafür interessieren, Untersuchungen des IP-Managements (IP-Audits) sowie Statusberichte anzubieten und Zertifikate für ein gelungenes IP-Management zu erteilen. Sie auditieren und zertifizieren ohnehin Managementprozesse unterschiedlicher Art in Unternehmen. Sie

---

[2] Aus leicht verständlichen Gründen werden gern die verschiedensten Dinge zur „Chefsache" erklärt, auch im Bereich des Gewerblichen Rechtsschutzes. Vgl. z. B. Eickemeier, D. (2006), „Chefsache Geistiges Eigentum, Ideen erfolgreich schützen". Das Thema „Ideen erfolgreich schützen" nimmt indes als operative Unterdisziplin nicht an Strategiefestlegungen teil und ist insofern im untergeordneten Management anzusiedeln.

[3] Vgl. Wurzer, A. J., IP-Management – Schlüsselkompetenz in einer Wissensökonomie, GRUR 2008, 577, 581.

[4] Vgl. Hungenberg, G. (2008), S. 6; nicht von ungefähr stellt ein so ausgewiesener Experte auf dem Gebiet des Qualitätsmanagements wie Prof. Dr.-Ing. Gerd F. Kamiske fest: „Nachweislich hat ein Managementsystem nur dann den durchschlagenden Erfolg, wenn es von der obersten Leitung installiert und gelebt wird." Managementsysteme (2008) S. 11.

2 IP-Audit und IP-Zertifizierung – Grundlagen und Verortung

sind darin erfahren und von daher berufen, auch den Prozess des IP-Managements in Unternehmen den Beurteilungsprozessen zu unterwerfen, die sie beherrschen. Zertifizierungsinstitutionen können dabei von dem Erfahrungssatz ausgehen, dass Zertifikate bei den Interessengruppen von Unternehmen in besonderem Maße **vertrauensbildend** wirken.[5] Regelrechte Zertifizierungen, wie sie in Bezug auf jedes Qualitätsmanagement bekannt sind, sind auch hier möglich. Bedarf besteht auch an Gutachten mit Handlungsempfehlungen. Die Auditierung und Zertifizierung des IP-Managements und seiner Prozesse im Unternehmen stellt somit die sinnvolle und bei näherem Hinsehen sogar unerlässliche Ergänzung der qualifizierten Handhabung des geistigen Eigentums in allen seinen Arten dar.

Dabei ist das IP-Management im Rahmen seiner Auditierung und Zertifizierung an den Maßstäben des **Managementoptimums** zu messen. Denn nur so kann man zu Ergebnissen kommen, die aussagekräftig sind und den Unternehmen die Möglichkeit geben, ihr IP-Management nach den Erfordernissen bestmöglichen Wirtschaftens auszurichten. Dies zu erreichen ist das Ziel der Auditierung und Zertifizierung des IP-Managements und seiner Prozesse.

Zertifizierer haben für die Arbeit der Untersuchung und Begutachtung des IP-Managements **Schwerpunktmodule** entwickelt, die den Eigenheiten und Besonderheiten des jeweiligen Unternehmens Rechnung tragen. Handelt es sich beispielsweise um ein Unternehmen mit einem deutlich technologischen Profil, wird der Akzent – oder Hauptakzent – auf ein **Patent-IP-Audit** gelegt werden müssen. Operiert das Unternehmen am Markt in erster Linie, indem es seine Markenvisualität nutzt, wird hingegen sein Kennzeichenmanagement den Schwerpunkt der Auditierung und Begutachtung bilden (**Marken-IP-Audit**). Generiert das Unternehmen seine Wahrnehmbarkeit bei den Zielgruppen wiederum durch eine besondere Gestaltung seiner Produkte, ist ein Schwerpunkt auf den Designbereich und diejenigen Rechtspositionen zu legen, die speziell den Schutz der Erscheinungsformen von Produkten im Fokus haben (**Design-IP-Audit**).

Für alle Herangehensweisen ist indes gleich maßgeblich und bei Auditierung und Zertifizierung des IP-Managements in den Blick zu nehmen:

---

[5] Vgl. Petrick, K., in Kamiske, G. F., Managementsysteme (2008), S. 137. Zu diesen Interessengruppen zählen u. a. Banker, Investoren, potenzielle Kooperationspartner, M&A-Interessenten, gegenwärtige und zukünftige Mitarbeiter etc.

Das qualifizierte IP-Management fokussiert und berücksichtigt insbesondere die **Elemente des Ganzheitlichen**[6]**, Systemischen**[7] **und Prozesshaften**[8], die das geistige Unternehmenseigentum als Ganzes und damit auch sein Management in besonderem Maße kennzeichnen. Diesen Gegebenheiten wird eine Auditierung und Zertifizierung des IP-Managements indes nur dann in vollem Umfang gerecht, wenn sie letztlich alle Elemente des geistigen Eigentums und alle mit ihrer Handhabung verbundenen Prozesse in den Blick nimmt. Denn auch diese Prozesse unterliegen genau derselben Gesetzmäßigkeit der Ganzheitlichkeit, des Systemischen und natürlich erst recht des Prozesshaften. Auch wenn Spezialaudits aus Kostengründen bevorzugt werden, oder auch, um in Bezug auf die Schwerpunkte des Unternehmens möglichst schnell zu Audit-Ergebnissen oder einer hierauf bezogenen Zertifizierung zu gelangen, sollte bewusst bleiben, dass erst ein Gesamtaudit und eine komplette Begutachtung des IP-Managements eines Unternehmens die Ergebnisse liefern kann, die den Weg zu einem optimalen IP-Management freimachen.

Nachdem deutlicher geworden ist, wie IP-Audit und IP-Cert in die Realität und Marktgegebenheiten von Unternehmen einzuordnen sind, sollen die Gründe näher betrachtet werden, die es lohnend erscheinen lassen, Unternehmen den – natürlich Kosten verursachenden – Prozessen der Auditierung und Zertifizierung ihres IP-Managements zu unterziehen.

---

[6] Das **Ganzheitliche** des geistigen Eigentums: Die verschiedenen Elemente geistigen Eigentums ergänzen sich notwendig – durchaus im Sinne des Gesetzgebers – in ihren Schutzvoraussetzungen und -wirkungen, aber auch in Bezug auf ihre praktische Bedeutung und wirtschaftliche Relevanz. Ein qualifiziertes IP-Management sieht die Gesamtheit der IP-Elemente, berücksichtigt die Unterschiede zwischen ihnen – und nutzt sie.

[7] Abgesehen von dieser systemischen Komplementarität der Schutzrechte und schutzrechtsähnlichen Positionen ist für das **Systemische** des geistigen Eigentums kennzeichnend: Ein qualifiziertes IP-Management erkennt, dass das geistige Eigentum für sich ein System mit eigenen Funktionen und Subsystemen ist (solche Subsysteme sind z. B. das Management der einzelnen Schutzrechte, wie Patente und Marken sowie der Portfolios, zu denen sie zusammengefasst sind). Ferner weiß der kundige IP-Manager und berücksichtigt immer, dass das IP-Management zugleich Bestandteil eines übergeordneten Systems ist, nämlich des Gesamtunternehmens, für das eine einheitliche Strategie konzipiert ist und verfolgt wird („Top-level-System"). Als ein solches Subsystem korrespondiert und kooperiert das „System IP-Management" mit anderen „Second-level"-Systemen wie der Unternehmenskommunikation und speziell dem Marketing des Unternehmens. Dieser Tatsache trägt ein qualifiziertes IP-Management ständig Rechnung.

[8] Das **Prozesshafte** des geistigen Eigentums: Der IP-Manager ist sich der Tatsache bewusst, dass das geistige Eigentum eines Unternehmens ständig einem Wechsel und dauerhafter Veränderung unterliegt. Zu den sich ändernden Parametern gehören im juristischen Bereich Änderungen der Gesetzeslage und der Rechtsprechung. Einwirkungen erfährt das IP-Management aber auch vonseiten der wirtschaftlichen Faktoren der Unternehmensentwicklung und der Marktgegebenheiten. Auch sie unterliegen einem fortwährenden Wandel. Ihm ist durch Prozessanpassungen Rechnung zu tragen.

3 Zwölf Gründe, das IP-Management eines Unternehmens auditieren und zertifizieren zu lassen

Auf den Punkt gebracht

- Managementsysteme sind wesentliche Werkzeuge der Unternehmensführung.
- Das gilt auch für das IP-Management des Unternehmens, das Management seines geistigen Eigentums, nämlich seiner Namen und Kennzeichen, seiner Patente, seines Know-hows etc.
- IP-Management hilft, die wesentlichen Managementprozesse mit Bezug auf das geistige Eigentum zu organisieren, zu steuern und zu kontrollieren.
- Mühelos lassen sich die zwölf nachstehend aufgeführten Gründe identifizieren, das IP-Management eines Unternehmens auditieren und zertifizieren zu lassen. Sie werden in diesem Kapitel dieses Buches näher erläutert.

Im Einzelnen begründet eine Auditierung und Zertifizierung des IP-Managements bedeutende Wettbewerbsvorteile und hat folgende Wirkungen:

1. Gewinn an **Wettbewerbsstärke**
   Strategisches IP-Management legt einen besonderen Akzent darauf, die Kreativität aller Unternehmensangehörigen zu fördern und die Innovationskraft des Unternehmens zu stärken. Es ist diesem Managementansatz wesensgemäß, die Kreativitäts- und Innovationsergebnisse bestmöglich zu schützen und deren Markterfolg nachhaltig zu unterstützen und zu gewährleisten.
2. Gewinn an **Führungssicherheit**
   Jedes Unternehmen verfügt über geistiges Eigentum. Und jedes Unternehmen hat Techniken des Umgangs damit entwickelt. Ob die jeweilige Handhabung allerdings der Bedeutung des geistigen Eigentums und der ihm innewohnenden Möglichkeiten gerecht wird, ist häufig nicht gesichert. Zur erforderlichen

Sicherheit führen ausschließlich ein qualifiziertes IP-Audit und die Zertifizierung des IP-Managements.
3. Mehr Transparenz, **Gewinn an Durchblick und Handlungsfreiheit**
Für viele Führungskräfte ist das Gebiet des geistigen Eigentums eine „**black box**". Durch die Zertifizierung wird es leichter durchschaubar und kontrollierbarer – gerade auch für Generalisten.
Die Zertifizierung des IP-Managements sorgt dafür, dass die Unternehmensführung die gegebenen Handlungsmöglichkeiten sehr viel leichter zu erkennen vermag. Die „freedom to operate" nimmt zu.
4. Mehr **Kostenkontrolle** über den Bereich IP
Allein die Begründung von Schutzrechten, mehr noch deren Aufrechterhaltung und Verteidigung, verschlingen Gelder in erheblicher Höhe. Bei einer Zertifizierung wird z. B. nicht selten erkannt, dass auf bestimmte Schutzrechte ohne Einbußen verzichtet werden kann. **Einsparungspotenziale** werden aufgespürt, nicht zuletzt durch **Konzentration auf das Wesentliche**.
5. Mehr Effizienzkontrolle → **Steigerung der Effizienz**
Nach der Zertifizierung des IP-Managements weiß die Unternehmensführung, wie effizient dieser Bereich ist. **Verbesserungspotenziale** werden aufgespürt. Die Wiederholung der Zertifizierung des IP-Managements, z. B. im Dreijahrestakt, bewirkt eine deutliche Steigerung der Effizienz – äußerlich erkennbar am Prüfsiegel des Zertifizierers, z. B. der „TÜV-Plakette".
6. Fundiertes **Verständnis** des „Prozesses IP-Management"
Eine Zertifizierung des IP-Managements führt zu einer wachsenden Aufmerksamkeit für den Sinn und die Bedeutung des gesamten „Prozesses IP-Management" des Unternehmens, vom Beginn der Innovationsteuerung an. Es kommt zu einer **stärkeren Integration** des IP-Managements in das unternehmerische Gesamtgeschehen.
7. Gewinn an **Vertrauen**
Die Zertifizierung des IP-Managements wirkt als mehrfach vertrauensbegründende Maßnahme: Das Vertrauen der Unternehmensführung in die Qualität des IP-Managements wird gestärkt und ebenfalls das **Vertrauen der Stakeholder** in die Qualität dieses relevanten Teils der Unternehmensführung. „Besonders Zertifikate für Managementsysteme haben sich als vertrauensbildend bei den Interessenpartnern von Organisationen erwiesen."[1]
8. **Positive Wahrnehmbarkeit** des Unternehmens
Die Zertifizierung des Unternehmens in diesem Bereich zeigt: IP-Managementnormen werden erfüllt. Damit zeigt sich eindrucksvoll, dass das Unternehmen im Bereich des geistigen Eigentums optimal aufgestellt ist. Das ist

---

[1] Vgl. Petrick, K., in Kamiske, G. F., Managementsysteme (2008), S. 137.

ein Beleg der Wehrhaftigkeit des Unternehmens, aber damit eben auch seines Werts als Inhaber von **Schutzrechten mit** *großem* **Schutzumfang** und damit von **Monopolpositionen** *von hoher Qualität.*
9. **Verbesserung** des geistigen Eigentums und seines Managements
Die Zertifizierung und Auswertung der dabei gewonnenen Erkenntnisse führt zu einer deutlichen **Qualitätssteigerung** beim geistigen Eigentum und seinem Management.
10. Sichtbarmachung von **Innovationsvorsprüngen**
Von eindrucksvollen Fortschritten eines Unternehmens profitieren seine Produkte. Damit verbessern sich seine Aussichten, **auf der Ebene der Kaufentscheidungen vorgezogen** zu werden.[2]
11. Steigerung der **Mitarbeitermotivation**
Ähnlich wirkt die Bekanntgabe positiver Ergebnisse der Zertifizierung des IP-Managements auf die Wertschätzung, die die Unternehmensangehörigen dem Unternehmen entgegenbringen. Ihr Stolz, in einem solchen Unternehmen zu arbeiten, wächst. Der Grad der **Identifizierung mit dem Unternehmen** nimmt zu.
Insbesondere eine qualifizierte Handhabung des betrieblichen Vorschlags- und Arbeitnehmererfinderwesens ist ein hervorragendes Instrument, die **Mitarbeiterzufriedenheit** zu fördern.
12. Steigerung der Attraktivität für **Mitarbeiterrekrutierung**
Die Zertifizierung ist die **Auszeichnung eines exzellenten Unternehmens**. Es stellt sich damit als erfolgträchtig und zukunftsorientiert dar. Es bietet Sicherheit. Mit der Zertifizierung im IP-Bereich steigert das Unternehmen seine Attraktivität für zukünftige Mitarbeiter.

Ergebnis: Mit der Auditierung und Zertifizierung des IP-Managements gelingt eine qualifizierte **Ausrichtung** des Unternehmens **auf die Zukunft**.[3] Seine Zukunftsaussichten werden sicherer.

Nachfolgend die Auditierungs- und Zertifizierungsgründe im Einzelnen:

3.1 Gewinn an Wettbewerbsstärke

Der Erfolg des „Made in Germany" beruht zu einem großen Teil darauf, dass die Deutschen als Spitzeningenieure Europas gelten. Das ist für die Bereiche der Automobilproduktion und industriellen Spitzentechnologie offenkundig und weitgehend konsensfähig. Sie haben hier in der Tat einen dem teutonischen Fleiß und

---

[2] Ziel allen unternehmerischen Handelns!
[3] Kamiske, G. F. Managementsysteme (2008), S. 11.

deutscher Gründlichkeit geschuldeten „Vorsprung durch Technik". Inwieweit dieser Vorsprung indes nachhaltig abgesichert ist durch das auch zukünftig „einsetzende" Schaffen relevanter neuer Kreativitätsergebnisse und Innovationssprünge, kann bezweifelt, muss zumindest hinterfragt werden.

Als konsequent absatzorientierte Disziplin legt das Strategische IP-Management einen besonderen Akzent darauf, die Kreativität aller Unternehmensangehörigen zu fördern und die Innovationskraft des Unternehmens zu stärken.

Diese Wirkung wird unterstützt durch den über- und interdisziplinären Charakter dieser Managementdisziplin. Ihre Steuerungsmechanismen funktionieren mit Blick auf den Markt und seine Aufnahmefähigkeit und -bereitschaft.

Im Fokus ist es damit nicht nur, wirklich bedeutende Ergebnisse unternehmerischer Erneuerung hervorzubringen, sondern sie und die Prozesse ihrer Kommunikation an den Markt (Marken, Werbung etc.) bestmöglich rechtlich abzusichern. Damit werden die Kreativitäts- und Innovationsergebnisse bestmöglich geschützt und ihr Markterfolg nachhaltig unterstützt.

3.2 Gewinn an Führungssicherheit

Unternehmen sind so zu führen, dass ihre Zukunft gesichert und ihre Ertragskraft auch schon während der gesamten Zeit bis dahin nach Möglichkeit gesteigert wird.

Zu diesem Zweck hat die Unternehmensführung sich bietende geschäftliche Gelegenheiten wahrzunehmen. Das im Rahmen des gesetzlich Erlaubten zu tun, ist ihre Rechtspflicht. Das Unternehmen ist bestmöglich mit **profitablem Leben** zu erfüllen. Hierzu muss das Unternehmen in jeder Hinsicht dazu in die Lage versetzt werden. Die eigenen Potenziale sind mit den externen Möglichkeiten, aber auch Anforderungen in Deckungsgleichheit zu bringen.

Auch im geistigen Eigentum sind selbstverständlich Fähigkeiten und Potenziale angelegt. Sie zu aktivieren und zu nutzen fällt in den Aufgaben- und Verantwortungsbereich der Unternehmensführung. Sie sind so zu aktivieren, dass der von ihnen repräsentierte Anteil am Globalvermögen des Unternehmens sein Leistungspotenzial ungeschmälert entfalten kann.

Ob und inwieweit das der Fall ist, entzieht sich naturgemäß der Beurteilungskompetenz der Unternehmensführung selbst. Diese Frage kann **objektiv, kritisch und verlässlich** aber auch nur durch **Unternehmensexterne** beantwortet werden. Unternehmensangehörigen, in deren Verantwortung die Qualität des zu beurteilenden Prozesskomplexes fällt, neigen verständlicherweise – und eigentlich unvermeidlich – zu einer eher einseitigen, zu wenig objektiven oder gar parteilichen Beurteilung und Darstellung. Wahre Sicherheit lässt sich also ausschließlich durch

3.2 Gewinn an Führungssicherheit

ein IP-Audit gewinnen, das **unabhängige und verantwortliche Dritte** durchführen und auswerten.

Deren Beurteilung verhilft der Unternehmensführung zu einer realistischen Einschätzung der Frage, ob das Unternehmen mit seinem geistigen Eigentum bestmöglich umgeht und sein Leistungspotenzial zugunsten der Wettbewerbsstärke des Unternehmens verlässlich optimal entfaltet.

Dabei ist im Rahmen der Auditierung und Zertifizierung des IP-Managements ein **Zusammenwirken von Außenstehenden und Unternehmensangehörigen** nicht nur möglich, sondern eindeutig von Vorteil. Denn bei einer Vielzahl von IP-Audit-Themen kommt es auf eine Bewertung und Beurteilung vorgefundener Fakten und Umstände an. Es ist zweifellos für einen Außenstehenden sehr viel schwieriger als für einen Unternehmensangehörigen, an derartige Evaluationsaufgaben heranzugehen und sie zu erledigen. Wie will z. B. ein externer Auditor ohne unvertretbar hohen Zeit- und Kostenaufwand ermitteln, ob die Marken des Unternehmens einen weiten Schutzumfang und eine hohe Kennzeichnungskraft besitzen oder ob die verschiedenen Marken des Unternehmens in ihrer Marktwirkung sich gegenseitig stützen und nicht mit Kannibalismuseffekten übereinander herfallen? Deswegen kann der Rahmen eines internen Audits weiter gespannt werden als bei einem Zertifizierer-Audit. Schon allein aus diesem Grund empfiehlt es sich, zunächst durchgeführte interne Audits zur Ausgangsbasis für Audits und Begutachtungen zu machen, die Unternehmensexterne in Angriff nehmen. Letztere können auf den vorgefundenen Bewertungen und Beurteilungen aufbauen. Die Betriebsexternen werden dann in die Lage versetzt, die vorgefundenen Befunde durch die objektive und kritische Brille des unabhängigen Externen zu betrachten und qualitativ anzuheben.

Jedes Unternehmen verfügt über geistiges Eigentum. In all den Jahren, in denen ich Unternehmen helfe, ihr geistiges Eigentum aufzubauen, zu entwickeln und zu schützen, bin ich nie einem Unternehmer begegnet, der die Frage verneint hätte, ob er oder seine Firma geistiges Eigentum besitze. Dessen ist man sich durchaus bewusst. Darüber hinaus gelten ein solcher Besitz und eine eindrucksvolle Positionierung des Unternehmens im Bereich des geistigen Eigentums durchaus als erstrebenswert, ohne darin einen Selbstzweck zu sehen.

Was „geistiges Eigentum" ist, wissen die allermeisten jedenfalls ansatzweise. Ob die Vorstellungen dazu immer in jeder Hinsicht zutreffend sind und bei allen Unternehmern deckungsgleich, kann bezweifelt werden. Denn jedenfalls zeigt diese Antwort, dass das Phänomen geistiges Eigentum einen solchen Stellenwert besitzt, dass dessen Bedeutung und Wert jeweils in das Bewusstsein der Unternehmensführung eingedrungen ist.

Wohl schon deshalb hat jedes Unternehmen Techniken des Umgangs mit seinem geistigen Eigentum entwickelt. Mehr oder weniger gute, mehr oder weniger vollkommene. Ob dabei die jeweilige Handhabung des geistigen Eigentums seiner Bedeutung gerecht wird, die ihm innewohnenden Möglichkeiten ausschöpft und es nach seinen Potenzialen zu den Unternehmenszielen adäquat beiträgt, ist jedoch häufig nicht gesichert. Zur erforderlichen Sicherheit führen ausschließlich ein kritisches unabhängiges Screening und eine qualifizierte Zertifizierung des IP-Managements.

Diese betrachten das geistige Eigentum in seiner Verortung als System im Unternehmen, das Subsysteme besitzt, z. B. das Patent- und das Markenwesen des Unternehmens, das selbst aber auch ein Subsystem ist. Denn es lebt in der Wechselbezüglichkeit und Interdependenz mit anderen Unternehmensdisziplinen, insbesondere der Unternehmenskommunikation und dem Marketing. Das wird näher auszuführen sein. Eine Wechselbezüglichkeit besteht aber auch mit der Kreativitätsförderung und dem Innovationsmanagement, die das Unternehmen betreibt. Auch hierauf ist ein Schlaglicht zu legen. Die Lebendigkeit des geistigen Eigentums ist aber nicht nur in dieser komplexen Verortung zu sehen. Sie ist auch darin begründet, dass alle diese zusammenhängenden Systeme sich fortwährend verändern und – sofern günstig beeinflusst – weiterentwickeln. Das Gesamtsystem ist in diesem Sinn mehrfach dynamisch. Auch das ist bei einer Auditierung und Zertifizierung zu beachten.

3.3 Mehr Transparenz, Gewinn an Durchblick

Für viele Führungskräfte ist das Gebiet des geistigen Eigentums eine „**black box**". Durch die Zertifizierung wird es leichter durchschaubar und kontrollierbarer. Die Unternehmensführung gewinnt an Überblick und Kompetenz, das Fachgebiet und den zuständigen Unternehmensbereich zu überblicken. Allein was transparent gemacht wird, kann verbessert werden.

Die Welt des geistigen Eigentums ist ein ausgesprochener „Expertendschungel". Obwohl es sich dabei vom Ausgangspunkt her um eine ausgesprochen Spezialmaterie juristischer Art handelt (Patent**recht**, Marken**recht**, Urheber**recht** etc.), sind nur wenige Juristen in der Lage, sie verlässlich ganzheitlich zu überschauen.

Das beginnt damit, dass der Bereich des gewerblichen Rechtsschutzes in der juristischen Ausbildung regelmäßig nicht examensrelevant ist und links liegen bleibt. In ernstzunehmenden Kontakt damit gerät nur, wer über die Option eines Wahlfachs sich damit auseinandersetzt oder eher zufällig einem orientierten Professor mit entsprechenden Vorlieben begegnet. Das passiert jedoch selten, weil nur wenige Ordinarien sich für eine eigene Profilierung im Bereich des gewerblichen Rechtsschutzes entscheiden.

Von den wenigen Juristen, die es gleichwohl zu Kenntnissen und Fertigkeiten in diesem Rechtsgebiet bringen, sind die meisten für die Anwendung ihrer Fähigkeiten in der Praxis gezwungen, in diesem Bereich Schwerpunkte zu bilden, um eine ausreichend große Kompetenz auf wenigstens einem Gebiet zu erwerben. Sie werden dann entweder Wettbewerbsrechtler, Markenrechtsspezialisten oder im Urheber- oder Patentrecht besonders Bewanderte. Vielleicht gelingt es dem einen oder anderen, zwei oder drei dieser Bereiche kompetent zu überblicken und miteinander – auch für die Berufsausübung – zu kombinieren.

IP-Management verlangt aber deutlich mehr. Als unternehmerische – nicht akademische – Disziplin setzt das IP-Management voraus, dass sämtliche Bereiche des geistigen Eigentums überblickt und einbezogen werden. Zumal die, die von den Interessen des betroffenen und interessierten Unternehmens tangiert sind.

Aber die Anforderungen gehen noch weiter. Soweit nämlich festgestellt werden muss, dass das geistige Eigentum in der unternehmerischen Realität in enger Verknüpfung mit anderen Disziplinen wirkt, nämlich vornehmlich – wie zu zeigen sein wird – mit der Unternehmenskommunikation und da insbesondere den Mitteln des Marketings, ist das geistige Eigentum und seine Handhabung mit den Bedürfnissen und Maßnahmen des Unternehmens in diesen weiteren Bereichen zu harmonisieren.

Erkenntnisse, die eine grundlegende Analyse des IP-Managements generiert, können somit dazu verhelfen, bisher ungeahnte Möglichkeiten unternehmerischer Selbstverwirklichung und Entfaltung zu entdecken und Handlungsmöglichkeiten zu identifizieren. Damit nimmt die „freedom to operate" gegebenenfalls wesentlich zu.

3.4 Mehr Kostenkontrolle über den Bereich IP

Nimmt das Unternehmen die strategisch wichtige Aufgabe wahr, geistiges Eigentum aufzubauen und es in ernstzunehmender Weise – orientiert an der Gesamtstrategie des Unternehmens – zu managen, belastet es sich in ggf. erheblichem Umfang mit **Kosten**. Es muss Manpower bereitstellen und Expertise schaffen, um diese Aufgabe erfüllen zu können. Managementkapazitäten müssen verfügbar gemacht, Strategien definiert und umgesetzt werden. Dabei sind Schutzrechte zu begründen und zu verankern. Werden sie verletzt, müssen sie konsequenterweise verteidigt werden.

Allein die Begründung von Schutzrechten und mehr noch deren Aufrechterhaltung und Verteidigung verschlingt Gelder in erheblicher Höhe. Ob das im Einzelfall **gerechtfertigt** ist, entzieht sich nicht selten der Kontrolle.

Ein **IP-Audit** bringt hier **Licht ins Dunkel**. Es wird dabei z. B. nicht selten erkannt, dass auf bestimmte Schutzrechte oder auf eingefahrene Verteidigungsrituale mühelos verzichtet werden kann. Einsparungspotenziale werden aufgespürt, nicht zuletzt durch Konzentration auf das Wesentliche.

3.5 Mehr Effizienzkontrolle

Das Audit des geistigen Eigentums und seiner Handhabung im Unternehmen und vor allem das daraus folgende Gutachten vermitteln dem Top-Management wichtige Erkenntnisse über die **Effizienz** des eigenen IP-Managements und seiner Prozesse und die erzielte **Rentabilität** dieser Unternehmenseinheit. Nach der Auditierung des IP-Managements versteht es die Unternehmensführung sehr viel besser einzuschätzen, wie effizient dieser Bereich ist. Danach kann die Steigerung der Effizienz ins Auge gefasst werden.

Von besonderer Bedeutung ist dabei, dass im Auditierungsprozess Verbesserungspotenziale aufgespürt werden. So können bei gleichem Aufwand durch alternative Strategien oder operative Taktiken günstigere Verhaltensweisen identifiziert und optimiert oder ökonomischere Wege der Zielerreichung erkannt werden.

Das eigentümlich Prozesshafte des IP-Managements wird klar: Nur in der Wiederholung der Beurteilungs- und Erkenntnisvorgänge kann das Vorteilspotenzial des IP-Managements erschlossen werden.

Die Wiederholung der Zertifizierung des IP-Managements, etwa im Dreijahrestakt, bewirkt eine deutliche Steigerung der Effizienz – äußerlich erkennbar, kommunizierbar und wahrnehmbar durch Dritte mit Hilfe des Zertifizierungs-Prüfsiegels.

3.6 Fundiertes Verständnis des „Prozesses IP-Management"

Eine Zertifizierung des IP-Managements führt zu einer wachsenden Aufmerksamkeit für den Sinn und die Bedeutung des gesamten „Prozesses IP-Management" im Unternehmen, vom Beginn der Innovationssteuerung an.

Dieser Prozess betrifft unmittelbar die **Zielorientierung** des Unternehmens an sich und ist deswegen so wichtig. Das ist mit wenigen Worten zu erklären.

Das **Ziel** allen unternehmerischen Handelns ist es, **auf der Ebene der Kaufentscheidung vorgezogen** zu werden.

Wie geht das? Vorgezogen wird, wer durch seine Zielgruppe – eindrucksvoll und nachhaltig wirkend – so **wahrgenommen** wird, dass das **Versprechen eines kon-**

3.6 Fundiertes Verständnis des „Prozesses IP-Management" 19

kurrenzlos hohen **Kundennutzens** glaubhaft vermittelt wird. Denn dann besteht die Chance, dass aus Kaufneigung und Kaufabsicht Kaufhandlungen entstehen.

Wahrnehmungsinhalte und **Wahrnehmungs**objekte sind aber zumeist in der Lage, Gegenstand von Schutzrechten zu sein. Letztere, in der **Unternehmenskommunikation** intensiv benutzt, fördern die Wahrnehmbarkeit des Unternehmens und dehnen den Schutzumfang der Schutzrechte.[4] Werden solche wertvollen Schutzrechte in der Unternehmenskommunikation intensiv benutzt, **fördert** das die positive Wahrnehmbarkeit des Unternehmens und seiner Produkte und **dehnt** zusätzlich ihren Schutzumfang. Es entsteht eine **Aufwärtsspirale**, die die Wettbewerbsstärke des Unternehmens vermehrt und seinen Wert steigert.

Infolgedessen geht es beim IP-Management darum, diesen Wirkungskreislauf zu aktivieren und seine Vorteile für das Unternehmen verfügbar zu machen.

Der „Prozess IP-Management" ist mit anderen Unternehmens- und Managementprozessen **verzahnt**. Auch das macht ihn so wichtig.

Der Themenbereich des Gewerblichen Rechtsschutzes, der im Zentrum des IP-Managements steht, ist in sehr unterschiedliche, extrem ausdifferenzierte und hochgradig spezialisierte Teilbereiche gegliedert. Das verstellt bisweilen die Sicht darauf, dass es sich jeweils um Unterthemen eines ganzheitlichen Themenkomplexes handelt, nämlich des Managements des (gesamten) geistigen Eigentums eines konkreten Unternehmens. Es gerät häufig noch weniger in den Blick der Beteiligten, dass es auch hierbei um die Umsetzung der generellen Strategie dieses Unternehmens im angesprochenen Bereich geht. Die Tatsache, dass dieses Unternehmen am Leben der Gesellschaft insgesamt teilhat, was sich auf alle seine Belange, auch auf sein IP-Management auswirkt, wird noch weniger wahrgenommen.

Dieser mehrfach tiefengestaffelte Hintergrund bildet den Rahmen, in dem das IP-Management eines Unternehmens sich zu entfalten hat und durch Maßnahmen der Zertifizierung eingefangen und evaluiert werden muss. Die Auditierung des IP-Managements und die Bewertung der gewonnenen Audit-Ergebnisse führen zwangsläufig zu einem klareren Verständnis der IP-Managementprozesse des Unternehmens und zur Erkenntnis, wo das Unternehmen steht, gerade eben auch, was seine überlebenswichtige Außenwirkung angeht.

---

[4] Aus diesen Gründen kommt dem Phänomen und Prozess der Wahrnehmung im Kontext des IP-Managements eine derart hervorgehobene Bedeutung zu. In Kap. 14.6 dieses Buches wird ein verdeutlichendes Schema zu diesem für menschliches Verhalten insgesamt bedeutsamen Funktionszusammenhang vorgeschlagen.

3.7 Gewinn an Vertrauen

Die Zertifizierung des IP-Managements wirkt als mehrfach vertrauensbegründende Maßnahme: Das gilt zunächst ganz allgemein und abstrakt: „Die Zertifizierung von Managementsystemen dient der Bildung von Vertrauen in die grundlegende Fähigkeit der Organisation, Ergebnisse zu liefern, die die Forderungen an diese Ergebnisse erfüllen."[5]

Dieses Vertrauen entsteht bei einer Mehrzahl von Akteuren/Stakeholdern/Anspruchsgruppen.

Zum einen wird das Vertrauen der Unternehmensführung in die Möglichkeiten und die Güte des IP-Managements und die Fähigkeiten der IP-Manager des Unternehmens gestärkt. Die Zertifizierung des Unternehmens stärkt aber auch das Vertrauen der diversen **externen Anspruchsgruppen** wie Banker, Investoren, potentielle Kooperationspartner, M&A-Interessenten, gegenwärtige und zukünftige Mitarbeiter etc. in die Qualität dieses relevanten Teils der Unternehmensführung und die von ihr bewirkten Steigerungen der Wettbewerbsstärke des Unternehmens und seines Werts.

Zugleich nimmt das Vertrauen auch solcher Dritten zu, die dem Unternehmen aus anderen Gründen Interesse entgegen bringen: „Besonders Zertifikate für Managementsysteme haben sich als vertrauensbildend bei den Interessenpartnern von Organisationen erwiesen".[6]

3.8 Positive Wahrnehmbarkeit des Unternehmens

Die Zertifizierung des Unternehmens in diesem Bereich zeigt: IP-Managementnormen werden erfüllt. Damit zeigt sich eindrucksvoll, dass das Unternehmen im Bereich des geistigen Eigentums **günstig** bis optimal **aufgestellt** ist. Das ist ein wichtiger und vor allem sichtbarer **Beleg der Wehrhaftigkeit** des Unternehmens, aber damit eben auch seines Werts als Inhaber von Schutzrechten mit *großem* Schutzumfang und damit von Monopolpositionen *von hoher Qualität*. Letztere sind zugleich ein überzeugender Ausdruck der Vorsprungspositionen, die das Unternehmen wettbewerbsrelevant errungen hat.

Das rückt die Fähigkeit des Unternehmens in den Vordergrund, ein interessanter und kompetenter Kooperationspartner zu sein oder ein Lizenzgeber, der Vorteil versprechende Lizenznahmen gewähren kann. Dementsprechend hoch können die Lizenzforderungen des Unternehmens ausfallen.

---

[5] Vgl. Petrick, K./Graichen, F. in Kamiske, G. F., Managementsysteme (2008), S. 83.
[6] Vgl. Petrick, K., in Kamiske, G. F., Managementsysteme (2008), S. 137.

Die positive Wahrnehmbarkeit des Unternehmens nimmt aber auch insoweit zu, als es mehr als andere im Einklang mit dem geltenden Recht des Gewerblichen Rechtsschutzes handelt und insoweit den Ruf eines „compliant" agierenden Unternehmens erwirbt oder vergrößert.

3.9 Verbesserung des geistigen Eigentums und seines IP-Managements

Mit der Zertifizierung des IP-Managements gerieten das Wesen und der Wert des geistigen Eigentums stärker in den Fokus der beteiligten Unternehmensangehörigen. Die Wichtigkeit eines weiteren qualitativen und quantitativen Ausbaus dieses Unternehmensvermögens und eines qualifizierten Managements wird evident.

Als Folge der Auditierung und Zertifizierung und der Auswertung der bei diesen analytischen Prozessen gewonnenen Erkenntnisse wird sich eine deutliche Qualitätssteigerung beim geistigen Eigentum und seinem Management einstellen.

3.10 Sichtbarmachung von Innovationsvorsprüngen

Von eindrucksvollen Fortschritten eines Unternehmens profitieren seine Produkte. Sie machen sichtbar: Das Unternehmen **liegt** im globalen Wettlauf um Ideen **vorn**. Damit verbessern sich seine Aussichten, auf der Ebene der Kaufentscheidungen vorgezogen zu werden und damit die Unternehmensziele zu erreichen.

Das Unternehmen hat Interesse daran, diese Aussichten nachhaltig zu nutzen. Hierfür ist eine Absicherung der kommerziellen Unternehmensaktivitäten durch Schutzrechte erforderlich. Ein geeignetes IP-Management kümmert sich darum. Dessen Zertifizierung sorgt dafür, dass es dafür geeignet bleibt.

3.11 Steigerung der Mitarbeitermotivation

Die Wahrnehmung „unser Unternehmen liegt im globalen Wettlauf um Ideen vorn" erfüllt seine Mitarbeiter mit **Zuversicht**, was die Zukunft angeht, und gewährt ihnen das beruhigende **Gefühl**, das „ihr Unternehmen" eine blühende **Zukunft** vor sich hat.

Ähnlich wirkt die Bekanntgabe positiver Ergebnisse der Auditierung und Zertifizierung des IP-Managements auf die Wertschätzung, die die Unternehmensangehörigen ihrem Unternehmen entgegenbringen. Ihr **Stolz**, in einem solchen Unternehmen zu arbeiten, wächst. Der Grad der **Identifizierung** mit dem Unternehmen nimmt zu. Damit steigt die Motivation, möglichst zufriedenstellende Zertifizierungsergebnisse zu erlangen.

Aber auch bei nicht so günstigen Ergebnissen wirkt sich schon die Entscheidung der Unternehmensführung, hieraus Konsequenzen zu ziehen, positiv auf die Mitarbeiterwahrnehmung aus: Es geschieht etwas!

Auch die betriebliche Einrichtung eines **Mitarbeitervorschlagswesens** und die angemessene Würdigung und Hervorhebung von Vorschlägen und ggf. auch deren Vergütung sind wichtige Instrumente der Mitarbeiterführung. Sie sind geeignet, die Motivation der Mitarbeiten bedeutend zu erhöhen.

Dasselbe gilt erst recht für patentierbare Leistungsergebnisse von Mitarbeiten, die unter das Gesetz über Arbeitnehmererfindungen fallen. Auch die gelungene Handhabung des betrieblichen **Arbeitnehmererfinderwesens** ist ein hervorragendes Instrument, die Mitarbeiterzufriedenheit zu fördern.

3.12 Steigerung der Attraktivität für die Mitarbeiterrekrutierung

Die Zertifizierung ist eine PR-relevante Auszeichnung eines exzellenten Unternehmens. Sie lässt sich attraktiv in die externe Unternehmenskommunikation integrieren. Damit stellt sich das Unternehmen als erfolgsträchtig und zukunftsorientiert dar. Es bietet Sicherheit und lässt Karrieremöglichkeiten erkennen. Das gilt grundsätzlich für Zertifizierungen aller Art.

Mit der Zertifizierung im IP-Bereich steigert das Unternehmen seine Anziehungskraft, die es auf zukünftige IP-qualifizierte Mitarbeiter ausübt. Das gilt insbesondere für solche interessanten Arbeitskräfte, die besondere Fähigkeiten im Patent- und Markenwesen mitbringen und bereit sind, den Blick „über den Tellerrand" zu richten und interdisziplinär mit Angehörigen anderer Unternehmensbereiche zu arbeiten, insbesondere in der Unternehmenskommunikation und speziell im Marketing.

Die Aufzählung der Gründe, in Unternehmen die Qualität der IP-Managementprozesse durch die Vorgänge der Auditierung und Zertifizierung bewusst zu machen und einer Verbesserung zuzuführen, bietet noch keine vollständige Erklärung der Unverzichtbarkeit der fokussierten Prozesse und der Notwendigkeit ihrer Optimierung. Erst die Beziehung des geistigen Eigentums und seines Managements zu den **Gesetzmäßigkeiten der Wissensökonomie** offenbart die Zukunftsrelevanz der untersuchten Thematik.

4 Die IP-gerichtete Anpassung der Unternehmensstrukturen und -prozesse an die Erfordernisse der Wissensökonomie

Auf den Punkt gebracht

- Die Globalisierung erzwingt die konsequente Weiterentwicklung der modernen Volkswirtschaften von Industrie- zu Wissensökonomien.
- Dies stellt Anforderungen an die Anpassung der Unternehmensstrukturen.
- Ein zielbewusst implementiertes IP-Management unterstützt das Bemühen des Unternehmens, den Anforderungen der Wissensökonomie zu entsprechen.
- IP-Cert, die Auditierung und Zertifizierung der Prozesse des IP-Managements, ist die geeignete Maßnahme, der Unternehmensführung sichere Erkenntnisse darüber zu verschaffen, wie erfolgreich ihr Unternehmen dabei ist.

Soweit es die entwickelten westlichen Wirtschaftsgesellschaften angeht, scheint der **Übergang** von der Industriegesellschaft **zur Wissensgesellschaft vollzogen** zu sein. Im Vordergrund steht nicht mehr so sehr die Hervorbringung von – in erster Linie körperlichen, gegenständlichen – Erzeugnissen; vielmehr werden die „Erzeugung, Nutzung und Organisation von Wissen ... als zentrale Quellen von Produktivität und Wachstum begriffen".[1] Geistiges Eigentum ist „geronnenes" Wissen, geronnen zu Wert und Verfügbarkeit.

Als Beispiel und sogar Symbol für diese Entwicklung von der Industrie- zur Wissensökonomie kann die sog. **3D-Drucker-Technologie** betrachtet werden. Die Bedeutung der damit weitgehend relativierten physischen Produktionsparameter tritt zurück hinter die der intellektuellen.

---

[1] Vgl. Wikipedia zum Stichwort „Wissensgesellschaft" (Stand 19.2.2013).

Mit 3D-„Druckern"[2] lassen sich die unterschiedlichsten Produkte herstellen – und deren Prototypen, und zwar bereits in Großserienqualität –, sofern digitale Vorlagen davon verfügbar sind. Und lassen sie sich nicht selbst auf diesem Weg herstellen, dann jedenfalls die Werkzeuge, mit denen sie produziert werden können. Der Weltmarkt für 3D-Drucker ist 2012– innerhalb eines Jahres – um 26,8 % (!) gewachsen.[3] 3D-Drucker werden zunehmend für die Erzeugung von Endprodukten verwendet, und zwar auch für den Massenkonsum.[4]

Der Einsatz dieser Geräte, die mit herkömmlichen Druckern[5] nichts gemein haben, kann an praktisch jedem Ort der Erde stattfinden, an dem Elektrizität verfügbar ist – also fast überall. Der Personalbedarf für die Produktion mit 3D-„Druckern" ist nach Ausbildung und Qualifikation der Beteiligten völlig anders als bei herkömmlichen Herstellungstechnologien und -verfahren. Die Produktionsweise „on demand" kann damit auf die Spitze getrieben werden; traditionell kostenintensive Phänomene, wie Produktion auf Vorrat, Transportlogistik und Lagerhaltung, verändern sich grundlegend.[6]

Formen lebendigen Wissens, wie Erfahrungswissen, Urteilsvermögen, Selbstorganisation etc., haben im Rahmen der Entwicklung einer Volkswirtschaft zur Wissensökonomie statisch-formelhaftes Abrufwissen lexikalischer Art abgelöst. Weniger die abgeleistete Arbeitszeit als vielmehr die Interaktion mit Stakeholdern, insbesondere den anderen Unternehmensangehörigen, und die Fähigkeit zum „Sich-Selbst-Einbringen" und „Sich-Selbst-Produzieren" gelten als nunmehr ausschlaggebende Wertschöpfungsfaktoren.[7]

Entscheidend sind damit die Qualität der Verständigungen und Interaktionen im Umfeld des Produktionssystems und die korrespondierende Qualität des dabei

---

[2] 3D-Drucker gehören zur Maschinenkategorie der sog. Digital Fabricators (vgl. das entsprechende Wikipedia-Stichwort, Stand 02.04.2013), die entweder als subtraktive Fabrikatoren durch Fräsen, Drehen Bohren, Schneiden u. ä. Substanz abtragen bzw. abtrennen, oder als additive Fabrikatoren das Produkt aus Grundsubstanzen mittels Schmelz- oder Sinterprozessen aufbauen. Wikipedia bemerkt dazu: „Die Entwicklung von 3D-Druckern stellt einen gewaltigen Wandel (zum nachhaltigen Produzieren) dar und kann ein jahrhundertealtes Prinzip beenden, nämlich Produkte aus Rohlingen und nur mit großen Verschnittmengen herzustellen. 3D-Drucker setzen nur soviel Material ein, wie tatsächlich benötigt wird: „Je kleiner die Stückzahl und je komplizierter das gewünschte Bauteil geformt sei, desto eher rechnet sich der 3D-Druck" (Wikipedia, Stichwort Digital Fabricator, Stand 2.4.2013).

[3] So der Bericht in DIE ZEIT, Nr. 21/2013 v. 16.5.2013, S. 24 (PCF).

[4] Vgl. Fink, P.-C., „Brrrt, ssst, fertig", in Heuser/Spoun (2013), S. 172 ff.

[5] Wie etwa Tintenstrahldrucker oder Laserdrucker.

[6] Vgl. Fink, P.-C., „Brrrt, ssst, fertig", in Heuser/Spoun (2013), S. 172 ff.

[7] Vgl. Wikipedia, zum Stichwort „Wissensgesellschaft", und dazu auch Albers, M. (2009), MECONOMY, Berlin.

generierten Wissens der Kommunikationsbeteiligten und Akteure[8], und die Art und Weise, wie dieses Wissen für das gesamte Unternehmen verfügbar gemacht wird. Es muss grundsätzlich überall dort verfügbar sein und eingesetzt werden, wo es letztlich zu Unternehmensgewinnen führen kann.[9] **Wissen,** und zwar dessen Produktion, Distribution und Nutzung, gilt somit allgemein als der **entscheidende dynamische Faktor für Wettbewerbsfähigkeit und Wachstum.**[10]

Es ist für mich als Selbstständigen, der in einer leicht überschaubaren Unternehmensstruktur agiert, immer wieder überraschend zu erleben, in welchem Maß in größeren Unternehmen die Linke nicht weiß, was die Rechte tut.[11] Wissens- und Informationsmanagement ist hier unverzichtbar. Wenn z. B. Informationen über F&E-Ergebnisse, die schutzfähig sind, aber noch nicht zum Patent angemeldet wurden, denjenigen Unternehmensangehörigen nicht zur Kenntnis gelangen, die die Vermarktungsmöglichkeiten danach realisierter Produkte zutreffend einschätzen können, ist die Gefahr groß, das der Wissensinhalt (die Erfindung!) Dritten ohne Not offenbart wird. Danach ist das Wissen nicht mehr neu und kann nicht mehr zum Patent oder Gebrauchsmuster angemeldet werden. Auch Design-Wissen wird so zu Allgemeingut („public domain"). Mitbewerber können von der Nutzung solchen Wissens nicht mehr ausgeschlossen werden.

Die Optimierung des unternehmerischen **Wissensmanagements** ist in dem Maß wichtiger geworden, wie die immateriellen Unternehmensressourcen im Vergleich zu materiellen und finanziellen Ressourcen an Bedeutung zugenommen haben.

Dem entspricht der Stellenwert des geistigen Eigentums IP im Ordnungsgefüge der Wissensökonomie.[12] Mit der gezielten Produktion von Neuwissen und dessen bestmöglicher Absicherung ist das **IP-Management** ein **wesentlicher Wertschöpfungsfaktor.** Drei seiner Funktionen sind zu unterscheiden und wirken zusammen: IP ist, erstens, ein oft wesentlicher Teil des Unternehmensvermögens. Ferner visualisiert IP zweitens als Gesamtbestand an Rechten und geschützten Rechtpositionen das Eigentum an Wissen. Schließlich richtet IP den Blick drittens auf die gegebenen

---

[8] Wissen wird mehr wert, wenn es – innerhalb eines Produktionssystems – geteilt und weiterverbreitet wird (Vorbehalt: Know-how-Schutz!). Diese Erkenntnis führt ohne weiteres zur Forderung, unternehmensinterne Hemmnisse der Wissensvermittlung und -verbreitung abzubauen, um Teilhabe an Wissen zu ermöglichen.

[9] Unternehmerisches Wissen, entsprechend aufbereitet, das Banken oder Investoren präsentiert wird, kann entscheidend zur Unternehmensfinanzierung beitragen.

[10] Vgl. Dienel, H.-L./Wilke, G. (2004), Deutschland in der globalen Wissensgesellschaft, S. 15; Willke, H., „Wozu Wissensmanagement?" in Heuser/Spoun (2013), S. 66 ff.

[11] Bewusstes Vorenthalten von Wissen eingeschlossen!

[12] Es reicht jedoch nicht, sich allein der Bedeutung des Wissens für die neuzeitliche Ökonomie bewusst zu sein; entscheidend sind Vorsprünge im Wissen. Insofern liegt der Begriff der Wissens*vorsprungs*ökonomie nahe.

Möglichkeiten, aus dem Vermögenspotenzial und den geschützten Exklusivrechten für das Unternehmen wirtschaftliche Vorteile zu generieren.[13] Der damit verdeutlichten Stellung von IP in der Wissensgesellschaft und -ökonomie entspricht es, die Unternehmensstrukturen und -prozesse an die veränderten gesellschaftlichen und wirtschaftlichen Gegebenheiten und Erfordernisse anzupassen.[14] Erst dann können die Möglichkeiten eines strategischen IP-Managements erblühen.

1. Durch strukturelle Reformen werden systemische Voraussetzungen dafür geschaffen, dass im Hinblick auf das IP-Management die **traditionelle Distanz** zwischen den beteiligten Unternehmensteilbereichen Technik, Produktgestaltung, Ökonomie, Management einschließlich Finanzwesen und Recht relativiert oder sogar **aufgehoben** wird – im Interesse der systematischen Steigerung des Unternehmenserfolges.
2. Dementsprechend werden im Unternehmen **Interaktionskulturen geschaffen** zwischen dem allgemein zuständigen betrieblichen Management, dem juristischen IP-generierenden System und dem Finanzwesen (Unternehmensfinanzierung und Rechnungswesen).[15]
3. Integrative, inter- und multidisziplinäre Kommunikationsstrukturen und -prozesse werden installiert und gefördert zur **Überwindung der** genannten, sich tendenziell hinderlich auswirkenden **Teilbereichsgrenzen.** Abteilungsegoismen und -autismen werden neutralisiert.
4. Dem IP-Management wird der Zugriff auf geeignete, Erfolg versprechende „**Komplementärfaktoren**"[16] ermöglicht, um seine Fokussierung auf die Optimierung der Aneignung von Innovationsrenditen mit Leben zu erfüllen und mit Substanz anzureichern.

Diese Aufzählung ergibt Ansätze für ein **Anforderungsprofil**, dem die grundsätzlichen Unternehmensstrukturen und -prozesse und ihre Anpassung an Erfordernisse der Wissensökonomie entsprechen müssen, damit im Unternehmen ein IP-Management entstehen kann, welches auch zukünftig seine Fokussierung auf die Aneignung von Innovationsrenditen erlaubt. Sie ist insoweit für Auditierung und Zertifizierung gleichermaßen maßgeblich.

---

[13] So schon Wurzer, A. J., IP-Management – Schlüsselkompetenz in einer Wissensökonomie, GRUR 2008, 577, 578.

[14] Eine Herausforderung für das Change Management der Unternehmen.

[15] Vgl. dazu die aufschlussreichen Hinweis von Wurzer, A J. (2010 und 2013) zu den Stichworten „Bewertung und Bilanzierung von IP" und „IP in der Unternehmensfinanzierung".

[16] Vgl. Wurzer, A. J., a. a. O., S. 584 et passim. Dabei handelt es sich um Faktoren wie verfügbare Informationen und Wissensbestände, Kapital, Erfahrung, Marktzugang, Kooperationsstrukturen, Technologie, bereitstehende Expertennetze etc.

5 Das geistige Eigentum, seine Entstehung und Erfassung, sein Management und dessen Prozesse sowie die IP-Verwertung als Gegenstand der Auditierung und Zertifizierung

> **Auf den Punkt gebracht**
> - Zu wissen, wie geistiges Eigentum entsteht und für das Unternehmen verfügbar gemacht werden kann, ist unabdingbar, um die **Weichen** für ein gelingendes IP-Management im Unternehmen **stellen** zu können.
> - Hierfür sind auch grundlegende **Vorstellungen** erforderlich über die richtige **Handhabung** des IP-Unternehmensvermögens sowie ein **Einblick** in die dabei zu beherrschenden **Prozesse**.
> - Ferner ist es unabdingbar, schon **frühzeitig** zu wissen, wie das zu generierende IP **kommerzialisiert** werden soll

Hier geht es um die weitere theoretische Grundlegung und die praktische Annäherung an die IP-Cert-Managementfunktion Auditierung und Zertifizierung des IP-Managements.

Dabei ist es notwendig sich vor Augen zu führen, dass sämtliche mit dem geistigen Eigentum verbundenen Vorgänge (IP-Prozesse) davon profitieren können, wenn sie mithilfe IP-Cert unter die Lupe genommen werden. Ein **Beispiel**, welches die Begründung eines Schutzrechts betrifft – hier eines Patents –, mag das verdeutlichen.

Damit es zur Erteilung eines Patents kommen kann, muss die Erfindung beim Patentamt angemeldet werden.[1] Das ist traditionell die Aufgabe eines Patentanwalts, der die berufliche Aufgabe hat, andere vor dem Patentamt zu vertreten, und zwar insbesondere bei der Erlangung eines Patents.[2] Die besondere patentanwaltliche Kunst besteht darin, die „Patentansprüche" zu formulieren, also klarzustellen, für welchen Erfindungsgehalt im Einzelnen das gesetzliche monopolistische

---

[1] § 34 Abs. 1 PatG.
[2] § 3 Abs. 2 Nr. 2 und Nr. 1 der Patentanwaltsordnung.

Schutzrecht erteilt werden soll. Diese Aufgabe kann für gewöhnlich kein Unternehmensangehöriger übernehmen. Deshalb wird dem Patentanwalt detailliert mitgeteilt, worin das Neue der Erfindung besteht, auf welcher erfinderischen Tätigkeit sie beruht und inwiefern sie gewerblich anwendbar ist.[3] Mit diesen Angaben kann er das Schutzrecht anmelden.

Ob die Anmeldung aber den Bedürfnissen des Unternehmens gerecht wird, ist eine ganz andere Frage. Denn dafür müsste der Patentanwalt auch wissen und berücksichtigen, was die Innovationsverantwortlichen des Unternehmens sich von einem Schutz- bzw. Verbietungsrecht erwarten. Dem Anwalt muss also mitgeteilt werden, welche strategischen Ziele u. a. mit dem Rückenwind des Patents erreicht werden sollen, damit er das in die Formulierung der Patentansprüche einfließen lassen kann. Das passiert allerdings nur im Ausnahmefall, sodass die Schutzrechtsansprüche und damit die Patentanmeldung selbst nur eher zufällig mit den Innovationszielen vernetzt sind.

Auf eine solche Vernetzung hinzuwirken ist eine typische IP-Cert-Aufgabe.

5.1 Ganzheitliche Vernetzung der IP-Bestandteile

Alle IP-Bestandteile ergeben zusammen eine **einheitliche, zusammengehörige Vermögensstruktur**: Sie ergänzen einander und können aufeinander einwirken; sie sind miteinander vernetzt.[4] Sie können und müssen miteinander wahrgenommen[5] werden. Zu dieser Ganzheitlichkeit gehören zusätzlich ihr Management und die Prozesse, deren sich das IP-Management bedient.[6]

Sämtliche Elemente dieser Ganzheitlichkeit sind natürlicher Gegenstand der Auditierung und Zertifizierung. Diese beiden Prozesse bleiben in ihrer Aussagekraft und Wirkung unvollständig, wenn Leistungsfaktoren wie z. B. Kreativität, F&E-Neigung, Unternehmenskommunikation und die Wahrnehmung des Unternehmens und seiner Produkte unberücksichtigt bleiben. Denn sie wirken sich relevant auf das IP-Management aus. Auch diese gilt es also zu erfassen und zu auditieren und zu zertifizieren.

---

[3] Schutzvoraussetzungen nach § 1 Abs. 1 PatG.
[4] Vgl. die Beispiele „Düsseldorfer Kunststoffmesse" und „Aspirin" in Kap. 6.3.
[5] Der Reiz und die Bedeutung des Worts „Wahrnehmung" im gegebenen Zusammenhang ergibt sich auch aus seiner Mehrdeutigkeit: Wahrnehmen heißt hier sowohl „mit den Sinnen bemerken" wie auch „nutzen" im Sinne von „Chance wahrnehmen".
[6] S. dazu die Aufzählung der IP-Prozesse in Kap. 14.1.

5.2 Innovationsstreben

Auch wenn der Gegenstand der vorliegenden Ausarbeitung nicht jedem sogleich vertraut erscheint: Es geht im Ansatz um etwas allseits Bekanntes, eigentlich Selbstverständliches und überdies Elementares. Menschen werden fortwährend von dem **Wunsch** getrieben, ihre **Lebensumstände** zu **verbessern**, und zwar in allen Bereichen. Wie die Geschichte und der erreichte Stand der Zivilisation zeigen, waren sie darin bislang ganz überwiegend erfolgreich. Gleichwohl – nie ist der Wunsch nach Verbesserung der conditio humana restlos erfüllt, nie das Streben endgültig befriedigt. Der **Trieb** meldet sich stets erneut, und der menschliche Geist sucht weiter nach Fortschritten, womöglich Optimierungen. Innovation ist etwas Menschen von Grund auf Eigenes und Vertrautes.

Während diese Suche nach Fortschritt auf der Ebene der Individuen und der Gesellschaft mit dem Titel „Prozess der Zivilisation"[7] bezeichnet werden kann, könnte dieses Phänomen in der Sphäre der Unternehmen mit dem Attribut „**natürliches Innovationsstreben**" belegt werden.

5.3 Innovation und Kreativität als Hauptressourcen für Wettbewerbsstärke

Es ist also schon von daher kein Zufall, dass der **Begriff der Innovation** in diesem Buch ein besonderes Gewicht hat und gehörigen Raum einnimmt. Zusammen mit dem Phänomen der **Kreativität**, die jeder Innovation vorausgeht, stellt sie die **Hauptressource für Wettbewerbsstärke** und den Gewinn unternehmerischer Zukunft dar. Der „Markenpapst" David A. Aaker[8] sagt es so: „Wachstum entsteht fast immer aus substanziellen oder sogar revolutionären Innovationen, die ein **must-have** erzeugen."[9] Dieter Spath, Direktor des Fraunhofer Instituts für Arbeitswirtschaft und Organisation (IAO), drückt es ähnlich aus: „Echte Innovationen sind ein Quell qualitativen Wachstums und Wohlstands."[10]

Innovation ist für Unternehmen indes **nie Selbstzweck**. Nur als **Mittel zum Erfolg** ist sie gerechtfertigt. Bekannt – und nicht gerade überraschend – ist, dass in-

---

[7] Siehe das gleichnamige epochale Werk von Norbert Elias (1939).
[8] Näheres im Wikipedia-Eintrag zu David A. Aaker.
[9] Zitiert in „absatzwirtschaft" Nr. 4-2013, S. 79; wie gesagt, es geht darum, auf der Ebene der Kaufentscheidung vorgezogen zu werden!
[10] Prof. Dieter Spath, „Wir brauchen mehr radikale Innovation", absatzwirtschaft 5-2013, S. 15.

novative Unternehmen grundsätzlich erfolgreicher sind als andere.[11] Als widerlegt ist hingegen die Annahme anzusehen, dass die absolut innovativsten Unternehmen immer auch die erfolgreichsten ihrer Branche wären. Das ist nicht notwendigerweise der Fall[12] – und erklärbar: Nicht die größtmögliche Innovation erweist sich als erfolgsträchtig, sondern diejenige, die ein zwar geringeres, aber für den Markt und die Stakeholder relevantes Maß an Neuerung darstellt[13], dann vor allem aber auf Produkte hinausläuft, die **gründlich getestet** sind und ihre **Marktreife und -tauglichkeit** verlässlich unter Beweis gestellt haben. Die dazu erforderliche **Disziplin** erscheint als das Erfolgsgeheimnis für Ergebnisse von Kreativität und Innovation.[14] Denn Kreativitäts- und Innovationsergebnisse haben die Fähigkeit zu **reifen**. Diesen Reifungsprozess zu ermöglichen, ihn zu steuern und eine Verbesserung der Ergebnisse herbeizuführen, ist Bestandteil eines gelingenden IP-Managements.

Handlungsbedarf entsteht dadurch, dass die Auffassung Platz greift, Anbieter hätten nur die Wahl zwischen Innovationsfähigkeit und dem Schicksal, irrelevant zu werden.[15] Zugleich verbreitet sich die Meinung, einzelne Unternehmen seien immer weniger in der Lage, entscheidende, Unternehmenserfolg versprechende Innovationen allein am Markt durchzusetzen.[16] Immer notwendiger werde es, Stakeholder für gemeinsame Innovationsstrategien zu gewinnen. Und weil das so ist, werde eine „**emotionale Kunden- und Markenbindung**" immer wichtiger.[17] Dem ist zuzustimmen, wie auch folgende Überlegung zeigt:

Zwei unterschiedliche Arten von Innovation sind zu unterscheiden, wann auch immer es um die Schöpfung von bisher nicht Dagewesenem geht. „Inkrementelle" Innovation begnügt sich damit, Vorhandenes weiterzuentwickeln. Das Neue liegt dann in der zusätzlichen Variation. Fällt ihr Abstand zum Bestehenden ausreichend deutlich aus, fällt es nicht schwer, sie als „innovativ" zu erachten. Zu wirklichem Erfolg führt indes diejenige Innovation, die grundsätzlich Neues bringt. Das

---

[11] Hermes, V., Marketing mit Zukunftsaussicht, absatzwirtschaft 5-2013, S. 26.

[12] Mattauch, Chr., Ideen-Bergsteiger fürs Obenbleiben, absatzwirtschaft 5-2013, S. 20, unter Hinweis auf Forschungsergebnisse der Research- und Consultingfirma des „Managementdenkers" Jim Collins, Boulder, Colorado.

[13] Überschreiten der „Innovationsschwelle" nach Jim Collins, vgl. Mattauch, a. a. O., S. 20.

[14] Mattauch, a. a. O., S. 21.

[15] Hermes, a. a. O., S. 26.

[16] Hermes, a. a. O., S. 26; Spath, a. a. O., S. 16.

[17] Hermes, a. a. O., S. 26. Von besonderem SIP-Interesse sind hier die Komplementarität von Innovationsaktivität einerseits und dem Markenmanagement andererseits und das Spannungsverhältnis zwischen diesen beiden Elementen.

ist die radikale, die revolutionäre Innovation.[18] Wenn sie die Aufnahmefähigkeit des Markts nicht überstrapaziert, ist sie in der Lage, die **Vorstellung** von einer bedeutenden **Vergrößerung des Kundennutzens** hervorzurufen. Letztlich ist sie das Ziel von F&E, das Ergebnis, das nachhaltigen Markterfolg beschert.

Damit der eindrucksvolle technologische Sprung, der eine solche Innovation darstellt, die Anspruchsgruppenmitglieder jedoch nicht überfordert, gar verunsichert, bedarf es ihrer **Beruhigung durch Kontinuität**. Eben das kann eine **starke Marke** leisten, die hinter der Innovation steht und sie begleitet (und von ihr wiederum profitiert!).[19] Diese Betrachtung macht wiederum deutlich, wie bedeutsam das Hand-in-Hand-Gehen der unterschiedlichen Faktoren im Rahmen des strategischen IP-Managements ist. Während der technologische Innovationssprung der Fuß in der Zukunftstür ist, abgesichert durch Monopolrechte mit weitem Schutzumfang, sichert das Vertrauen in die Marke und ihr Renommee die Marktakzeptanz für die Neuerung ab. Dies miteinander zu verbinden ist SIP-gemäß.

5.4 Wahrnehmbarkeit auf der Ebene der Kaufentscheidungen

Die Stimulierung der Kreativität und das Hervorbringen relevanter Innovationsergebnisse stehen am Anfang und im Zentrum überhaupt des IP-Managements.[20] Regelmäßig geht einem Schutzrechtserwerb ein Leistungsergebnis dieser Art voraus.[21] Innovationsergebnisse, die zu neuen Produkten umgesetzt werden oder die Wahrnehmbarkeit eines Unternehmens durch seine Bezugsgruppen in sonstiger Weise begründen oder verstärken bzw. anreichern, verschaffen ihm aber auch auf diese Weise eine höhere Marktpräsenz und führen zu Erfolgen auf der alles entscheidenden Ebene, nämlich der Ebene der Kaufentscheidung, auf der vorgezogen zu werden natürliches **Ziel aller unternehmerischen Anstrengung** ist.

---

[18] Selbst sie kann darauf beschränkt sein, bekannte Elemente zu verwenden, sofern sie nur miteinander in revolutionärer Weise verbunden werden. Beispiel: ein Verwandlungsmöbel, das entweder Bett, Sofa oder **Schreibtisch** (!) ist (vgl. Prof. Dieter Spath a. a. O., S. 18). Das Element Schreibtisch ist in dieser Dreierkombination unbekannt und neu; angesichts des Mangels an preiswerter Wohnfläche ist der wahrnehmbare **Kundennutzen** hoch.
[19] Ein berühmtes Beispiel für diese Wirkung ist das als Produkt stets auf neuestem Stand bleibende Waschmittel bzw. die Marke „Persil" von Henkel („Persil bleibt Persil").
[20] Es ist daher sinnvoll und alles andere als zufällig, wenn und dass Unternehmen versuchen, den Innovationsprozess auszuweiten, etwa durch die Möglichkeiten der „Open Innovation".
[21] Vgl. Wurzer, A. J., IP-Management – Schlüsselkompetenz in einer Wissensökonomie, GRUR 2008, 577, 582.

Das „natürliche Innovationsstreben" ist Gegenstand eines Ehrgeizes, den menschliche Gesellschaften als fortschrittsorientiert **belohnen**. Sie honorieren den Erfolg des natürlichen Innovationsstrebens von Individuen mit besonderen **Einkommensaussichten**, die das Recht abzusichern hilft. Es weist besondere Bevorzugungen zu, bei denen es sich für gewöhnlich um Schutzrechte handelt. Da deren Schutz aber bisweilen als lückenhaft empfunden wird, wird er rechtlich komplettiert durch weitere gesetzgeberische und auch richterrechtliche Regelungen, die im Ergebnis für einen insgesamt ziemlich vollständigen Schutz von Innovativen und Kreativen sorgen.[22]

5.5 Geistiges Eigentum

Was durch Kreation und bei Innovation entsteht, wird sinnvoller und üblicherweise mit dem Namen „Geistiges Eigentum" belegt.[23]

Dessen Management ist eine bedeutende und ständige unternehmerische Aufgabe von strategischem Rang. Dass dies zumal dann gilt, wenn dieses Management systematisch erfolgen und strategischen Anforderungen genügen soll, habe ich an anderer Stelle bereits dargestellt.[24] Die Aufgabe stellt sich dann als Strategisches IP-Management (SIP).

Erschöpft sich das IP-Wesen eines Unternehmens darin, „bloß" einzelne Schutzrechte zu erwerben, zu halten, womöglich auch zu nutzen und im Verletzungsfall zu verteidigen (**„Schutzrechts-Technokratie"**), ohne dass die IP-Welt des Unternehmens ganzheitlich betrachtet und interdisziplinär in den Griff genommen wird, bleiben **entscheidende Chancen ungenutzt**. Demgegenüber bietet das systematische und an der allgemeinen Unternehmensstrategie ausgerichtete strategische IP-Management besondere Vorteile. Erst unter den Bedingungen eines solchen strategischen IP-Managements können erzielbare Synergieeffekte unter Einsatz sämtlicher Schutzrechte und -positionen hervorgebracht und sinnvoll genutzt werden. Die vorteilhafte Wahrnehmung des Unternehmens und seiner Leistungsergebnisse durch seine Bezugsgruppen wird gesteigert. Das gilt insbesondere, wenn das strategische IP-Management die ohnehin und unvermeidlich gegebene Vernetzung des geistigen Eigentums mit der Unternehmenskommunikation und insbesondere dem Marketing des Unternehmens prozessorientiert nutzt. Im Ergebnis nimmt das

---

[22] Aus der Sicht des Autors wird daran auch die Kritik der Piratenpartei nichts grundsätzlich ändern (können).

[23] Gebräuchlich ist auch die Bezeichnung „immaterielles Eigentum" im Gegensatz zum Eigentum an Gegenständen („materielles Eigentum").

[24] Mittelstaedt, A. (2009).

Unternehmen dann an **Wettbewerbsstärke** zu. Der **Unternehmenswert** steigt. Die **Unternehmenszukunft** wird gesichert.

In diesem Buch wird untersucht, wie das IP-Management mit den Methoden und Techniken der Auditierung, Begutachtung und Zertifizierung unterstützt und effizienter gemacht und die Wettbewerbsstärke des Unternehmens und sein Wert erhöht werden können.

5.6 Erfindungen

Im Idealfall führt Innovation zu grundlegenden Fortschritten und Vorsprüngen. Dann entstehen revolutionäre Erfindungen und völlig neue Technologien. Gewünscht sind unter diesem Blickwinkel nach Möglichkeit weit ausgreifende „Basiserfindungen" von „Schlüsselerfindern"[25], die visionäre Zukunftsperspektiven eröffnen und dem Unternehmen einen nicht so leicht einholbaren Vorsprung im Wettbewerb bescheren.

Im Gegensatz dazu scheint das **Nachahmen** zu stehen, die bloße Imitation des bereits Vorhandenen. Denn damit scheint kein Fortschritt verbunden zu sein, Kopieren hat den Hautgout eines billigen „me-too".

Diese Sicht bedarf indes der Korrektur. Zunächst baut auch jede Innovation auf Vorhandenem auf. Ohne Weiterentwicklung des Vorgefundenen ist kein Fortschritt denkbar. Beide Bereiche lassen sich deswegen nicht scharf voneinander trennen, und bei näherem Hinsehen ergibt sich, dass das natürlich gegebene Innovationsstreben und der Imitationstrieb – auch das ist ein Trieb, jedenfalls für die Verhaltensforschung[26] – zusammengehören und sich sinnvoll ergänzen.

Denn soweit es die Absatzmärkte und die umworbenen Zielgruppen betrifft, geht es weniger um die „revolutionäre" als um die **relevante** Erneuerung". Das ist diejenige Innovation, die unternehmerischen Leistungen zugrunde liegt, welche auf möglichst hohe Akzeptanz bei der Abnehmerschaft stoßen und am Markt Erfolg haben. Als Beispiele für Käuferakzeptanz mögen hier die Ablösung der LP („Langspielplatte") durch die CD und die Einführung des Smartphones genügen – keine wirklich revolutionären Erneuerungen, aber relevante und äußerst erfolgreiche. Sie sind unternehmerisch – und letztlich auch volkswirtschaftlich – wichtiger, als spektakuläre Innovationssprünge, die aber nicht zum Markterfolg führen.

In der Tat können sehr attraktive, objektiv interessante und technisch wichtige Innovation einerseits und deren Annahme durch die Zielgruppen andererseits

---

[25] Hochbegabte Erfinder, Entdecker von Basisinnovationen.
[26] Vgl. Brockhaus-Enzyklopädie (2001), Stichwort „Nachahmung".

Abb. 5.1 Der Wankelmotor (Copyright: Ralf Pfeifer/ CC-licence 3.0 by-sa)

durchaus auseinanderfallen, wie zahlreiche Beispiele zeigen. Es sollen hier nur zwei der Bekanntesten angeführt werden.

Furore unter Technikinteressierten machte in den 1960er Jahren der **Wankelmotor**, eine Erfindung des deutschen Ingenieurs Felix Wankel. Die charakteristische Dreieckform des sog. Drehkolbens oder Kreiskolbens und die kennzeichnende Ausbildung der Innenkammer des Motors in Form einer 8 zeigt Abb. 5.1.

Im Bereich der Verbrennungsmotoren stellte dieser Wankelmotor eine attraktive Alternative zu den herkömmlichen Fahrzeugmotoren mit Zylindern und Kolben dar.[27] Anders als sie besitzt der Wankelmotor einen oder mehrere rotierende Kolben und im Übrigen wesentlich weniger Teile als ein Hubkolbenmotor. Das Rotationsprinzip führt darüber hinaus zu einem weichen und vergleichsweise vibrationsfreien Lauf.

Ein weiterer Hauptvorteil besteht beim Wankelmotor darin, dass er deutlich geringere Abmessungen hat bei einem zusätzlich wesentlich geringeren Motorgewicht im Vergleich zu ähnlich leistungsfähigen Kolbenmotoren.

Zu diesen positiven Aspekten kam seinerzeit ein weiterer bedeutender Vermarktungsvorteil hinzu, nämlich eine ausgesprochen attraktive „Verpackung" des Motors für den Endabnehmer. Das war der damals spektakulär zukunftsweisende PKW NSU Ro 80, das damals prominenteste Anwendungsbeispiel der Wankeltech-

---

[27] Bis heute: Im Bereich industrieller Produkte wird er z. B. nach wie vor von dem japanischen Autohersteller Mazda angeboten. Auch Aufklärungsdrohnen werden damit ausgestattet.

5.6 Erfindungen

Abb. 5.2 Der NSU Ro 80 (Copyright: Joachim Köhler/CC-licence 3.0 by/By courtesy of Audi Kommunikation Neckarsulm)

nik. Zu dem innovativen Motor gesellte sich ein für die 1960er-Jahre hoch innovatives Design hinzu (Abb. 5.2).

Motor und Auto stießen letztlich trotz des unbestritten hohen Innovationsgrades bei Technik und Design am Markt nicht auf die erforderliche Akzeptanz bei der Abnehmerschaft. Das lag bei dem Ro 80 wohl an dem technischen und designmäßigen „Overengineering" für die Zeit, im Übrigen aber wohl auch an einer falschen Positionierung am Markt. Bei diesem Wagen handelte es sich nach Preisgestaltung, Größe und Ästhetik um ein Fahrzeug jedenfalls der oberen Mittelklasse. Bei der korrespondierenden Abnehmergruppe stand die Marke NSU seinerzeit jedoch eher für Kleinwagen und eine Käuferschaft, die eher der unteren Mittelschicht angehörte.[28] Hier harmonierten die Innovation und das ihr innewohnende Anspruchspotenzial nicht mit dem Markenimage von NSU und der Aufnahmebereitschaft der Zielgruppen. Eine solche **Stimmigkeit** – die Übereinstimmung von innovativer Technik, hervorragendem Design und Marktakzeptanz bei bestmöglicher rechtlicher Absicherung – herzustellen, ist ebenfalls ein wesentliches Anliegen des strategischen IP-Managements.

Das zweite Beispiel für das Fehlen einer solchen Übereinstimmung – ebenfalls aus dem Fahrzeugbereich: In den 1990er-Jahren entwickelte BMW einen ungewöhnlichen und neuartigen Motorroller mit Windschutzscheibe, Dach und Kofferraum – den BMW C1 (Abb. 5.3).

---

[28] Erfolgreich war der Ro 80 allerdings bei Abnehmern, denen ein eher „intellektuelles" Selbstverständnis zugesprochen wurde; für sie war er eine (deutsche) Alternative zur „DS" von Citroën. Auskömmliche Abnahmemengen konnte NSU bei dieser Verbrauchergruppe jedoch nicht absetzen.

Abb. 5.3 Der BMW C1 (Copyright: Achim/CC-licence 3.0 by-sa) (Naumann Design, München; http://www.naumann-design.de)

Ungewöhnliche Produktkonfiguration und überaus gelungenes Design verbinden sich hier mit bedeutender technischer Innovation zu einem Produkt, für das es keinen bekannten Vorläufer gab. Dieses in der Praxis vergleichsweise bequeme Gefährt, das – für Zweiräder – relativ sicher war, hatte das Zeug zum Erfolgsmodell, nicht zuletzt wegen des recht guten Schutzes gegen Wind und schlechtes Wetter. Es ließ sich an der gesetzlichen Helmpflicht vorbei im normalen Straßenanzug benutzen und besaß einen Kofferraum – notorisch Mangelware bei Motorrädern –, der neben einem Kasten Bier auch noch den Einkauf einer Person für ein ganzes Wochenende aufnahm. Hinzu kam der Vorteil, dass das Gefährt – wie allerdings alle Motorräder – immer und überall sorg- und kostenlos geparkt werden kann.

Dennoch setzte sich dieses in mehrfacher Hinsicht innovative Modell nicht durch und wurde nach kurzer Zeit ersatzlos wieder vom Markt genommen. Das lag weniger an den vergleichsweise hohen Anschaffungskosten für diesen Roller und einer etwas gewöhnungsbedürftigen Handhabung. Was diesem ausgefallenen Modell das Genick brach, war die Unvereinbarkeit dieses Motorrollers mit dem BMW-Image auf der Leistungsebene.[29] Es handelte sich bei diesem Gefährt entsprechend der eher bescheidenen Motorisierung um eine richtiggehend „lahme Ente". Wer nach jahrzehntelanger Indoktrinierung mit dem Slogan „(Aus) Freude am Fahren" bei der Marke BMW erwartet, dass „die Post abgeht", wenn der Gashebel betätigt wird, wird bei dem Fahrerlebnis mit einem C1 nicht nur enttäuscht; die Erfahrung damit lässt sich für den Rollerfahrer einfach nicht mit dem Markenimage von BMW in Einklang bringen, und die hochgradig emotionalisierte und weitgehend

---

[29] Auch insoweit eine missglückte Positionierung am Markt.

5.6 Erfindungen

irrationale Welt des Konsums automobiler Produkte (einschließlich motorisierter Zweiräder) gerät in Schieflage.

Hier hatte BMW nicht darauf geachtet, dass der durch Schutzrechte durchaus abgesicherte Produktcharakter mit dem Image der Marke konsistent sein muss. Auch hier harmonierte die technische und Produktinnovation nicht mit dem Markenimage. Eine derartige **Stimmigkeit** ist das Ergebnis gelungenen IP-Managements.

Immerhin bewirkte die Absicherung des Produkts auf der schutzrechtlichen Ebene, dass nach der Einstellung des Modells Konkurrenten von BMW (mit anderem Markenimage) nicht sogleich ein Nachfolgemodell präsentieren konnten. Ein Trost blieb BWM: Es konnte die Marke „C1" an Citroën verkaufen. Die Franzosen hatten zuvor entschieden, ihre Fahrzeugmodelle mit dem „Citroën-Buchstaben" C zu kennzeichnen, dem eine arabische Zahl, von „1" an (für das kleinste Citroën-Modell) aufsteigend, hinzugefügt werden sollte. Nur hatten sie offenbar mangels genügender Markenrecherche nicht bemerkt, dass die Marke C1 bereits vergeben war – und zwar an einen Konkurrenten! Auch ein Beispiel ungenügenden IP-Managements. BMW ließ sich den Abkauf der Marke sicherlich fürstlich bezahlen. Bei einer richtigen Konzipierung und Positionierung das BMW-C1 auf dem Markt wäre aber ohne jeden Zweifel ein vielfach höherer Markenwert entstanden.

Im Gegensatz zu solchen Innovationen, die nicht auf Verbraucherakzeptanz stoßen, imponieren z. B. die „Neuerungen" von **Apple** durch ihren Markterfolg. Sie sind allerdings bei näherem Hinsehen nichts anderes als schlichte Weiterentwicklungen von Vorgefundenem – was Apple im Ergebnis nicht geschadet hat. Schon andere Geräte vor dem **iPod** konnten digitale Dateien abspielen, und auch das **iPhone** hatte Vorläufer, die über eine Touchscreen verfügten und das Abspielen von Musik mit einem Internetzugang verbanden. Überdies knüpfte das Design an das legendäre BRAUN-Design der 50er-Jahre von Dieter Rams an.[30]

All das stand dem Markterfolg von Apple nicht entgegen. Apple schaffte es, die Innovationsarbeit Dritter mit eigenen Produkten zum Erfolg zu führen und damit als eines der **weltweit innovativsten** Unternehmen zu **gelten**.[31] Das war dem Umstand geschuldet, dass Apple es gelang, die übernommenen, vielfach anwendbaren Technologien innovativ anzupassen.[32]

---

[30] Vgl. Sophie Crocoll, „Nicht neu, aber besser", DIE ZEIT Nr. 31/2012 vom 26.07.2012, S. 29.
[31] Allerdings soll schon an dieser Stelle nicht unterschlagen werden, dass der Apple-Erfolg auch einer exzellenten Markenstrategie und -führung geschuldet ist. Für ein systematisches und strategisches IP-Management ist ein Zusammenführen dieser verschiedenen Elemente essenziell.
[32] Crocoll, a. a. O.

Dabei besteht eine solche Anpassungsleistung gerade auch darin, den Erzeugnissen durch Marketingleistungen zu Status- und Kulteigenschaften zu verhelfen, die von den eigentlichen technologischen Parametern völlig unabhängig sind und sich gerade nicht in sachlich-nüchternen Besitz- und Benutzungsvorteilen ausdrücken. Die Anziehungskraft von Apple-Produkten und die von ihrem Besitz vermittelte Befriedigung beruhen nicht – jedenfalls bei Weitem nicht ausschließlich – auf den technischen Spezifikationen und dem Design dieser Erzeugnisse. Entscheidend ist, wie sie *als Angebot* von der Zielgruppe per saldo und insgesamt **wahrgenommen** werden. Anliegen des IP-Managements ist es dabei, die Gegenstände der Zielgruppenwahrnehmung unter rechtlichen Schutz zu stellen und damit Monopolpositionen zu erringen.

Im Zusammenhang betrachtet, zielt „natürliches Innovationsstreben", wie jedes unternehmerische „Streben", darauf ab, am Markt Erfolg zu haben. Denn Ziel allen unternehmerischen Handelns ist es, auf der Ebene der Kaufentscheidung vorgezogen zu werden.

Unternehmer versuchen deswegen, mit ihrem Angebot eines überzeugenden Kundennutzens so vorteilhaft wahrgenommen zu werden, dass sie diese Wahl zu ihren Gunsten entscheiden können. Diese vorteilhafte Wahrnehmung kann **sowohl durch Innovation als auch durch Imitation** begründet werden. Beide Elemente sind miteinander sinnvoll zu verbinden.

Diese Verknüpfung gelingt indes im Sinne optimaler Wertschöpfung nur dann, wenn das Innovationsmanagement, das Forschungs- und Entwicklungswesen (F&E) und das Informations- und Wissensmanagement des Unternehmens miteinander verbandelt werden. Die Information über den Gegenstand, der – erlaubterweise – nachgeahmt werden soll, erspart so womöglich hohe unnötige F&E-Kosten und sonstige Innovationsaufwendungen.

„Natürliches Innovationsstreben" **und** Nachahmungsverhalten bilden die Sphäre, in der geistiges Eigentum des Unternehmens entsteht oder vermehrt wird. Hier wird zusätzlicher Wettbewerbsvorsprung gewonnen. Darauf konzentriert sich alles Weitere, die Maßnahmen und Prozesse des IP-Managements.

5.7 Auf F&E und Innovation beruhende Leistungsergebnisse

Ein Unternehmen, das die Kreativität seiner Mitarbeiter systematisch fördert (Kreativitätsmanagement!), **generiert** fortwährend **Ideen**. Deren Verwertung und Umsetzung in wirtschaftlich erfolgreiche Erzeugnisse bzw. Dienstleistungen ist wesentliches Anliegen des Innovationsmanagements. Es ist umfassend für die

Neu- und Weiterentwicklung von Produkten und Unternehmensprozessen wie Managementprozessen, Organisationsstrukturen etc. zuständig. Es ist damit ganz allgemein Quelle der Wettbewerbsstärke.

Wie schon eingangs in der Einleitung hervorgehoben, sind die drei wesentlichen Themen des IP-Managements **die Generierung, die Gestaltung und die Kommerzialisierung von IP**. Es versteht sich von selbst, dass alle drei Sphären des IP-Managements aufeinander bezogen sind und sich gegenseitig im Fokus haben müssen. Für den Bereich der Schaffung von IP bedeutet das, dass dasjenige geistige Eigentum hervorzubringen ist, das sinnvoll zum Aufbau und zur Gestaltung von IP-Besitzständen beiträgt und – vor allem – vorteilhaft am Vorgang der Kommerzialisierung partizipiert. Aus diesen beiden „Co-Prozessen" der Generierung von IP ist auf die Geschehnisse in den beiden anderen Bereichen Gestaltung und die Kommerzialisierung von IP einzuwirken, damit ein insgesamt gut funktionierendes und vor allem profitables IP-Management entsteht – immer mit Blick auf die **Leistungsergebnisse** des Unternehmens, bei dessen **Absatz** es seinen Konkurrenten vorgezogen werden will.

Kreativitäts- und Innovationsprozesse sind, wie grundsätzlich alle Managementprozesse des Unternehmens, der Auditierung und Zertifizierung zugänglich und somit der Beurteilung und der Prozessoptimierung.

Unter welchen Voraussetzungen Kreativitätsprozesse entstehen und wann sie zu interessanten Ergebnissen führen, ist empirisch erfassbar. Dasselbe gilt für die Einleitung von Innovationsprozessen und ihre Beflügelung. Letztlich geht es auch hier um Fragen des Qualitätsmanagements. Bereits seit einiger Zeit werden in Anwendung der hierfür erarbeiteten Normen[33] einzelne Elemente dieses Managements an ihren Anforderungen gemessen. Soweit Sorgen bestehen wegen einer angeblich fehlenden Kreativität der deutschen Wirtschaft[34], kann ihnen u. a. mit der Anwendung dieser Normen und der Prozessoptimierung, die sie ermöglichen, verlässlich entgegengewirkt werden.

5.8 Rechtsschutz-Dimension

Geistiges Eigentum an den Leistungsergebnissen und im Zusammenhang mit diesen verspricht die Aussicht auf *exklusive* **Nutzung** des Wissens im Unternehmen. Solches immaterielle Gut entsteht indes nur, soweit die (auch) rechtlichen Voraus-

---

[33] DIN ISO 9001.
[34] So Michael Schindhelm in seinem Aufsatz „Abschied vom Fleiß", „Süddeutsche Zeitung" vom 25./26.5.2013, S. 2.

Abb. 5.4 Der Lindt-Schokohase (Abbildung aus BGH, Urteil vom 15.7.2010, Az. I ZR 57/08)

setzungen dafür erfüllt sind. Dabei ist es für das Unternehmen allerdings nicht nur von Interesse, dass überhaupt Schutzrechte etc. entstehen. Das setzt ein wirksames Ineinandergreifen von Produktentwicklung und Schutzrechtsfähigkeit oder auch Verkehrsfähigkeit des Entwicklungsergebnisses unter rechtlichen Gesichtspunkten voraus.

Der für seinen Schoko-„Goldhasen" bekannte Süßwarenhersteller LINDT (Abb. 5.4) brachte 2011 zur Erweiterung der Produktlinie und als betriebliche Innovation einen „Goldbären" (Abb. 5.5) auf den Markt, der ebenfalls in goldfarbene Folie verpackt war und ein rotes Halsband mit Schleife trug.

Der Konkurrent HARIBO ist Inhaber diverser Marken, die die Wörter „Goldbär" oder „Goldbären" enthalten und für Süßwaren geschützt sind. In erster Linie aus Markenrecht wehrte sich dieser Konkurrent von LINDT erfolgreich gegen die Vermarktung des Schoko-„Goldbären".

Hier hätte frühzeitig mit der Produktentwicklung eine rechtliche „Begleitung" einsetzen müssen, um die Verkehrsfähigkeit des beabsichtigten „Goldbären" in rechtlicher Hinsicht abzusichern. Markt- und Markenrecherchen hätten unschwer

5.8 Rechtsschutz-Dimension

Abb. 5.5 Der Lindt-Schokobär (Abbildung aus LG Köln, Urteil vom 18.12.2012, Az. 33 O 803/11)

zutage gefördert, dass eine schadensträchtige Kollisionsproblematik bestand.[35] Dann wäre es rechtzeitig möglich gewesen, das „Goldbär-Projekt" ohne übergroße Nachteile zu modifizieren – oder fallen zu lassen.

Für das Betreiben eines wirkungsvollen IP-Managements ist es von entscheidender Bedeutung, dass Schutzrechte mit **möglichst großem Schutzumfang** begründet werden, die in der Unternehmenskommunikation wirksam eingesetzt werden und z. B. im Fall der Verletzung durch Dritte mit eindrucksvollem Erfolg verteidigt werden können. Erst solche Schutzrechte, für die ein bedeutender Schutzumfang kennzeichnend ist, vermögen einen bedeutenden Wert zu erlangen, der einen ausschlaggebenden Beitrag zum Unternehmenswert leistet und ggf. für die Unternehmensfinanzierung verwertbar ist.[36] Das Innovationsmanagement hat sich dem Entstehen solcher Schutzrechte zu widmen.

Es ist eine ständige **Aufgabe von Verletzungsprozessen** und der mit ihnen befassten Juristen, u. a. die **Grenzen** von Schutzumfängen von Schutzrechten **auszu-**

---

[35] Es soll hier unterstellt werden, dass entsprechende Recherchen unterblieben.
[36] Vgl. dazu die aufschlussreichen Hinweis von Wurzer, A J. (2010 und 2013) zu den Stichworten „Bewertung und Bilanzierung von IP" und „IP in der Unternehmensfinanzierung".

loten. Es bleibt nicht aus, dass die beteiligten Personen hierfür und hierbei wertvolle Kenntnisse anreichern und im Laufe der Zeit auch ein Gefühl („Judiz") dafür erwerben, z. B. welcher Produktgestaltung in einem Plagiatsprozess wohl Schutz zugesprochen werden wird und welcher nicht. Das begründet eine Kompetenz, die bereits in einem Frühstadium der Wertschöpfungskette eingesetzt und genutzt werden kann und sollte, und zwar schon in der Phase der Produktentwicklung. Dann nämlich besteht die Möglichkeit, die Entwicklung und Gestaltung (auch Formgebung) von Erzeugnissen bis zu einem Grad voranzutreiben, dass große Schutzumfänge realisiert und damit wertvolle Schutzrechte und Schutzpositionen erreichbar werden.

Diese erfahrenen Spezialisten sind aber auch darin kundig, wie sich Schutzrechte **gegenseitig verstärken und stützen** können. So kann es gelingen, ein Entwicklungsergebnis, das in einer Hinsicht (z. B. technologisches Niveau) vielleicht etwas „schwächelt", in bestimmter Art und Weise anzureichern (z. B. hinsichtlich der äußeren Erscheinung), damit es an der Schutzsphäre eines weiteren Schutzrechts (um beim Beispiel zu bleiben: Geschmacksmuster[37]) partizipiert, um es von einer zweiten Basis her zu stärken. Auch dazu bedarf es der Kooperation zwischen den Angehörigen des F&E-Bereichs und den IP-Managern des Unternehmens.

Von dieser Kooperation und der interdisziplinären Kommunikation profitieren nicht nur die Qualität der Leistungsergebnisse, sondern letztlich auch die Wettbewerbsstärke des Unternehmens insgesamt und sein Wertzuwachs.[38]

Dem interessierten Leser leuchtet es ohne Weiteres ein, dass das geistige Eigentums und sein vorteilhaftes IP-Management von entsprechend verwertbaren Leistungsergebnissen abhängt, die auf Kreativität, F&E und Innovation beruhen. Er wird deswegen kaum seinen Augen trauen, wenn er in der Fachpresse liest, dass zwei „global player" im Bereich der Anwendungs- und Unterhaltungselektronik, nämlich Apple und Samsung, mit bloßen 2 und 6 % ihres Umsatzes nur unwesentliche Beträge für Forschung und Entwicklung neuer Produkte ausgeben,[39] und das trotz der gegebenen scharfen Konkurrenz auf dem Markt und insbesondere zwischen beiden Unternehmen. Stattdessen investieren sie Unsummen in mediale Wahrnehmbarkeit und Patent- und sonstige Schutzrechtsstreitigkeiten. Eine der-

---

[37] Näheres hierzu in Kap. 6.

[38] Die Aus- und Fortbildungswirtschaft bietet in ihren Seminaren gezielt und bewusst das Thema „Integration von Innovations- und IP-Management" an (z. B. ManagementCircle, Dez. – 2012 bis Feb. 2013).

[39] Vgl. Claudia Reischauer, absatzwirtschaft 12-2012, S. 22.

5.8 Rechtsschutz-Dimension

artige Strategie wird, was Wunder, nicht als nachhaltig beurteilt. Vielmehr wird insbesondere Samsung angeraten, die Innovationskraft zu stärken.[40] Das erscheint letztlich schlüssig und überzeugend, denn bei Patentstreitigkeiten „auf Gegenseitigkeit"[41], bei denen für die Bezugs- und Zielgruppen nicht erkennbar wird, „wer von wem klaut"[42], wird eine Unmenge Energie verpulvert, ohne dass – jenseits der Erregung kurzfristig wirkender medialer Aufmerksamkeit – Wettbewerbsvorsprünge tatsächlich und vor allem nachhaltig wahrnehmbar begründet werden.

Wird die für taktische Nahziele – zeitweilig womöglich sogar sinnvoll – aufgewandte Energie jedenfalls mittelfristig umgeleitet und auf Innovationsprojekte gerichtet, erlaubt sie es, wettbewerblich relevante Positionen aufzubauen, die strategisch ggf. sogar langfristig genutzt werden können, um Markterfolge zu erzielen.

Bei der Frage, was das Kreativitäts- und Innovationsmanagement im Unternehmen leisten und beitragen kann zu dem Ergebnis, das mit dem strategischen IP-Management für das konkrete Unternehmen erzielt werden soll, welche **Forderungen** also an sie gestellt werden können, ist an folgende Kriterien zu denken:

- Das Unternehmen verfügt über eine systematische Planung, Steuerung, Förderung und Kontrolle der Entwicklung/Generierung von Ideen.
- Dazu bedient es sich der geeigneten bewährten Kreativitätstechniken (Ideenfindungsmethoden).
- Das Unternehmen verfügt über eine systematische Planung, Steuerung, Förderung und Kontrolle von Innovationen zur Verwertung der im Kreativitätsprozess generierten Ideen bzw. deren Umsetzung in wirtschaftlich erfolgreiche Produkte einschließlich Dienstleistungen. Dazu gehört auch, dass die entstandenen Ideen dokumentiert und im Rahmen eines geeigneten Wissensmanagements unternehmensintern verfügbar gemacht werden.
- Zum Management der Kreativitäts- und Innovationsvorgänge bedient sich das Unternehmen geeigneter und bewährter Innovationsprozessmodelle.
- Technologielücken des Unternehmens sind identifiziert und dokumentiert.
- Dasselbe gilt für Lücken in der Designstrategie (Gestaltungsstrategie).
- Das Innovationsmanagement ist unternehmensglobal zuständig für die Steigerung von Effektivität und Effizienz und hat zusätzlich die Erneuerung/Verbes-

---

[40] So Prof. Michael A. Witt in absatzwirtschaft 12-2012, S. 22; David Aaker, der heimliche Nobelpreisträger für Marketing, drückt es so aus: „Echte Relevanz erreicht eine Marke erst durch eine Innovation, die ein eigenes Marktsegment begründet" (zitiert nach Christine Mettauch, absatzwirtschaft 12-2012, S. 26, 28).
[41] Durch Klage und Widerklage.
[42] Vgl. Prof. Michael A. Witt in absatzwirtschaft 12-2012, S. 22.

serung von Fertigungsprozessen, Organisationsstrukturen, Managementprozessen etc. im Blick.
- Dazu nutzt es neben unternehmenseigenen Ressourcen zusätzlich überbetriebliche Innovationsmanagementprozesse wie Open-Innovation, Systeminnovation, Innovationscluster, innovative Regionen etc.
- Daneben besteht die Option, gezielt Innovationsergebnisse Externer in Anspruch zu nehmen.

Aus diesem Katalog ergibt sich zumindest ansatzweise das **Anforderungsprofil**, dem das Kreativitäts- und Innovationsmanagement genügen muss. Es ist zugleich für Auditierung und Zertifizierung maßgeblich.

5.9 Die Identifizierung der IP-Managementprozesse im Unternehmen

So unterschiedlich Unternehmen sind, so individuell und wenig vergleichbar sind die Prozesse des IP-Managements, die in ihnen ablaufen. Ferner wird es kaum zwei Unternehmen geben, in denen diese Prozesse jeweils das gleiche Gewicht haben. Daraus folgt, dass es kein allgemeingültiges Schema der IP-Prozesse für alle Unternehmen geben kann. Gleichwohl ähnelt sich jedenfalls vom Ansatz und Grundsatz her das IP-Management der Unternehmen auch in Bezug auf die ablaufenden Prozesse. Von daher erscheint es gerechtfertigt, eine Liste dieser Prozesse vorzuschlagen, deren einzelne Positionen für das IP-Management der meisten Unternehmen relevant sein werden, wenn auch in unterschiedlicher Gewichtung. Eine solche Liste kann nie einen Anspruch auf Vollständigkeit erheben. Somit kann nicht ausgeschlossen werden, dass darin Positionen fehlen, die für das Einzelunternehmen durchaus von Gewicht sind.

Die Vielzahl der in Unternehmen identifizierbaren IP-Prozesse macht es erforderlich, sie bestimmten Prozessgruppen zuzuordnen. Das geschieht in Kapitel 14.1 dieser Arbeit.

Darin werden folgende Gruppen von IP-Prozessen unterschieden:

1. Einstellung des Unternehmens zum Thema geistiges Eigentum
2. Kreation geistigen Eigentums
3. Strukturierung des geistigen Eigentums
4. Analyse des bisherigen Aufbaus und Gebrauchs sowie Einsatzes des geistigen Eigentums im bzw. für das Unternehmen
5. IP-Praktiken des Unternehmens

5.9 Die Identifizierung der IP-Managementprozesse im Unternehmen

6. SIP-Controlling, spez. Überprüfung von Kosten und Risiken
7. Markenmanagement
8. Patentmanagement
9. Geschmacksmustermanagement
10. Management der Schutzrechtsportfolien
11. Urheberrechtsmanagement
12. Know-how-Management
13. IP-Management im Hinblick auf Beziehungen zu Dritten (Arbeits-, Dienst-, Auftrags- und Kooperationsverhältnisse)
14. Bewertung der infolge SIP entstandenen Assets und ihre Nutzung im Rahmen der Unternehmensfinanzierung
15. IP-Management im Hinblick auf die Durchsetzung des Schutzes geistigen Eigentums mithilfe des Staates

Diese Prozesse sind allgemein den grundsätzlichen IP-Themen zuzuordnen:

- Verhältnis des Unternehmens zum IP-Management als Schlüsselkompetenz in der Wissensgesellschaft
- Stimulierung der Kreativitätsprozesse
- Förderung der Innovation
- Identifizierung generierter Ideen und deren Dokumentation
- Prüfung der Schutzfähigkeit hervorgebrachter Ideen
- Begründung geeigneten Schutzes
- Aufnahme des geistigen Eigentums (IP) in seinem Bestand, Klärung der Inhaberschaft (Berechtigung)
- Beurteilung und Bewertung der Bestandteile des IP-Vermögens (Fokus auf dem Schutzumfang der Schutzrechte und Schutzpositionen und des Vorhandenseins von Synergieeffekten von Schutzrechten und Schutzrechtspositionen untereinander)
- Analyse des bisherigen Aufbaus und Gebrauchs sowie Einsatzes des geistigen Eigentums im bzw. für das Unternehmen (u. a. Aufwand- und Nutzenanalyse)
- Untersuchung der IP-Strategien des Unternehmens
- Ermittlung der verfolgten juristischen Schutzstrategien
- Ermittlung der verfolgten faktischen Schutzstrategien
- Überprüfung der Konsistenz der IP-Strategien mit der allg. Unternehmensstrategie
- Ermittlung der SIP-Bedürfnisse des Unternehmens
- Identifizierung eines Handlungsbedarfs

- Ermittlung der erforderlichen Aktivitäten im Einzelnen zur Realisierung der SIP-Bedürfnisse
- Überprüfung des Wirkungsgrads der Kreativitätsförderung
- Überprüfung des Wirkungsgrads des Innovationsmanagements
- Ermittlung der Schutzerlangung für Kreativitätsergebnisse und den Innovations-Output
- Überprüfung des Know-how-Schutzes
- Überprüfung des F&E-Wesens des Unternehmens in Bezug auf IP-Strategien vor dem Hintergrund der allg. Unternehmensstrategie
- Bestandsaufnahme: Schutzrechtsmanagement (insbes. Marken und Patente)
- Bestandsaufnahme: Schutzrechtsportfoliomanagment (insbes. Marken und Patente)
- Bestandsaufnahme: Schutzrechtsinformationsmanagement (insbes. Marken und Patente)
- Bestandsaufnahme: Wissensmanagement
- Bestandsaufnahme: Vernetzung des IP-Managements mit der Unternehmenskommunikation und dem Marketing des Unternehmens
- Einwirkung der Schutzrechte auf Unternehmenskommunikation und Marketing des Unternehmens
- Einwirkung von Unternehmenskommunikation und Marketing des Unternehmens auf den Schutzbereich seiner Schutzrechte
- Kooperationsstrategien mit externen Dienstleistern
- Kooperationsstrategien mit Dritten
- Kooperationsstrategien mit Konkurrenten (ggf. Cross Licensing)
- Bewertung der infolge SIP entstandenen Assets und ihre Nutzung im Rahmen der Unternehmensfinanzierung
- IP-Controlling, spez. Überprüfung von Kosten und Risiken

Diese Liste der Prozesse ist als Ansatz für die Auditierung und Zertifizierung der IP-Managementprozesse in Unternehmen von großer Bedeutung. Sie ist in Bezug auf die jeweiligen Gegebenheiten bei konkreten Unternehmen zu vervollständigen. Es ist unbedingt anzuraten, dass die Prozesse **dokumentiert** werden. Das hat den Vorteil, dass die Auditierung und Zertifizierung hier ansetzen kann. Ferner erleichtert die Dokumentation die Einarbeitung neuer Mitarbeiter. Verlassen Wissensträger das Unternehmen, konserviert sie deren Kenntnisse und Know-how. Sie erlaubt überdies das systematische **Aufspüren von Verbesserungspotenzialen**.[43]

---

[43] Vgl. Rauße, G. in Kamiske, G. F. Managementsysteme (2008), S. 175.

5.9 Die Identifizierung der IP-Managementprozesse im Unternehmen

Die einzelnen IP-Bereiche sind in der Dokumentation zu gewichten, um Schwerpunkte der Auditierungs- und Zertifizierungsvorgänge herausbilden zu können. Als Ergebnis entsteht der Prüfungsrahmen der Auditierungs- und Zertifizierungsarbeit.

Nachdem näher erläutert worden ist, wie das geistige Eigentum entsteht und für das Unternehmen verfügbar gemacht werden kann, welche Grundsätze für die richtige Handhabung dieses Unternehmensvermögens zu beachten sind und wie die dabei zu beherrschenden Prozesse beschaffen sind, soll nunmehr in den Blick genommen werden, aus welchen Bestandteilen das geistige Eigentum eines Unternehmens bestehen kann. Sie und die mit ihnen verbundenen Prozesse sind der Ansatzpunkt für IP-Audit und IP-Cert.

6 Das geistige Eigentum (IP) eines Unternehmens und seine Bestandteile als Gegenstand eines auditierbaren und zertifizierbaren IP-Managements

Auf den Punkt gebracht
- Jedes Unternehmen hat geistiges Eigentum – unvermeidlicherweise, was aber durchaus erfreulich ist.
- Denn darin liegen Chancen – sie kann und sollte das Unternehmen unbedingt nutzen: Vermögen mehren, an Wettbewerbsstärke gewinnen, Zukunft gewinnen.
- Geistiges Eigentum ist ein vielschichtiges Phänomen. Seine diversen Bestandteile und Faktoren können für das Unternehmen von sehr unterschiedlicher Wichtigkeit sein. Es kommt darauf an, die strategischen Potenziale dieser Bestandteile – insbesondere in ihrer Gesamtheit und Bezogenheit auf das Unternehmen als Ganzes – zu erkennen und die Schwergewichte zu bilden, die zu den Bedürfnissen des Unternehmens „passen".
- Verlässliche Erkenntnisse hierfür liefern ausschließlich die Auditierung und Zertifizierung des geistigen Eigentums und seines Managements.

Ein Unternehmen, das seinem Drang nach Innovation nachgibt, insbesondere wenn es seinen **Innovationstrieb**[1] „lebt", wird mehr oder weniger zwangsläufig zusätzliche Vermögenssubstanz hervorbringen, die Gegenstand geistigen Eigentums sein kann. Das erlaubt es ihm, daran Schutz- und Vermögensrechte zu erwerben.

Es kommt also darauf an, Innovationen gezielt herbeizuführen. Damit wird die Grundlage geistigen Eigentums gelegt. Das kann gelingen, wenn die Kreativität der Mitarbeiter des Unternehmens und seine Innovationsfähigkeit systematisch gefördert werden.

---

[1] S. Kap. 5.2 f.

Unverzichtbar ist dafür die Schaffung einer die Kreativität stimulierenden Atmosphäre und kreativitätsfördernder Strukturen im Unternehmen. Hierfür wird das Unternehmen die verfügbaren Kreativitätstechniken[2] anwenden und die Kreativität zum gezielten Generieren neuer Ideen und Visionen stimulieren. Innovationsworkshops und Innovationsprojekte werden gezielt durchgeführt usw.

Dass es ferner unerlässlich ist, ein qualifiziertes Innovationsmanagement einzurichten und zu implementieren, wurde bereits zuvor klargestellt. Die in Forschungs- und Entwicklungsarbeit gewonnenen Ergebnisse sind mit den Mitteln eines geeigneten Ideen- und Wissensmanagements einzufangen und für die betrieblichen Belange verfügbar zu machen. Das Intranet mit differenzierten Zugangsberechtigungen ist dafür die ggf. beste Plattform.

Werden diese Aufgabenstellungen erfüllt, entsteht eine Situation, die für die Schaffung geistigen Eigentums günstig ist. In der Folge wird der Bestand des geistigen Eigentums zunehmen. Der Besitzstand des Unternehmens in diesem Bereich vermehrt sich quantitativ und qualitativ.

Aber worum geht es hierbei im Einzelnen? Was sind eigentlich die Bestandteile des geistigen Eigentums, die einzeln und in ihrer Gesamtheit gemanagt werden müssen?

Diese Frage soll an dieser Stelle – durchaus vergleichsweise vollständig[3] – in dem Umfang beantwortet werden, wie es der Thematik dieses Buches entspricht. Gleichwohl betone ich auch bei dieser Gelegenheit, dass die Auflistung des geistigen Eigentums eines Unternehmens für sich genommen noch keine Erkenntnis darüber liefert, ob es eher gut oder schlecht im Bereich des gewerblichen Rechtsschutzes aufgestellt ist. Dafür ist jede Bestandsaufnahme für sich genommen viel zu eindimensional und zu statisch; sie kann die Realität nicht annäherungsweise aussagekräftig einfangen und abbilden. Natürlich muss immer in weiteren Schritten evaluiert werden, ob der festgestellte Bestand überhaupt der strategischen Ausrichtung des Unternehmens entspricht, ob er vernünftig, z. B. kostengünstig entstanden ist und konsequent weiter entwickelt und eingesetzt wird. Die **Lebendigkeit** und damit verbunden die **Entwicklungsdynamik** des geistigen Eigentums gehören zu seinen wesentlichen Kennzeichen und Qualitätsausweisen.

---

[2] Zu den Kreativitätstechniken und -methoden s. Wikipedia, Stichworte „Kreativität", „Kreativitätstechniken" und „Innovationsmanagement" (Stand 7.1.2013).

[3] Ganz vollständig kann eine solche Liste nie sein. Gesetzliche Schutzrechte werden in den einschlägigen Gesetzeswerken zwar jeweils vollständig aufgeführt. Gleichwohl gibt es keinen numerus clausus der erreichbaren gesetzlich geschützten Positionen des Gewerblichen Rechtsschutzes. Beispielsweise vermittelten die Entstehung des Internets und die Schaffung von Internetdomains rechtlich geschützte Räume und rechtsähnliche Positionen, an die zuvor niemand gedacht hatte.

6.1 Bestandteile des Intellectual Property

IP besteht aus ganz unterschiedlichen wirtschaftlichen und Rechtsgütern eines Unternehmens von zum Teil großer Bedeutung für die Sicherung der Unternehmenszukunft. Dabei entspricht es der Zielsetzung dieses Buches und der Intention des strategischen IP-Managements, die Grenzen dieses Bereichs weit zu ziehen und alle Positionen hinzuzuzählen, die eine Bedeutung oder einen Wert für das IP-Vermögen haben oder erhalten können.

Im Einzelnen sind in diesem Sinne jedenfalls folgende Elemente des geistigen Eigentums zu unterscheiden:

a) Angemeldete und registrierte Schutzrechte, nämlich:
- Marken
- Patente
- Gebrauchsmuster
- Geschmacksmuster
- Internet-Domains

und
b) nicht registrierte Schutzrechte oder Schutzrechtspositionen, wie:
- der Name bzw. die Firma eines Unternehmens,
- die Namen oder besonderen Bezeichnungen (Titel) seiner Druckschriften oder
- sonstigen Veröffentlichungen,
- seine Urheberrechte,
- die nicht eingetragenen Gemeinschaftsgeschmacksmuster,
- seine Software-Entwicklungen,
- gewährte oder erworbene Lizenzen,
- alle Erfindungen und sonstigen Schöpfungen,
- das gesamte Know-how eines Unternehmens sowie
- alle seine Geschäfts- und Betriebsgeheimnisse.

6.2 Systemische Strukturen

Alle diese Gegenstände des geistigen Eigentums stellen nicht nur insgesamt, sondern auch jeweils für sich Systeme von hoher Komplexität dar. Die Anwendung des Rechts in den einzelnen Bereichen des gewerblichen Rechtsschutzes stellt die Fachjuristen vor hohe Anforderungen. Das wirkt sich so aus, dass jeder dieser Bereiche eine ausgesprochene Spezialmaterie ist, die ihre eigene, zumeist höchst ausdifferenzierte Spezialliteratur und eine entsprechend hochgradige Spezialisierung der Juristen hervorgebracht hat, die sich mit ihr befassen.

Die Autoren sind nicht selten **Koryphäen** im Patent- oder Markenrecht etc. und kennen sich zumeist sogar noch recht gut in den dazu "benachbarten" Fachgebieten aus, aber selten darüber hinaus. Das fördert nicht gerade eine systemisch ganzheitlichen Erfassung aller Elemente des gewerblichen Rechtsschutzes[4], ebenso wenig wie die Ausbildung eines Generalistentums im Gesamtbereich des gewerblichen Rechtsschutzes. Umfassende Kompetenz ist aber für einen IP-Manager zumindest von Vorteil, wenn nicht gar unverzichtbar.[5] Ist also schon hier ein gewisses – übertrieben ausgedrückt – **Scheuklappenphänomen** zu konstatieren, gilt dies erst recht, wenn es um den „Blick über den juristischen Tellerrand" geht und gefragt wird, welche nichtjuristischen, insbesondere betriebswirtschaftlichen Fachgebiete denn zusätzlich überblickt werden müssen, damit die Anforderungen des strategischen IP-Managements jedenfalls annähernd erfüllt werden können. Dies wurde bereits im 4. Kapitel angesprochen; hierauf ist an späterer Stelle zurückzukommen.[6]

Man darf sich also nicht darauf beschränken, die einzelnen Bestandteile des geistigen Eigentums isoliert voneinander zu betrachten und zu behandeln. Vielmehr müssen sie in ihrer Qualität als Subsysteme in ihrer Nachbarschaft zu den benachbarten anderen Subsystemen und vor allem in Bezug auf das bzw. die übergeordneten systemischen Strukturen gesehen werden. Mit dieser Gesamtbetrachtung, die **Wechselbezüglichkeiten** offenbart, kann eine sachgerechte Erfassung des geistigen Eigentums eines Unternehmens als Grundvoraussetzung eines strategischen IP-Managements gelingen.

6.3 Die Bestandteile des Unternehmensvermögens „Geistiges Eigentum"

Um dem Thema IP-Cert gerecht zu werden, ist es nicht damit getan, die obige Aufzählung unter Ziffer 1. dieses Kapitels zu wiederholen und sie dabei mit Details auszuschmücken.

---

[4] So ist z. B. auch die sog. „TÜV-Rechtsprechung" des BGH („Jedes Schutzrecht ist ein gesonderter Streitgegenstand") nicht gerade dazu angetan, den Blick auf die Ganzheitlichkeit aller Elemente des gewerblichen Rechtsschutzes und geistigen Eigentums zu stärken (BGH GRUR 2011, 521 – TÜV I – und BGH GRUR 2011, 1043 – TÜV II).
[5] Ähnlich: Wurzer, A. J., IP-Management – Schlüsselkompetenz in einer Wissensökonomie, GRUR 2008, 577, 585, der allerdings zusätzliche Qualifikationen in den ökonomischen, managementbasierten Bereichen Strategie Entscheidung, Implementierung, Organisation, Führung und Geschäftsentwicklung fordert; s. auch Wurzer, A.J., IP-Manager (2009), S. 372 ff.
[6] Beim Aspekt IP-Management und die „human resources", Kap. 6.4.3.

6.3 Die Bestandteile des Unternehmensvermögens „Geistiges Eigentum"

Vielmehr sind die einzelnen Schutzrechte und Schutzrechtspositionen in der **Zusammenschau mit dem jeweils zugehörigen Managementprozess** zu betrachten und zu beurteilen. Nur in dieser Verknüpfung ist das Unternehmensvermögen „Geistiges Eigentum" real existent, erfahrbar und letztlich nutzbar. Denn wenn man z. B. die Fortbewegungskultur eines Autobesitzers kennenlernen will, reicht es nicht, Marke und Typ des Autos kennenzulernen, das in seiner Garage steht.[7] Es ist auch zu erfassen, wie er es nutzt, was er damit anstellt.

Darüber hinaus sind die einzelnen Schutzrechte und Schutzrechtspositionen sowie die sie betreffenden Managementprozesse für IP-Cert-Zwecke notwendig unter dem Gesichtspunkt der an sie zu stellenden **Forderungen** zu betrachten. Was können sie leisten und beitragen zu dem Ergebnis, das mit dem strategischen IP-Management erzielt werden soll? Daran ist das IP-Wesen eines Unternehmens zu messen.

Denn einerseits sind auch Schutzrechte **kein Selbstzweck**; sie sollen dem Unternehmen dienen, seinen Erfolg mit hervorrufen und absichern.[8] Andererseits sind sie in den Kontext aller für die Unternehmen verfügbaren Möglichkeiten des IP-Managements zu stellen. Soweit Grenzen der Leistungsfähigkeit von Schutzrechten und Schutzrechtspositionen festgestellt werden müssen, ist zu überlegen, auf welche Ausweichmaßnahmen das Unternehmen zurückgreifen kann, um gleichwohl zu möglichst guten Ergebnissen zu gelangen und IP-Managementerfolge zu erzielen.

Dem Anliegen dieses Buches entsprechend wird Wert darauf gelegt, in Bezug auf die wesentlichen Bestandteile des geistigen Eigentums aufzuzeigen, worin Besonderheit und Wert dieser IP-Elemente bestehen, was sie jeweils **leisten** können und müssen und wie sie beitragen können zu dem Resultat, das mit dem strategischen IP-Management **für das konkrete Unternehmen** erzielt werden soll. Daraus resultiert, welche Forderungen an die näher behandelten aufgeführten Bestandteile des geistigen Eigentums gestellt werden können. Das Ergebnis hat Normcharakter und kann Ausgangspunkt eines IP-Audit sein.

Bevor die einzelnen Schutzrechte – und schutzrechtsähnlichen Rechtspositionen – im Einzelnen betrachtet werden, liegt mir daran, auf einen ganz wichtigen Aspekt hinzuweisen: Die einzelnen IP-Faktoren führen kein autistisches Sololeben,

---

[7] Mögen sie durchaus auch schon gewisse Schlussfolgerungen in dieser Hinsicht zulassen.
[8] Wurzer, A. J., IP-Management – Schlüsselkompetenz in einer Wissensökonomie, GRUR 2008, 577, 581, drückt es so aus: „Nicht das geistige Eigentum als solches steht im Vordergrund, sondern die darauf aufbauenden wirtschaftlichen Funktionen und deren Nutzung in Aneignungsstrategien."

sondern **existieren bezogen aufeinander**[9] und **ergänzen sich funktional**, eine Gegebenheit, die die unternehmerische Praxis nutzen kann – und sollte. Gedanklicher Ausgangspunkt für den Aufbau einer Schutzrechtskombination ist die Analyse der speziellen **Gefährdungslage**.[10] Sie zeigt auf, welche **Schutzbedürfnisse** das Unternehmen hat. Danach kann bestimmt werden, welche Schutzrechte und schutzrechtsähnlichen Rechtspositionen erworben oder aktiviert und genutzt werden müssen.

Ich möchte das mit einem einfachen Beispiel verdeutlichen, einem Geschehen vor wenigen Jahren auf der **Düsseldorfer Kunststoffmesse**. Ein deutscher Hersteller von Investitionsgütern bemerkte auf der Messe einen Konkurrenten – aus Fernost natürlich –, der eine seiner Maschinen nachgebaut hatte. Der Deutsche besaß auf technische Elemente der Anlage Patente, die sicher im Innern des Nachbaus umgesetzt worden waren. Davon ging er jedenfalls aus. Wie sich aber zeigte, war nur die Hülle der asiatischen Maschine ausgestellt worden. Jegliche Mechanik fehlte, an den Nachweis von Patentverletzungen war nicht zu denken. Aus den Patenten konnte infolgedessen nicht vorgegangen werden.

Einen solchen Fall patentrechtlicher Beweisschwierigkeit hatte der deutsche Maschinenhersteller allerdings vorhergesehen. Nach seiner Entscheidung sollten seine Anlagen nicht nur technologisch top sein, sondern auch ein ungewöhnliches und attraktives Äußeres haben. Sie erregten schon von daher Aufmerksamkeit. Ihr Erscheinungsbild wurde mit dem Herstellerunternehmen identifiziert. Es stand für die Vorzüge und Qualität der Maschine, sodass der Nachahmer neben der Technik auch das Äußere des Originals übernehmen musste, wollte er auch dessen Anziehungskraft auf Kaufinteressierte nutzen. Was er aber nicht bedacht hatte: Der deutsche Hersteller hatte für das Erscheinungsbild seiner Anlage Geschmacksmusterschutz erwirkt. Das erlaubte es ihm, innerhalb kürzester Zeit auf dieser Grundlage bei Gericht eine einstweilige Verfügung gegen den Nachahmer zu erwirken: Die Kopie konnte von der Messe verbannt werden. Der fernöstliche Wettbewerber durfte sie auch nicht etwa behalten: Aufgrund gerichtlicher Verfügung nahm sie der Gerichtsvollzieher in Beschlag, und sie wurde als Produktpiraterieerzeugnis vernichtet.

Wie dieses Beispiel zeigt, können zwei völlig unterschiedliche Schutzrechte – hier das „ästhetische" Geschmacksmuster und das „technische" Patent – sich gegenseitig zu effizientem Rechtsschutz sehr wirkungsvoll ergänzen.

---

[9] Und bezogen auf andere Disziplinen der Unternehmenstätigkeit, insbesondere die Unternehmenskommunikation und das Marketing.
[10] Vgl. Wege, P. in Ensthaler, J./Wege, P. (2013), Management geistigen Eigentums, S. 151.

6.3 Die Bestandteile des Unternehmensvermögens „Geistiges Eigentum"

Ein Beispiel aus der Pharmawirtschaft erklärt die Ergänzung des Patentrechts durch das Markenrecht: Acetylsalicylsäure, kurz **ASS**, ist insbesondere unter dem Markennamen „**Aspirin**" der Firma **Bayer** AG bekannt. Etwa zeitgleich – 1899 – wurde die Erfindung der Substanz zum Patent angemeldet und die Marke „Aspirin" vom Patentamt eingetragen. Dies war eine kluge und weitblickende frühe Maßnahme des strategischen IP-Managements. Denn es war Bayer klar, dass die Erfindung nach dem Ende des Patentschutzes gemeinfrei werden würde. Deswegen war es angezeigt, rechtzeitig durch Erlangen zeitlich unbegrenzten Markenschutzes eine komplementäre Schutzposition zu begründen. Die erwünschte Wirkung, nämlich dass der Markterfolg des Produkts nicht durch das voraussehbare Erlöschen des Patentschutzes beeinträchtigt würde, konnte aber nur dann eintreten, wenn die **Wahrnehmbarkeitskraft der Marke** bis zum Ablauf des Patentschutzes so stark wurde, dass die Kaufentscheidung auch danach zugunsten von „Aspirin" und nicht für Generika ausfallen würde. Dafür sorgten indes entsprechende Marketinganstrengungen der Bayer AG, sodass das Produkt noch heute – unterstützt durch flankierende weitere Marken, wie ASPIRIN Plus C, ASPIRIN Complex, ASPIRIN Effekt etc.[11] –, mehr als 100 Jahre nach seiner Markteinführung und Jahrzehnte nach dem Ende des ursprünglichen Patentschutzes, für Bayer ein nach wie vor bedeutender Umsatzträger ist.

Dies ist ein frühes Beispiel eines „**Schutzrechtsclusters**", ein Muster sich gegenseitig ergänzender und stützender Schutzrechte. Es ist hier – komponiert aus unterschiedlichen Schutzrechtsarten – heterogen; homogene Cluster sind geläufiger, wie z. B. im Fall von Ergänzungspatenten, die wie ein **Patentschutzwall** um ein Produkt oder eine grundlegende Erfindung herumgruppiert werden.

Dieses Nebeneinander komplementärer Schutzrechte berücksichtigt, dass ein Nachahmer gezwungen ist, dafür zu sorgen, dass Nachahmung und Original in bestimmten relevanten, wahrnehmbaren Merkmalen – für die Zielgruppen deutlich erkennbar – übereinstimmen. Nur dann kann das Plagiat die Erinnerung an das Original aufrufen und von ausgelösten Assoziationen profitieren. Diese Wirkung kann die pure Nachahmung der Technologie eines Erzeugnisses allein nur schwer erzielen. Dem Aufruf der Erinnerungswirkung durch Nachahmer muss der Originalhersteller durch eine eigene gezielte Maßnahme entgegenwirken. Deswegen wird – zu Recht – unterstrichen, dass der Schutz technischer Erfindungen und der auf ihnen aufbauenden Produkte auf die **Ergänzung durch andere Schutzrechte** angewiesen ist, z. B. die Marke oder eben das Geschmacksmuster.[12]

---

[11] Ein Beispiel erfolgreicher Markendehnung.
[12] Vgl. Wege, P., a. a. O.

Wenn also auf den nächsten Seiten einzelne Schutzrechte vorgestellt werden, möge sich der Leser selbst die Frage stellen, inwieweit sie auch geeignet sind, in Ergänzung anderer (Haupt-)Schutzrechte **begleitenden Flankenschutz** zu bewirken.

6.3.1 Marken und der Prozess ihres Managements

Anliegen dieses Buches ist es, die Vorteile – und die Notwendigkeit – der Auditierung und Zertifizierung des Managements des geistigen Eigentums in Unternehmen aufzuzeigen. Das kann und soll keine auch nur annähernd vollständige Darstellung des geistigen Eigentums oder seiner Teile, z. B. des Markenrechts oder des Markenmanagements, sein. Das gilt entsprechend für die anderen Schutzrechte und die schutzrechtsähnlichen Rechtspositionen, die in diesem Buch erwähnt werden. Das geschieht jeweils unter dem IP-Cert-Aspekt. Dem Leser, der sich in die jeweilige Marken- und Patent-Fachthematik etc. vertiefen möchte, seien die Spezialwerke ans Herz gelegt, die in der Liste der benutzen und weiterführenden Literatur aufgeführt sind.

Das wichtige Beispiel der Marken scheint indes besonders geeignet, das Entstehen des geistigen Eigentums und die Notwendigkeit und Besonderheiten seines Managements deutlich zu machen. Denn an Marken, allgemeiner gesagt: Kennzeichen, kommt kein Unternehmen vorbei. Sie sind tatsächlich „alternativlos": Gelingt es manchem Unternehmen womöglich glänzend, durch eine hohe Knowhow-Schutzkultur die eine oder anderen Patentanmeldung zu vermeiden, kommt keines ohne Zeichen aus. Es hat welche, ob es will oder nicht, und sie werden von den Interessengruppen unvermeidlich wahrgenommen. Richtig – und besser – also, diese Wahrnehmungsprozesse proaktiv zu steuern und zu beherrschen, statt Überraschungen zu erleben.

Aus diesem Grund werden hier diese bedeutenden Elemente des immateriellen Unternehmensvermögens (Kennzeichen) und der Prozess des Markenmanagements vergleichsweise ausführlich dargestellt. Anhand dieser Darstellung wird der Leser erkennen können, welche Bedeutung die Auditierung und die Zertifizierung der mit Marken verbundenen Managementprozesse hat und welche Vorteile damit verbunden sind.[13]

Wie bei allen Schutzrechten ist es auch bei Marken anzustreben, Kennzeichnungen zu erhalten, die im Interesse des Unternehmens eine möglichst große nutzenstiftende Wirkung in der Marktrealität entfalten. Das hängt von einer Vielzahl von

---

[13] Dementsprechend wird in Kap. 14.5 speziell eine Modell-Prüfungsstruktur für ein Marken-IP-Audit vorgeschlagen.

6.3 Die Bestandteile des Unternehmensvermögens „Geistiges Eigentum"

Faktoren unterschiedlicher Art ab. Dabei denke ich als Jurist natürlich zumindest auch an rechtliche Faktoren. So muss jedes Unternehmen bestrebt sein, Marken mit **möglichst großem Schutzumfang**[14] zu erhalten. Das sind dann Marken, die sich vergleichsweise erfolgreich in Konfrontationen verteidigen lassen, andererseits aber auch Erfolg versprechende Angriffe auf konkurrierende jüngere Zeichen (mit schlechterem Zeitrang[15]) erlauben. Aber ich gestehe gern zu, dass für das unternehmerische Markenmanagement andere Faktoren zumindest genauso bedeutsam sind wie juristische.

So ist es von entscheidender Bedeutung, die **Potenziale** der anzustrebenden kennzeichnungs- und kommunikationsstarken Marken, womöglich „Premiummarken", im Rahmen eines qualifizierten Markenmanagements und Managements des bestehenden Markenportfolios zu **aktivieren**. Auch hier – und nicht nur bei technischen Schutzrechten – ist dieses Resultat nicht ohne Innovation und Ideenreichtum zu erreichen.

Wenn es darum geht, eine Marke auszusuchen[16] und auf dem Markt einzuführen, muss ein Unternehmen u. a. der Tatsache Rechnung tragen, dass Verbraucher **einfache Marken bevorzugen**.[17] Sie finden leichter als komplizierte Markengebilde den Weg zur Kennzeichnungs- und Kommunikationsstärke – immer bezogen auf die Abnehmersphäre – und können eher als schwer aufnehmbare, unübersichtliche Marken die Wahrnehmung der Mitglieder der Zielgruppe stimulieren und ihre Markentreue erwerben. Das Ziel ist es, dass der Verbraucher/Endabnehmer die Marke eines Unternehmens ganz selbstverständlich als „seine Marke" ansieht.

---

[14] Das gilt natürlich nicht nur für Marken. Insgesamt kommt es für Unternehmen darauf an, nicht irgendwelche Schutzrechte zu besitzen, sondern solche mit großem Schutzbereich. Das gilt sowohl für Schutzrechte, die das Unternehmen selbst benutzen und ausbauen möchte, wie auch für solche, die das Unternehmen erwirbt, um Sperrpositionen zu erwerben. Um für Marken Missverständnissen vorzubeugen: Gemeint ist hier ein qualitativer Schutzumfang, nicht ein bloß quantitativer, der etwa durch ein Aufblähen des Waren- und Dienstleistungsverzeichnisses angemeldeter Marken erreicht werden kann. Vielmehr kommt es darauf an, mit Kennzeichensubstanz den empirisch relevanten Bereich auszudehnen, in dem die Gefahr der Verwechslung mit konkurrierenden Zeichen entstehen kann, gegen die die Marke geschützt werden soll.

[15] Hier, wie in den meisten Bereichen des gewerblichen Rechtsschutzes, herrscht der Prioritätsgrundsatz.

[16] Bzw. durch Spezialisten *entwickeln* zu lassen, z. B. endmark; s. Kap. 6.3.1.1.

[17] Der 3. Global Brand Simplicity Index bestätigt: Würden deutsche Unternehmen ihren Kunden einfache Markenerlebnisse bieten, könnten allein sie jährlich 8 Milliarden einsparen. Dann würden sie sie weiterempfehlen und dann sogar – international! – auch einen höheren Preis in der Größenordnung von bis zu fast 6 Prozent hinnehmen (Markenberatung Siegel + Gale).

Denn letztlich existiert eine Marke nur in der Vorstellung des Kunden, sie „gehört"[18] dem Kunden, oder sie lebt als Marke schlechthin nicht. Nur das macht den Wert einer Marke aus.

6.3.1.1 Die Marken des Unternehmens

Zur Erklärung des „Phänomens Marke" kann auf ein Minimum an rechtlichen Angaben nicht verzichtet werden, wenngleich sich mit Blick auf das Anliegen dieses Buches das Rechtliche vom Betriebswirtschaftlichen nicht vollständig trennen lässt.

Als Marken genießen Unterscheidungs- und Identifizierungszeichen des Unternehmens rechtlichen Schutz, sofern sie **eingetragen sind oder** durch Benutzung innerhalb beteiligter Verkehrskreise **als Marke Verkehrsgeltung erworben** haben.[19]

Marken sind zu schützen und werden geschützt für die Waren und Dienstleistungen, die das Unternehmen gegenwärtig, aber auch in überschaubarer oder sogar weiterer Zukunft **unter der Marke** auf dem Markt anbieten wird.[20] Marken sind somit perspektivisch zu kreieren.

Die Marken des Unternehmens ermöglichen es, durch qualifizierte Markenführung das Angebot mit charakteristischen Merkmalen anzureichern, die eine eindeutige Zuordnung zur Marke (und ihrem Inhaber) und somit zum Unternehmen sicherstellen und das **Angebot vorteilhaft** aus einer Menge oder gar Masse objektiv gleichartiger oder ähnlicher Angebote **herausheben**.

Es geht also nicht darum, überhaupt eine Marke zu haben oder irgendeine Marke. Unternehmen brauchen eingängige Marken mit **hoher Wiedererkennbarkeit**. Dann haben sie einen großen Erinnerungswert, der eine Beziehung des potenziellen Kunden mit dem Unternehmen begründet. Gut geführte Marken sichern den Return on Investment auf Investitionen in die Wahrnehmbarkeit von Unternehmen und ihren Leistungsergebnissen. Denn Marken sorgen für eine **qualifizierte Wahrnehmbar- oder Sichtbarkeit** ihrer Inhaberfirmen.

---

[18] An diesem Wort zeigt sich, wie unterschiedlich Betriebswirte und Juristen denken: Während der Jurist bei dem Begriff „gehören" in Zuweisungskategorien denkt („Wem steht das Verfügungsrecht über die Marke zu? Wer ist ihr Eigentümer?"), kommt es dem Betriebswirt auf die Internalisierung der Marke durch die Zielgruppen an.

[19] § 4 Nr. 1 und 2 MarkenG.

[20] Diese „beanspruchten" Waren oder Dienstleistungen sind bei der Anmeldung einer jeden Marke anzugeben. Der Staat, der das „Monopolrecht Marke" zuweist, darf Marken nicht schlechthin vergeben, sondern im Interesse der Allgemeinheit nur für diejenigen Waren oder Dienstleistungen, für die der Inhaber sie verwenden will. Im Gegenzug ist der Inhaber verpflichtet, die Marke hierfür tatsächlich auch in Benutzung zu nehmen. Ansonsten werden sie nach Ablauf der 5-jährigen „Benutzungsschonfrist" löschungsreif.

6.3 Die Bestandteile des Unternehmensvermögens „Geistiges Eigentum"

Marken sollen als **Kristallisationsfläche für die Kompetenz und Kraft des Unternehmens** den Unternehmenswert mehren. Marken positionieren das Unternehmen im Wettbewerb.

Marken sind wirksame wettbewerbliche Mittel, die Unternehmensstrategie umzusetzen; sie schaffen „freedom to operate". Denn kreativ geschaffene und klug geführte Marken begründen rechtlich und faktisch Freiräume gegenüber Wettbewerbern und halten sie in der Wahrnehmung der Anspruchs- und insbesondere Zielgruppen auf Abstand.

Marken beeinflussen die Bestimmung von Wirtschaftswerten.

Gut etablierte und geführte Marken verschaffen ihrem Inhaber durch Lizenz- und ggf. Franchiseeinnahmen eine **größere Finanzkraft**.

Marken weisen ihren Inhaber als **attraktiven Partner** für kommerzielle Kooperationen aus. Marken stellen den Markeninhaber als ggf. interessanten M&A-Übernahmekandidaten dar.

Gut begründete und effizient geführte Marken können **kleinere und mittelgroße Unternehmen** gegen die wirtschaftliche Übermacht von Großunternehmen schützen.

Gut geführte Unternehmen besitzen ein vollständiges Markenportfolio mit einer **sinnvollen Portfolioarchitektur**.

Der anzustrebende hohe **Schutzumfang** einer Marke steigt mit der Stärke ihrer **Kennzeichnungskraft**. Kennzeichnungs-/kommunikationsstarke Marken erlauben eine qualifizierte Markenbildung und Markenentwicklung (Branding) für das Unternehmen. Kennzeichenstarke, richtig positionierte Marken vermögen eine **starke Markenidentität** zu erzeugen, die als Selbstbild des Unternehmens die grundlegende Plattform der Markenführung darstellt.

Der Begriff der **Kennzeichnungskraft** ist ein regelrechtes **Schlüsselwort** im Zusammenhang mit der Markenkreation. Je kennzeichnungskräftiger eine Marke ist, desto leichter kann sie **erinnert** werden und desto größer ist die Identifizierbarkeit und ggf. **Wiedererkennbarkeit der** mit der Marke versehenen **Produkte**. Die ihr entgegengebrachte Gedächtnisleistung wird auf das markierte Produkt übertragen. Es kann dann eine regelrechte Markenaura entstehen. Eine solche Marke wird eher – und umfangreicheren – Schutz genießen als eine Marke, deren Erscheinungsbild im Gedächtnis der Anspruchsgruppen keine Spuren hinterlässt.

Leider wählen viele Markenanmelder gern solche Marken aus, die nach Möglichkeit bereits zum Ausdruck bringen, wofür sie stehen, welche Leistungen der Abnehmer bei ihnen erwarten kann, was also unter ihnen vermarktet werden soll. Bei ihnen handelt es sich um sog. **„sprechende" Marken**.

Viele dieser zumeist „selbst erdachten" Marken werden von den Markenämtern gar nicht erst eingetragen. Sie scheitern zumeist daran, dass sie als „rein beschreibend" eingestuft werden und ihnen jegliche Unterscheidungskraft abgesprochen wird, die jedoch für die Eintragung gegeben sein muss.[21]

Aber selbst wenn sie eingetragen werden, kann ihnen zumeist **kein interessanter Schutzumfang** zukommen. Denn ihre Kennzeichnungskraft bzw. Kommunikationsstärke wird stets begrenzt sein. Der Wert der Marke ist sowohl in Bezug auf ihren Einsatz oder ihre Wirkung als auch unter dem Gesichtspunkt des finanziellen Stellenwerts in aller Regel begrenzt.

Dass bestimmte herausragende „sprechende" Marken, wie z. B. „Deutsche Telekom", „Techniker Krankenkasse" oder „Deutsche Bahn", im Einzelfall zu bekannten oder sogar berühmten Marken werden können, widerlegt nicht den Ausnahmecharakter dieses Vorgangs. In aller Regel behindert der Charakter als „sprechender Marke" eher die Entstehung eines bedeutenden Schutzumfangs und Markenwerts.

Als **Gegenbeispiel** fällt mir hierzu die **Marke Apple** ein. Den Einfall, diese Marke für Computer und Zubehör für solche Hardware zu erwerben, kann man nur als **genial** bezeichnen. Natürlich ist der Begriff Apple/Apfel rein beschreibend, aber eben nur für Äpfel und noch nicht einmal für alle Obstsorten.

Aber weshalb genial? Das Wort Apple ist sowohl **einfach**[22] als auch – wie die überall erhältliche Frucht selbst – jedem **bekannt**. Darunter können sich alle etwas vorstellen. Bei jedem wird hierzu etwas Bekanntes aufgerufen. Dasselbe gilt für die Bildmarke Apple, die bekanntlich aus einem vereinfachten[23], stilisierten Bild eines Apfels besteht, dem ein Stückchen fehlt (gedanklich wird das Bild ergänzt durch den fehlenden Apfelbissen, den sich jemand genehmigt hat – womöglich beim biblischen Sündenfall, was die anspruchsvolle Assoziation der Erkenntnis aufruft![24]) (Abb. 6.1):

In der Markenwirkung wird die von/vom „Apple" aufgerufene Aufmerksamkeit umgelenkt auf etwas völlig anderes als Obst und/oder Vertreibungen aus dem Paradies. **Für Computer und Zubehör** sind diese Wortmarke und das Apple-Bildsymbol als Marke **unerwartet und überraschend**. Die Symbolkraft des Apfels und diese Unerwartetheit für derartige Produkte begründen eine hohe Kennzeichnungskraft. Dieses überraschende Moment sorgt für einen großen Schutzumfang. Die Marke ist hochgradig „verteidigbar" und kann überdies einen bedeutenden Markenwert erwerben.[25]

---

[21] Fehlende Unterscheidungskraft ist ein absolutes Schutzhindernis gemäß § 8 Abs. 2 Nr. 1 MarkenG.

[22] Einfache Marken werden bevorzugt; s. Kap. 6.3.1.

[23] Die Forderung nach der Einfachheit von Marken betrifft auch Bildmarken.

[24] Beim Sündenfall im Garten Eden wurde bekanntlich vom Baum der *Erkenntnis* gegessen.

[25] Sie **ist** eine der teuersten Marken der Welt.

6.3 Die Bestandteile des Unternehmensvermögens „Geistiges Eigentum"

Abb. 6.1 Apple-Logo
(Abbildung gemäß HABM-
Markenregister zur CTM
009784299)

Als die Apple-Gründer ihr Unternehmen für neuartige Computer mit Software, die sich seinerzeit deutlich von MS-DOS von Microsoft unterschied, oder sonstige alternative Produkte in diesem Bereich schufen, hätten sie als „sprechende Marke" vielleicht Begriffe wie „Novocom" oder „Altercomp" wählen können. Sie sind zu beglückwünschen, dass sie das nicht getan haben. Diese Bezeichnungen hätten sich mit Sicherheit nicht zu einer der wertvollsten Marken weltweit entwickelt, und das Unternehmen hätte mit einer derartigen Bezeichnung auch wohl kaum die Entwicklung von Apple genommen.

Ein zweites Beispiel für eine phantasievolle Marke – mit Überraschungseffekt: Auf meinem Brillenetui ist die Marke „Freudenhaus" eingraviert (Abb. 6.2). Diese Marke gehört der Münchner Firma Freudenhaus Eyewear GmbH (www.freudenhaus.com/). Sie stellt her und vertreibt Brillen und Zubehör rund ums Thema Sehhilfen. Ich werde diese Marke für Brillen (!) nie mehr vergessen können. Das ist doch etwas anderes als so ziemlich naheliegende und eben mehr oder weniger beschreibende Markenbegriffe wie „SpaßBrill" oder „Phantabrillo" für Brillen bzw. „Brilltüi" für Brillenetuis, selbst wenn man diesen ein Mindestmaß an Unterscheidungskraft unterstellen wollte und sie also als Marke eingetragen werden könnten.

Sofern dem Markenanmelder nicht selbst ein entsprechend fantasievoller Markenbegriff oder eine geeignete Bildmarkengestaltung einfällt, die hohe Kennzeichnungskraft in Aussicht stellen, können die Dienstleistungen von **Markenentwicklern** in Anspruch genommen werden. Sie sind zugleich in der Lage, die Frage zu überprüfen, ob einer von ihnen entwickelten Marke Rechte Dritter entgegenstehen (mit Hilfe von Markenrecherchen).[26]

Zu erwähnen ist die weitere „Unart", nicht unterscheidungskräftigen oder kennzeichnungsschwachen Begriffen durch Hinzufügen eines Bildelements auf die Sprünge helfen zu wollen, damit sie als Marke eingetragen werden können (**Wort-/Bildmarken**). Der **Schutzumfang** einer solchen Marke kann von vornherein

---

[26] Genannt werden sollen an dieser Stelle nur: Endmark, Köln (www.endmark.de), Namestorm, München (www.namestorm.de), Nomen, Düsseldorf (www.nomen.de) und innomark, Wiesbaden (www.innomark.de).

Abb. 6.2 Logo der Marke Freudenhaus Eyewear (Abbildung gemäß DPMA-Markenregister zur Registernummer 39842808)

immer nur relativ begrenzt sein. Bei einem Begriff, der gerade so die Klippe zur Unterscheidungskraft überspringen kann, führt das Hinzufügen eines grafischen Markenelements regelmäßig dazu, dass der sprachliche (Wort-)Anteil – noch zusätzlich – **geschwächt** wird. Darunter leidet die Fähigkeit der Marke ggf. entscheidend, mit Aussicht auf Erfolg gegen kollidierende „rangschlechtere" (prioritätsjüngere) Fremdzeichen verteidigt werden zu können.

Die Marke ist ein vielschichtiges Phänomen. Rein rechtlich gesehen ist sie ein Rechtsgut, das höchst wirkungsvoll eingesetzt und verteidigt werden kann. Aber diese Betrachtung ist sehr einseitig und wird der Tatsache nicht ansatzweise gerecht, dass Marken jedenfalls auch etwas völlig anderes sind, nämlich **Emotionen und Leidenschaft**, und echtes Fanpotenzial haben können (Fan = Fanatiker!).[27] Schon allein am solchermaßen erfassten Charakter der Marke wird deutlich erkennbar, dass nur eine **interdisziplinäre Betrachtung** den Phänomenen des IP-Managements gerecht werden kann, die neben der rechtlichen Herangehensweise immer auch weitere betroffenen Disziplinen berücksichtigen, hier – bei der Marke – also Aspekte der Unternehmenskommunikation und -wahrnehmung sowie das Marketing.

Rechtlicher Schutzgegenstand des Markenrechts sind unterscheidungskräftige, angemeldete und in das Markenregister eingetragene Zeichen (Kennzeichen), die Vorstellungen aufkommen lassen über die betriebliche Herkunft der Waren und/ oder Dienstleistungen, für die die jeweilige Marke eingetragen ist. Das ist die sog. **Herkunftsfunktion** der Marke, eine der verschiedenen Markenfunktionen, nach allgemeiner Auffassung die wichtigste (s. u.).

Der im Markenrecht spezialisierte Jurist betrachtet die Marke als ein **Recht mit absoluter Schutzwirkung** gegenüber jedermann. Sie ist eine spezielle Erscheinungsform der verschiedenen, vom Staat gewährten Monopole. Dieses Privileg be-

---

[27] Vgl. absatzwirtschaft Nr. 8-2012, S. 34 „Faszination Marke".

6.3 Die Bestandteile des Unternehmensvermögens „Geistiges Eigentum"

hält aber als Markeninhaber nur, wer seine Marke im geschäftlichen Verkehr auch ernsthaft benutzt.[28] Geschieht das nicht, wird die Marke wieder für alle verfügbar. Der Erste, der dann zugreift, kann an dem Zeichen wieder ein Markenmonopol begründen.

Auch wirtschaftlich liegt der Zweck einer Marke natürlich in ihrer Benutzung.[29] Für den Kunden vertritt die intensiv benutzte und starke, mit eindeutigem Gehalt positiv aufgeladene Marke ein mit bestimmten Qualitäten, Eigenschaften, Erwartungen und Emotionen verbundenes Produkt oder auch Unternehmen. Möglicherweise richtet sich die markenbezogene **Vorstellung des Kunden** – je nach Informationsstand – aber auch auf konkrete Personen (Beispiel: Steve Jobs für „Apple"). Marken stehen immer für etwas anderes – etwa für bestimmte Prinzipien, die der Hersteller verkündet und an die er sich immer und überall hält. Sie verbürgen Qualität, Sicherheit und Kontinuität und sind Zeichen des Vertrauens.

Typische und traditionell bekannte Marken sind solche, die aus Worten oder Bildern bestehen oder diese beiden Elemente miteinander kombinieren (Wortmarken, Bildmarken und Wort-/Bildmarken). Bei ihnen handelt es sich um Zeichen oder Symbole, die sehr erkennbar **nicht für sich selbst stehen**, sondern für ein Unternehmen und die eine gedankliche Verbindung zu ihm herstellen. Sie sind bestimmt, diesen Bezug in der Vorstellungswelt des Markenadressaten zu begründen, und sind grundsätzlich nicht dazu gedacht, irgendwie anders, etwa bloß designschützend, zu wirken.

Letztere Funktion, zusätzlich zur Hauptfunktion der Herstellerzuordnung, können aber dreidimensionale Marken übernehmen, die neben den „typischen/traditionellen" Wort- und Bildmarken sowie Wort-/Bildmarken vorkommen. Es handelt sich dabei um Formmarken, deren Gegenstand die Abbildung körperlicher Gegenstände ist. Solche Gegenstände können selbstverständlich auch Waren sein, und es ist auch denkbar, dass es gerade solche Waren sind, für die die jeweilige Marke eingetragen und benutzt werden soll.[30] Es handelt sich dann um **„produktabbildende" Formmarken**.

Unter dem Gesichtspunkt der Unternehmenskommunikation und ihrer Wahrnehmung konkurriert die Marke mit den anderen Mitteln, welcher sich das Unternehmen in seiner Kommunikation mit seinen Bezugsgruppen bedient. Die Benutzung, das gesamte **Management der Marke** muss **stimmig** erfolgen **mit** der

---

[28] Die Pflicht, die Marke zu verteidigen, tritt hinzu; vgl. Urteil des EuGH vom 25.04.2006 (C-145/05– Levi-Strauss ./. Casuci (Mouette).

[29] Von den Fällen der Vorrats- und Sperrmarken einmal abgesehen.

[30] Markenrechtlich „beanspruchte" Waren.

Wahrnehmung der anderen **Kommunikationsmittel** des Unternehmens durch seine Bezugsgruppen und **widerspruchsfrei** im Verhältnis zu ihnen.

Die Marke ist damit sowohl eine festgezurrte, rundum geschützte Rechtsposition und zugleich auch ein **vorrangiges Mittel der unternehmerischen Kommunikation** auf mehreren Wahrnehmungsebenen. Eine konkrete Marke existiert zunächst als vielschichtige und facettenreiche Vorstellung in den Köpfen der Verbraucher, hervorgerufen durch Geschehnisse und Erlebnisse (Konsumvorgänge, Werbung, Marketingevents, Gespräche mit anderen Konsumenten etc.). Sie steht daneben als Symbol für die Leistungen des Unternehmens und ist direkt darauf bezogen. Zwangsläufig ist die Marke damit auch primäres Tool des Marketings und der Wahrnehmbarkeit des Unternehmens schlechthin.

Das Wesen und die Funktion der Marke für unternehmerische Bedürfnisse erfasst deswegen richtig und vollständig nur, wer diese **rechtlichen, ökonomischen und kommunikativen Aspekte insgesamt** und komplementär in den Blick nimmt. Denn das „Kommunikationsmittel Marke" ohne solide rechtliche Fundamente kann nicht gesichert nachhaltig wirken und Vermögenswert anreichern. Unternehmerisches Signal und Verbrauchervorstellungen müssen miteinander harmonieren, womöglich kongruent sein, damit die Wirkungen gelungenen markengestützten Marketings eintreten können. Das Marketing muss – der Marke zuarbeitend – sicherstellen, dass die Marke hilft, die damit gekennzeichneten Leistungen als von einem Unternehmen herstammend zweifelsfrei zu identifizieren und von denen anderer zu unterscheiden, damit die Marke Aufmerksamkeit erhält und erinnert wird und vor allem nicht zu einer generischen Angabe verkommt und rechtlich verfällt.[31]

6.3.1.2 Der Prozess des Markenmanagements

Die in dieser Abschnittsüberschrift aufgeführten Begriffe sind der Betriebswirtschaftslehre entlehnt. Im gegebenen Zusammenhang schlage ich jedoch vor, sie **interdisziplinär** zu verwenden und rechtliche Aspekte des Markenmanagement und des Management von Markenportfolios[32] damit zu verbinden.

Betriebswirtschaftlich wird das Markenmanagement als ein integrativer, funktionsübergreifender Bestandteil der Unternehmensführung verstanden.[33]

Der Managementprozess besteht in der **Planung, Koordination und Kontrolle der Markenführungsmaßnahmen**, die die Marke für den Markenadressaten erfahrbar macht. Zu den Maßnahmen der Markenführung gehört u. a. die preisliche

---

[31] So wie das z. B. der Marke „Tempo" gegangen ist („Hast du mal ein Tempo (tuch)?").
[32] Gesamtheit der Zeichen eines Unternehmens.
[33] Vgl. Wikipedia zum Stichwort Markenmanagement (Stand 15.01.2013).

6.3 Die Bestandteile des Unternehmensvermögens „Geistiges Eigentum"

Positionierung der Marke, eine klassische Aufgabe der strategischen Unternehmensführung. In **rechtlicher** Hinsicht ist hinzuzusetzen, dass das Markenmanagement die wirksame, interessengerechte **Begründung und Aufrechterhaltung des Schutzes** mit umfasst.[34] Auch die Überwachung, ob etwa kollidierende Zeichen Dritter mit schlechterem Rang abgewehrt werden müssen, gehört zum juristischen Markenmanagement – auch wenn sie sich „betriebswirtschaftlich" auswirkt, weil es hier darum geht, Schwächungen der unternehmerischen Wahrnehmbarkeit zu unterbinden.

Aufgabe des Markenmanagements insgesamt ist es, den Markenwert von Unternehmen zu steigern. Dafür kommt es entscheidend darauf an, welche Vorstellungen die Ziel- und sonstigen Bezugsgruppen des von der Marke getragenen Unternehmensangebots im Zusammenhang mit ihr entwickeln und wie auf die Vorstellungsbildung eingewirkt werden kann.

Auch hier steht somit im Zentrum der Betrachtung, was die Verbraucher subjektiv von einem Unternehmen oder seinen Leistungen wahrnehmen. Denn **das ist Marke**. Es ist nicht in erster Linie das Erzeugnis selbst mit seinen spezifischen objektiven Eigenschaften, welches über den Erfolg entscheidet, sondern seine und deren **Wahrnehmung durch die *Zielgruppe*,**[35] die mit der Marke verknüpft ist.

Allerdings verlangt dieser Zielgruppenansatz sogleich eine Relativierung. Der zumindest überwiegend *zielgruppen*orientierte Ansatz hat einer Bezugs- oder **Anspruchsgruppenorientierung** Platz gemacht. Zu Recht wird festgestellt, dass ein Übergang erfolgt ist vom klassischen Kundenmarketing zum „Stakeholder-Marketing".[36] Die allein kundenzentrierte Orientierung erscheint aus heutiger Sicht ohnehin als Irrtum oder Illusion. Immer schon haben die Empfänger von Signalen der Unternehmenskommunikation, die nicht der eigentlichen Zielgruppe angehören, auf letztere mit eingewirkt. Die dort vernommene Botschaft war schon immer komplex. Im besten Fall entsprach sie zumindest überwiegend dem, was sich das Unternehmen unter seiner eigenen Kommunikation vorstellte.

Das Managen von Marken einschließlich des Markenbrandings[37] muss sich in den Dienst dieser Einsichten stellen. Nicht nur die Markenführung, auch schon die Generierung von Marken, deren Anmeldungen und die Verteidigung erworbener

---

[34] Das beinhaltet die Überprüfung, dass die Ingebrauchnahme der Marke nicht ältere, rangbessere Kennzeichenrechte Dritter verletzt (Markenrecherchen auf Identität und Ähnlichkeit).
[35] Vgl. Göttgens, O./Gelbert, A./Böing, C. (2003), S. 11.
[36] Vgl. Göttgens, O./Gelber, A./Böing, C. (2003), S. 13.
[37] Als Definition schlage ich vor: Proaktiver Aufbau eines stimmigen, erlebbaren Bildes in den Köpfen der Anspruchsgruppen.

Markenrechte ordnen sich dem Grundsatz der **bezugsgruppenzentrierten Auffassung von Marke** unter. Dabei wird sich eine koordinierte Markenführung der Tatsache bewusst sein, welche Faktoren unterschiedlicher Art (auch) auf den Kunden bei der Bildung seiner Vorstellung von dieser Marke Einfluss nehmen. Wiederum wird nur eine ganzheitliche Betrachtung Antworten liefern können. Alle Umstände, die auf die Bildung dieser Vorstellung Einfluss nehmen, sind bei dem Management der fraglichen Marke in Betracht zu ziehen und nach Möglichkeit zu steuern.

Dabei mache man sich klar, dass das Zeichen[38], das Gegenstand einer Marke ist, an sich noch gar nichts ist, jedenfalls was die Vorstellung angeht, die Menschen von einer Marke haben. Allein das Wort MIELE zu hören oder zu lesen, ohne die sonstigen Informationsinhalte zu kennen, die sich um diesen Namen ranken, wird nie dazu führen, die Bedeutung dieser Marke erklären zu können. Erst die **Eindrücke und Erlebnisse**, die die Vorstellung überragender Qualität im Bereich der „weißen Ware" begründen, vermögen das mit MIELE verbundene Markenverständnis zu erklären.

Strategische Markenführung muss somit bestrebt sein, derartige Vorstellungswelten proaktiv und gezielt zu schaffen, um einem bloßen Zeichen Substanz zu verleihen und es zum „Phänomen Marke" erstarken zu lassen. Dem hat die Kommunikation der Marke ebenso Rechnung zu tragen wie ihre rechtliche Fundierung und ihre notfalls prozessuale Sicherung, damit sich die Marke ungehindert für das Unternehmen entfalten kann und zum Erblühen kommt – durch Assoziationen der Stakeholder.

Das „Leben" der Marke, ihre Entwicklung und Entfaltung ist unter Schutzgesichtspunkten nachzuverfolgen. Dieser dynamische Prozess kann durchaus Ansatzpunkte dafür liefern, etwa **Nachanmeldungen** der Marke vorzunehmen, um bislang nicht erfasste Waren- und/oder Dienstleistungsbereiche abzudecken. Sollte eine eingetragene Marke infolge ihrer Benutzung in Bereichen, die vom registrierten Waren-/Dienstleistungsverzeichnis nicht abgedeckt sind, **Verkehrsgeltung** erwerben, ist dafür zu sorgen, dass dieser Umstand durch aufbereitete Dokumente bewiesen werden kann.

Betriebswirtschaftlich gesprochen muss das Unternehmen anstreben, seiner Marke die Möglichkeit zu verschaffen, ihre Bekanntheit über sämtliche Stufen der Markenwirkung hinweg – Begründen eines Markenimages, Wecken der Kaufbereitschaft, Herbeiführen des Kaufs – in **Loyalität** des Kunden **zur Marke** zu konvertieren und ihn nachhaltig an die Marke zu **binden**.

---

[38] Wort, Bild, Zeichen, Symbol, Bewegung, Geräusch, Geruch, Form …

6.3 Die Bestandteile des Unternehmensvermögens „Geistiges Eigentum"

Welche Eckdaten eines Erfolg versprechenden Markenmanagements zu verzeichnen sind, soll anhand des fünfstufigen **Brand-Equity-Managementansatzes verdeutlicht werden, den die bekannte Agentur BBDO verfolgt.**[39]
Hierzu werden fünf Fragen aufgeworfen:

a. Wird eine Marke richtig evaluiert?
b. Ist die Marke richtig positioniert?
c. Hat das Unternehmen das richtige Markenportfolio mit einer sinnvollen Portfolioarchitektur aufgebaut?
d. Ist das Markenportfolio mit der richtigen Budgethöhe ausgestattet?
e. Sind im Unternehmen die richtigen Strukturen installiert, und laufen die richtigen Prozesse ab zur Umsetzung der Markenführungsaktivitäten?

Nachfolgend sollen die beiden hier speziell interessierenden Fragen b) und e) näher betrachtet werden.

Die **Markenpositionierung** ist eine weitere Disziplin des Markenmanagements. Dabei geht es um die Identifizierung und Charakterisierung der Zielgruppen, an die die Marke sich wendet. Es wird die Frage nach dem Leistungsversprechen aufgeworfen, das die Marke **in ihren Augen** besitzt. Und es wird näher betrachtet, wofür die Marke **aus der Sicht ihrer Zielgruppen** differenzierungs- und präferenzbildend stehen und wirken soll. Schließlich wird nach Mitteln und Wegen gefragt, wie die Marke in der Unternehmensrealität so positioniert werden kann, dass sie auf allen Wahrnehmungsebenen konsistent erlebbar wird.[40]

Diese Fragestellungen nimmt SIP unter marken**rechtlichen** Gesichtspunkten in den Blick und schafft die rechtlichen Rahmenbedingungen der Markenkreation dafür, dass schon von daher eine präferenzbildende Verankerung der Marke in der Wahrnehmung der Zielgruppe durch eine eindeutige, kraftvolle und attraktive Positionierung ermöglicht wird. Dabei ist in erster Linie auf den Schutzumfang der Marke Einfluss zu nehmen. Er ist durch Förderung der Kennzeichnungskraft der Marke und Bestimmung des Waren- und Dienstleistungsverzeichnisses so zu gestalten, dass das Ziel der jeweiligen strategischen Positionierung der Marke bestmöglich unterstützt wird.

Um diese Gestaltungsaufgaben der Markenschaffung sachgerecht bewältigen zu können, ist nicht nur fachjuristische Expertise erforderlich, sondern auch eine enge Vernetzung zwischen den mitwirkenden Rechtskundigen und den für die Markenführung Verantwortlichen.

---

[39] Vorgestellt in Göttgens, O./Gelber, A./Böing, C. (2003), Profitables Markenmanagement.
[40] Vgl. Göttgens, O./Gelber, A./Böing, C. (2003), S. 27 f.

Dieser kooperative und interdisziplinäre Ansatz ist aber nicht nur für die Positionierung der Marke, sondern auch für ihre erfolgreiche Führung anzustreben. Der Einsatz der Marke muss abgesichert sein und störungsfrei ablaufen können. Das setzt eine kollisionsvermeidende Markenüberwachung und eine Markenverteidigung voraus, die die Möglichkeiten der Defensiv- und der Offensivstrategien dosiert, aber konsequent nutzt. Werden etwa **Markenallianzen** mit Drittunternehmen eingegangen, sind hierfür die rechtlichen Rahmenbedingungen zu schaffen, und es ist in der Durchführung u. a. darauf zu achten, dass die parallele Nutzung zweier oder mehrerer Marken durch mehrere Akteure den rechtlichen Bestand der eigenen Markenwelt und ihre kommerziellen Funktionen nicht beeinträchtigt.

Das Management von Markenportfolios erfasst den gesamten Kennzeichnungsbestand des Unternehmens und ist eine eigenständige betriebswirtschaftliche und juristische Managementaufgabe.

Vollhardt hat in seiner aufschlussreichen Dissertation zum Management von Markenportfolios herausgearbeitet, dass sieben zentrale Gestaltungsvariablen identifiziert werden können, die die für ein erfolgreiches Markenportfoliomanagement relevanten Dimensionen repräsentieren.[41] Dies sind:

- **Formalisierung** (Schaffen von Regeln über Inhalt und Ausgestaltung der Marketinginstrumente, einer gemeinsamen Vermarktungsphilosophie und einer Standardisierung des Vermarktungsprozesses)
- **Einsatz von heterogen zusammengesetzten Teams** (Einhaltung grundsätzlicher Rahmenvorgaben, Entwicklung von Steuerungs- und Kontrollsystemen)
- **Top-Managementbeteiligung** (zur Durchsetzung markenstrategischer Leitlinien im Unternehmen)[42]
- **Ressourcenzugang** (Zugang zu technischen, personellen und finanziellen Ressourcen des Unternehmens)
- Nutzung **komplementärer** Ressourcen (Nutzen des Vorteils der Kombination sich ergänzender Ressourcen)
- **abteilungsübergreifende** Zusammenarbeit (aller Abteilungen, deren Aufgabenstellung vom Management des Markenportfolios betroffen ist)
- **Teamgeist** (zur Schaffung eines kooperationsfördernden Klimas zur Optimierung der abteilungsübergreifenden Zusammenarbeit).

---

[41] Vollhardt, K. (2007), S. 79 ff.

[42] Für eine Top-Managementbeteiligung für die Umsetzung von Patentstrategien: Ernst, H. (2002), S. 317.

6.3 Die Bestandteile des Unternehmensvermögens „Geistiges Eigentum"

Im Rahmen der angestellten Untersuchungen kommt Vollhardt zu folgenden, für ein ganzheitlich orientiertes Markenportfoliomanagement wesentlichen Ergebnissen:

- ein effektives Markenportfoliomanagement hat erhebliche positive Auswirkungen auf den Erfolg des Unternehmens
- effektives Markenportfoliomanagement setzt dessen proaktive Gestaltung abhängig vom jeweiligen Kontext voraus
- es lassen sich typische Gestaltungsformen des Markenportfoliomanagements in der Unternehmenspraxis identifizieren, deren Wahl Entscheidungen zur Führung des Portfolios bedeutend erleichtert
- es gibt nicht nur eine Möglichkeit für ein erfolgreiches Markenportfoliomanagement, sondern es gibt verschiedene Wege zur Realisierung des Erfolgs
- die Auswahl und der Einsatz der für das Unternehmen adäquaten Markenportfoliostrategie schlagen sich im Erfolg des Unternehmens nieder.[43]

6.3.1.3 Leistungen von Marken

Bei der Frage, **was Marken leisten** und beitragen können zu dem Ergebnis, das mit dem strategischen IP-Management für das konkrete Unternehmen erzielt werden soll, welche **Forderungen** also an sie gestellt werden können, will ich mich den **Funktionen** zuwenden, die Marken zugeschrieben werden und die sie erfüllen sollen.[44]

Die Liste der **Markenfunktionen** ist eindrucksvoll und spiegelt die Bedeutung dieses Schutzrechts und des Phänomens Marke für Unternehmen deutlich wieder. Ihre Aufzählung ist nicht abschließend, ihr Anwendungsbereich nicht begrenzt.

Die Markenfunktionen zu erfassen ist aber auch wichtig, weil die Störung dieser Funktionen von den Gerichten jedenfalls insoweit als Verletzung des Markenrechts gewertet wird, als es den Schutz bekannter Marken und den Markenschutz gegen identische Übernahmen angeht.

Für den Gerichtshof der Europäischen Union ist entscheidend, ob Markenfunktionen, insbesondere die Herkunfts- und Werbefunktion der Marke, beeinträchtigt sind. Nach seiner Rechtsprechung ist davon ausgehen, dass **Beeinträchtigungen der Markenfunktionen** grundsätzlich Anzeichen dafür sind, dass rechtswidrige **Markenbenutzungen** vorliegen.[45] Bei der Verwendung identischer Zeichen im geschäftlichen Verkehr nimmt der Gerichtshof der Europäischen Union grundsätz-

---

[43] Vgl. Vollhardt (2007), S. 79 ff., 222 ff.
[44] Vgl. Elisa Erkelenz (2012), S. 29 ff., Markenbildung für Orchester.
[45] Vgl. z. B. EuGH MarkenR 2011, 454 – Interflora.

lich eine rechtswidrige **Markenverletzung** an, wenn durch die Markenbenutzung auch nur **eine der Funktionen der Marke beeinträchtigt** wird.[46]
An Markenfunktionen sind hier zu nennen:

a. Herkunftsfunktion
 Eine Marke, die als solche gesetzlichen Schutz genießen soll, muss geeignet sein, Waren und Dienstleistungen eines Unternehmens von denen eines anderen Unternehmens zu unterscheiden. Diese Funktion gilt als die – rechtlich – **wichtigste** unter den verschiedenen **Markenfunktionen**.
b. Unterscheidungs- und Identifikationsfunktion
 Diese Funktion ergänzt und erweitert die Herkunftsfunktion. Der Einsatz seiner Marke hilft dem Unternehmen, seine Angebote von denen seiner Mitbewerber abzugrenzen und sie zugleich zu differenzieren. Dadurch gewinnt das Angebot an Identität. Es entsteht die Chance für den Aufbau eines einzigartigen, als positiv vermerkten Profils. Für die Zielgruppen heißt das, dass die Zuordnung von Angeboten zu Anbietern möglich wird. Orientierung und fehlerfreie Kaufentscheidungen werden ermöglicht.
 Hierbei handelt es sich um Leistungen von Marken, die überaus wertvoll und bei der Ausübung des IP-Managements zu nutzen sind.
c. Werbefunktion
 Jede Marke wird auch geboren, um für ihren Inhaber zu werben. Sie soll Verbraucher – positiv kommunizierend – informieren und von der Vorteilhaftigkeit des Angebotes überzeugen.[47]
d. Entlastungs- und Orientierungsfunktion
 Eine Marke mit durchschnittlicher oder sogar erhöhter Kennzeichnungskraft, zumal wenn ihre Bekanntheit gesteigert ist, ermöglicht dem Markenadressaten Wiedererkennung und Zuordnung. Damit entlastet sie ihn und erlaubt ihm, für sich in einem Orientierungsrahmen Präferenzen zu entwickeln. Entscheidungen werden erleichtert, vielleicht erst ermöglicht. Das ist gerade in Zeiten von Wert, in denen Konsumenten von der Überzahl lockender Angebote bestürmt werden und die Reizüberflutung rationale Entscheidungen erschwert, wenn nicht verhindert. Marken helfen in dieser Situation, **Informationen** zu **kanalisieren** und **Komplexität** zu **reduzieren**.[48]

---

[46] Vgl. EuGH, Urteil vom 11. September 2007, Céline, C-17/06; Urteil vom 18. Juni 2009, L'Oréal u. a., C-487/07; Urteil vom 23. März 2010, Google u. a., in den verbundenen Rechtssachen C-236/08 bis C-238/08.
[47] Vgl. etwa EuGH GRUR 2010, 445 – Google Frame und Google.
[48] Vgl. Erklenz (2012), S. 30.

6.3 Die Bestandteile des Unternehmensvermögens „Geistiges Eigentum"

e. Garantie- und Vertrauensfunktion
Eine Marke, in deren Auftritt der Markeninhaber investiert, signalisiert dem Markenadressaten, dass der Anbieter für sein Angebot **geradestehen** will und für dessen Güte **Verantwortung übernimmt**. Er gibt ein Qualitätsversprechen auf das damit markierte Angebot. Das vermindert für den Interessenten das Risiko von Fehlentscheidungen. Wird das Versprechen in der Wahrnehmung des Kunden eingelöst, entsteht **Kundenbindung**.

f. Prestige- und Identifizierungsfunktion
Der Inhaber einer Marke, zumal einer bekannten Marke, in deren guten Ruf investiert worden ist, ruft mit ihr beim Adressaten **Prestige- und Wertvorstellungen** hervor. Damit bietet er seinen Kunden eine Identifizierungsebene, die ihren Bedürfnissen nach Selbstdarstellung und ggf. Aufwertung Rechnung trägt. Es wird ihnen angeboten, das Image der Marke auf sich zu übertragen. Soweit es mit dem Selbstverständnis des einzelnen Kunden übereinstimmt, kann er es in sein Selbstbild übernehmen. Die Marke hilft ihm dann, seinen Lebensstil und seine gesellschaftliche Positionierung deutlicher auszudrücken.

g. Kommunikations- und Inklusionsfunktion
Marken haben immer mehr die Aufgabe, die **Kernbotschaft** des Unternehmens zu **transportieren** und die umworbene – und bereit gewonnene – Kundschaft in die „Welt" dieser Marke einzubinden. Exzellent geführten Marken gelingt das tatsächlich, wie die Beispiele Apple, Coca Cola, Daimler, BMW, Audi etc. belegen.

h. Investitionsfunktion
Zum Zweck ihres Aufbaus und zur Begründung und Ausdehnung ihrer Bekanntheit wird in Marken investiert. Aber sie sind nicht nur Ziel von Investitionen und Rechtfertigung hierfür, sondern Marken sind auch „Transfermedien", um in Produkte oder Produktfamilien zu investieren, die unter der Marke vermarktet werden sollen. Jedenfalls soweit diese Funktion unmittelbar beeinträchtigt wird, kann eine Markenverletzung vorliegen, gegen die das Markenrecht schützt.

Diese Aufzählung mag genügen, um die Leistungsfähigkeit von Marken zu verdeutlichen. Erfahrene Markenrechtsspezialisten und kundige Marketer wissen, dass kompetent komponierte und vor allem klug geführte Marken durchaus all das zu leisten in der Lage sind. Sie sind so zu handhaben, dass sie ihr **Potenzial** zu diesen Leistungsergebnissen hin **aufblühen** lassen können. Damit ist auch klar gemacht, welche **Forderungen** an Marken und ihr Management zu stellen sind. Das IP-Management ist aufgefordert, Marken so anzusetzen und zu managen, dass sie diese Funktionen erfüllen können. Das ist eine nicht geringe Herausforderung, aber möglich ist es allemal.

Ein vollständiges Markenaudit[49] wird sich allerdings nicht auf die Klärung dieser Frage beschränken, sondern versuchen herauszufinden, ob das Unternehmen über die Marken verfügt, die es nach seiner strategischen Ausrichtung benötigt. Ferner wird das Audit klären, ob die Marken, die das Unternehmen besitzt, und ihr Management das leisten, was sie leisten können.

Aber was können Marken leisten – welches sind somit die **Forderungen**, die an sie und ihr Management zu stellen sind? Jedenfalls diese:

- Marken sind nach durchgeführter gründlicher Markenrecherche (Identitäts- und Ähnlichkeitsrecherche in Bezug auf potenziell kollidierende Kennzeichen) rechtlich sauber begründet und in ihrem Bestand ungefährdet.
- Sie genießen eine starke Durchsetzbarkeit und können mit jeweils gutem Erfolg verteidigt werden.
- Schutzumfang und Kennzeichnungskraft sind hoch, und zwar bei Markeneinfachheit.
- Bei einer Mehrheit von ähnlichen Kennzeichen unterstützen sie sich gegenseitig durch ausreichende „Querwirkungen".
- Das Unternehmen verfügt über eine effiziente Markenüberwachung.
- Das Unternehmen verfügt über eine gewachsene Markenkultur.
- Es besteht ein Markenbewusstsein.
- Danach richtet sich die nachhaltige Markenführung des Unternehmens.
- Das Unternehmen betreibt ein effizientes Markenmonitoring (Feedback).
- Es wird im Unternehmen ein Brand-Management-System (BMS) wie z. B. bei DHL eingesetzt.
- Das Markenwesen des Unternehmens wird mit anderen Unternehmensbereichen koordiniert (z. B. F&E, Unternehmenskommunikation etc.).
- Das Unternehmen organisiert seine Marken wirkungsvoll.
- Das Unternehmen verfügt über eine dokumentierte und im Unternehmen kommunizierte Markenvision.
- Das Unternehmen besitzt eine an der allgemeinen Unternehmensstrategie orientierte Markenstrategie.
- Die Marken des Unternehmens sind in den geografisch „richtigen" Markenregistern eingetragen. Sofern sie durch Benutzung innerhalb beteiligter Verkehrskreise als Marke Verkehrsgeltung erworben haben[50], werden sie zur Eintragung angemeldet.

---

[49] S. Kap. 14.5.
[50] § 4 Nr. 1 und 2 MarkenG.

6.3 Die Bestandteile des Unternehmensvermögens „Geistiges Eigentum"

- Es ist gesichert, dass die Marken des Unternehmens geschützt werden für die Waren und Dienstleistungen, die das Unternehmen gegenwärtig und in überschaubarer Zukunft auf dem Markt anbieten wird.
- Eine hohe Kennzeichnungskraft der Marken des Unternehmens ist gewährleistet (Schutzumfang!).
- Kennzeichnungs-/kommunikationsstarke Marken erlauben eine qualifizierte Markenbildung für das Unternehmen.
- Das Unternehmen besitzt ein vollständiges Markenportfolio mit einer sinnvollen Portfolioarchitektur.
- Die Marken des Unternehmens erlauben es ihm, durch qualifizierte Markenführung das Angebot mit charakteristischen Merkmalen anzureichern, die eine eindeutige Zuordnung zur Marke (und ihrem Inhaber) ermöglichen und das Angebot vorteilhaft aus einer Masse objektiv gleichartiger Angebote herausheben.
- Die Marken des Unternehmens besitzen eine hohe Wiedererkennbarkeit (Erinnerungswert).

Aus diesem Katalog ergibt sich jedenfalls ansatzweise das **Anforderungsprofil**, dem Marken und ihr Management genügen müssen. Es ist zugleich für Auditierung und Zertifizierung maßgeblich.

Die hohe Bedeutung der Marke für die Kommunikation der Unternehmen und deren Wahrnehmung durch die Bezugsgruppen wird dadurch noch verstärkt, dass die gesetzliche Schutzdauer zeitlich nicht begrenzt ist. Wird die alle zehn Jahre fällig werdende Verlängerungsgebühr stets bezahlt, ist eine Marke zeitlich unbegrenzt schutzfähig.

Einen Vorschlag, wie im Rahmen eines Marken IP-Audit vorgegangen werden könnte, beinhaltet die Aufstellung „Marken IP-Audit" in Kap. 18.

6.3.2 Patente und der Prozess ihres Managements

Die Bedeutung des Patentwesens in einer Wissensgesellschaft, deren Erfolge vielfach auf technologischen Vorsprüngen beruhen, ist bekanntermaßen groß. Sie rechtfertigt es allemal, dass ich auch nach einer etwas ausführlicheren Betrachtung des Markenwesens für Unternehmen meinem Leser gleichwohl empfehle, auch diesem Schutzrecht hohe Aufmerksamkeit entgegenzubringen.

Entgegen dem theoretisch zeitlich unbegrenzten Schutz für Marken ist die **Schutzdauer** eines Patents auf höchstens 20 Jahre **begrenzt**. Das ist gesellschaftlich durchaus sinnvoll. Die Begrenzung kommt der Allgemeinheit zugute, ohne den Erfinder unangemessen zu benachteiligen.

Durch das Gemeinfreiwerden von Erfindungen erhält jeder die Möglichkeit, sie zu nutzen und die technische Entwicklung auf der Grundlage dieses technologischen Standards voranzutreiben. Unbenommen ist es dabei jedem, schon vor dem Schutzende Patentumgehungen zu ersinnen. Auch das fördert die technologische Entwicklung und ist erwünscht.

Den Patentinhaber wird das Auslaufen der Schutzfrist meistens nicht allzu sehr belasten, weil er seinen Return on Investment (Innovationsrenten) zu diesem Zeitpunkt in der Regel eingefahren haben wird. Im Übrigen: Will er seinen technologischen Vorsprung erhalten, wird er den Druck mühelos aushalten, der von dieser zeitlichen Befristung ausgeht. Er wird ohnehin – basierend auf seinem Vorsprung – weitergeforscht haben und zwischenzeitlich weitere Fortschritte erzielen, ggf. Erfindungen machen und neue Patente anmelden.

6.3.2.1 Die Patente des Unternehmens

Die primäre Bedeutung von Patenten ist nahezu jedem geläufig: Sie schützen die Leistungsergebnisse der technologischen Innovationskraft eines Individuums oder Unternehmens. Allein der Patentinhaber darf die patentierte Erfindung nutzen und verwerten (§ 9 PatG). Eben das darf er allen Dritten verbieten. Damit ist das Patent ein **Recht mit absoluter Schutzwirkung**.

Um möglichst viele von der Nutzung der patentierten Erfindung abzuhalten, besteht schon allein von daher auch hier das Interesse, Patente mit möglichst **großem Schutzumfang/großer Reichweite** und damit bedeutender **kommerzieller Relevanz** zu erwerben.[51] Diesem Ziel dient die Innovativität des Unternehmens. Daran sind seine F&E-Anstrengungen auszurichten. Sog. **Schlüsselpatente** entstehen vorwiegend grundlagenforschungsnah. Daraus folgt, dass einerseits der Patentschutz gerade für grundlagenbasierte Entwicklungen von besonders großer Bedeutung ist.[52] Und dass andererseits für das Erwirken solcher wertvollen Patente grundlagenforschungsnahe Aktivitäten zu entfalten sind.

Die Wirkung von Patenten geht aber über den Gewinn eigener Benutzungsbefugnisse und den Erwerb von Verbietungsrechten weit hinaus und hat eine bedeutende strategische Qualität. Patente **positionieren** das Unternehmen im Inno-

---

[51] Im Patentsprachgebrauch hat sich für (wegweisende oder Grundlagen-) Patente mit großem Schutzumfang der Begriff des Basis- bzw. Schlüsselpatents eingebürgert. Die zugehörigen Erfinder werden demzufolge als Schlüsselerfinder bezeichnet. Der – möglichst weitgehenden – Absicherung solcher Basis- bzw. Schlüsselpatente dienen wiederum sog. Sperrpatente.

[52] Vgl. Ernst, H. (2002), S. 298.

6.3 Die Bestandteile des Unternehmensvermögens „Geistiges Eigentum"

vationswettbewerb. Patente und das Patentwesen eines Unternehmens sind damit naturgegeben **strategieverhaftet**. Ihrer Bedeutung nach ist die Patentstrategie in unmittelbarer Nähe zur Gesamtstrategie des Unternehmens angesiedelt. Das macht es erforderlich, Patente unter Managementgesichtspunkten zu betrachten.[53]

Jedes qualifizierte Patentmanagement wird indes auch die **kommunikative Funktion von Patenten** ins Kalkül ziehen. An dieser Stelle soll nur folgendes dazu gesagt werden: Wer sich mit Patenten und insbesondere der Offenbarung der Erfindungen im Rahmen des Patenterteilungsverfahrens beschäftigt hat, wird bemerkt haben, dass das Patentwesen eine regelrechte Börse der Informationserteilung und -beschaffung ist. Dem widmet sich eine ganze Disziplin des Patentmanagements, nämlich das Patent**informations**management. Hierauf werde ich mehrfach zurückkommen.

Patente ermöglichen nicht nur die Nutzung einer Monopolposition unter Ausschluss des Wettbewerbs[54], sondern auch die Einnahmen von Lizenzzahlungen Dritter und vielfach auch den Austausch von Lizenzen mit Dritten („Cross Licensing") und damit den Zugang zu externem technologischen Wissen. Sie erhöhen so durch Mittelzufluss oder Kompetenzgewinn die Wettbewerbsfähigkeit der Unternehmen und eröffnen und sichern zusätzliche Handlungsspielräume („freedom to operate").

Die wichtigsten Motive für die Anmeldung eines Patents und das Erwirken von Patentschutz sind:

- kein ausreichender Schutz durch Geheimhaltungsvorkehrungen
- vorübergehender Ausschluss des Wettbewerbs von der Nutzung der Erfindung zur Sicherung ausreichender Erträge für hohe und risikobehaftete Investitionen in Forschung und Entwicklung (Schutzfunktion des Patents)
- grundsätzliche Entscheidung zur Teilnahme an der Möglichkeit, Patentinformationen systematisch auszuwerten, um damit im Technologiemanagement sicherer entscheiden zu können (Informationsfunktion des Patents)
- Gewinn von Handlungsfreiheit („freedom to operate")[55], insbesondere:
  - Ermöglichung von Verhandlungen mit Wettbewerbern und/oder potenziellen Kooperationspartnern,

---

[53] Managementdisziplinen sind: Patentmanagement, Patentinformationsmanagement und Patentportfoliomanagement, die ihrerseits Gegenstand einer Auditierung und Zertifizierung sein können.

[54] Ausnahme (selten): Erteilung einer Zwangslizenz im öffentlichen Interesse (§ 24 PATG), allerdings gegen Vergütung.

[55] Vgl. Ernst, H. (2002), S. 304; Bosworth, D./Webster, E. (2006), S. 183; Grassmann, O./Bader, M. (2206), S. 33, 36, 84 ff. – „freedom of action" = „strategisches Gut".

- Ermöglichung der externen Vermarktung des Schutzrechts mit der Erzielung zusätzlicher finanzieller Einnahmen,
- Verhinderung von Blockierungen durch Schutzrechte der Wettbewerber
- Zugang zu externem technologischen Wissen durch „Cross Licensing" (ggf. Freilizenzen) und somit,
- Steigerung des Unternehmenswerts,
- Steigerung der **Sichtbarkeit** des Unternehmens im Bereich der Technologie.

Der Anmeldungsmotivation entgegengesetzt ist die gerade bei kleineren und mittleren Firmen (KMU) anzutreffende Neigung, Patentanmeldungen beim Auftreten von insbesondere rechtlichen Problemen vor der Patenterteilung wieder zurückzuziehen.[56] Dies kann ein Anzeichen dafür sein, dass die angemeldete Erfindung eine nur geringe Erfindungshöhe hat, die Anmeldung selbst unter formalen oder inhaltlichen Schwächen leidet, Angst vor Auseinandersetzungen mit Dritten aufkommt, das anmeldende Unternehmen keine gesicherte Kenntnis über den Wert der Erfindung besitzt und ggf. auch nicht in der Lage ist, diesen Wert solchen Dritten zu kommunizieren, die als Finanzierer oder Nutznießer der Erfindung und ihrer Auswertung in Betracht kommen.

Patente werden erteilt für **Erfindungen**. Das sind Lehren zum technischen Handeln, mit denen ein technisches Problem gelöst wird. Wenn die gefundene Problemlösung sich für den Fachmann nicht in naheliegender Weise aus dem Stand der Technik ergibt, liegt eine Erfindung vor. Aber nur für Erfindungen, die

- **neu** sind,
- auf einer **erfinderischen Tätigkeit** beruhen und
- **gewerblich anwendbar** sind,

kommt eine Patenterteilung in Betracht.

Der Begriff der **Neuheit** soll hier näher betrachtet werden: **Neu** ist eine Erfindung dann, wenn sie **nicht** zum **Stand der Technik** gehört.[57] Zu diesem Stand gehört alles, was irgendwo auf der Erde zur Erfindungsthematik der Öffentlichkeit zugänglich gemacht worden ist, sei es durch schriftliche oder auch nur mündliche Beschreibung oder durch Benutzung oder in sonst irgendeiner Weise. Die Erfindung muss also dem jeweiligen Stand der Technik etwas Weiteres, bisher nicht Bekanntes hinzufügen.[58] Die Erfindung ist mit dem Wissen zu vergleichen, das bei

---

[56] Vgl. Bosworth, D./Webster, E. (2006), m. w. A. S. 221.
[57] § 3 Abs. 1 Satz 1 PatG.
[58] Vgl. Benkard, G. (2006), § 3 PatG, Rn. 5.

6.3 Die Bestandteile des Unternehmensvermögens „Geistiges Eigentum"

Anmeldung des Patents bestand. Es muss ein **Innovationssprung** vorliegen. Ob dieser im Einzelfall ausreicht, ist zu bewerten. Je größer der Innovationsabstand zum bisher Bekannten ausfällt, desto größer ist die Wahrscheinlichkeit, dass das erstrebte Patent erteilt wird. Aber nicht nur das: Deutliche Innovationssprünge zu schaffen entspricht dem Bedürfnis, die wichtigen **Schlüsselpatente** zu erlangen, die zu umfassenden Wettbewerbsvorsprüngen führen. Da Patente offengelegt und Patentschriften veröffentlicht werden, werden solche Innovationssprünge im Markt bekannt. Je größer sie ausfallen, desto leichter wird es dem Unternehmen gelingen, seine Innovationskraft in der Öffentlichkeit darzustellen. Die Rekrutierung von „Schlüsselerfindern"[59] zahlt sich nicht nur durch Erzielung gehöriger Innovationsschübe aus, sondern auch durch eine qualifiziertere **technologische Darstellbarkeit und Wahrnehmbarkeit** des Unternehmens.[60]

Kann der Gegenstand der Erfindung auf irgendeinem gewerblichen Gebiet hergestellt oder genutzt werden, ist sie auch gewerblich anwendbar.

Zum Verfahren der Anmeldung und Erteilung hier gerade nur soviel: Ein Patent ist förmlich bei der Erteilungsstelle, in Deutschland beim Deutschen Patent und Markenamt (DPMA) in München, anzumelden. Das DPMA prüft von Amts wegen, ob die Anmeldung formalen Anforderungen entspricht. Erst auf Antrag folgt dann die Prüfung der Patentfähigkeit. Ist das Ergebnis positiv, wird das Patent erteilt.

Im Patentrecht gilt, wie im gesamten Bereich des gewerblichen Rechtsschutzes, der **Grundsatz der Territorialität**. Schutz besteht nur im Gebiet des Staats, der das Patent erteilt hat. Um das gerade in Zeiten der zunehmenden Globalisierung bestehende Bedürfnis nach grenzüberschreitendem Patentschutz zu befriedigen, wurden internationale Vereinbarungen[61] getroffen mit dem Ziel, in einem vereinfachten Verfahren und vergleichsweise kostengünstig für ein und dieselbe Erfindung auch in anderen Ländern Patentschutz zu erwirken bzw. durch eine einzige internationale Patenterteilung Rechte in einer Mehrzahl von Ländern zu erlangen.

Wichtigstes Beispiel: Europäische Patentanmeldungen sind beim Europäischen Patentamt in München einzureichen. Im Fall der Erteilung eines europäischen Patents entsteht – gegenwärtig noch – materiell ein Bündel mehrerer nationaler Patente in allen Mitgliedsstaaten des Europäischen Patentübereinkommens (EPÜ), die in der Anmeldung angegeben worden sind.

---

[59] Siehe „IP-HRM", Kap. 6.3.4.
[60] Letztere ermöglicht wiederum die Rekrutierung technisch Kreativer.
[61] Pariser Verbandsübereinkunft PVÜ; Patent Cooperation Treaty PCT; Europäisches Patentübereinkommen EPÜ.

Wie im Dezember 2012 bekannt wurde, beabsichtigt das EU-Parlament nach jahrzehntelangen Vorarbeiten, ein **neues europäisches Patentrecht** zu schaffen. Ab 2014 soll ein einziger Antrag genügen, um Erfindungen in (nahezu) allen EU-Mitgliedsstaaten patentieren zu lassen. Allein aus Sprachgründen verweigern sich Italien und Spanien noch diesem Vorhaben. Gegenwärtig ist es noch äußerst teuer, Patentschutz für den gesamten EU-Binnenmarkt zu erlangen. Das liegt an der Zersplitterung der Zuständigkeiten auf alle Mitgliedsstaaten, von denen jeder z. B. gesonderte Übersetzungen in seine Sprache verlangt. Einschließlich dieser Übertragungskosten fallen für ein Patent leicht bis zu € 30.000 an. Mit der Einführung des EU-Patents kann sich der Aufwand bei gleicher Schutzrechtsausdehnung auf € 5.000 reduzieren.

Mit dieser Neuerung wird das Patent als Schutzrecht immer bedeutsamer. Es ist damit zu rechnen, dass Pressemeldungen über so gewichtige patentrechtliche Auseinandersetzungen wie zwischen Apple und Samsung sich in Zukunft mehren werden. Neben Marken werden zunehmend auch „Patente das Schlachtfeld des globalen Wettbewerbs" sein.[62]

6.3.2.2 Der Prozess des Patentmanagements

Während größere Unternehmen eine höhere Patentierneigung und damit die Bereitschaft besitzen, ein Patentportfolio aufzubauen und zu pflegen, nutzen kleinere und mittlere Unternehmen im Gegenzug ihre (vergleichsweise weniger zahlreichen) Patente intensiver.[63] Damit ist die Begründung und Implementierung einer **„Patentkultur"** für sie keineswegs von geringerer Bedeutung.

Mit dem Entstehen eines einheitlichen EU-Patents kann die Bedeutung eines effizienten Patentmanagements als Teil eines unternehmerischen IP-Managements in einer Wissensgesellschaft nicht hoch genug veranschlagt werden. Sein Nutzen kann noch verstärkt werden, wenn die Synergieeffekte genutzt werden, die durch Querverbindungen mit anderen Disziplinen des IP-Managements erzielt werden können.

Welcher Nutzen ist erzielbar? Patente zwingen die Konkurrenten, sich entweder der Nutzung der geschützten Erfindung/Technologie zu enthalten oder Patentumgehungen zu ersinnen, was durchaus zulässig ist, die aber ggf. sehr kostenintensiv sein können und deswegen letztlich häufig unterlassen werden. Immerhin binden auf diese Weise Patente in einem für sie bisweilen ärgerlichen Maß die Aufmerksamkeit und Mittel der Konkurrenten.

---

[62] Rolf Buchholz, Key Values GmbH, Hamburg, im Interview von SpringerProfessional (www.springerprofessional.de).
[63] Vgl. Ernst, H. (2002) S. 305.

6.3 Die Bestandteile des Unternehmensvermögens „Geistiges Eigentum"

Das Patentwesen und das ggf. daraus entwickelte Patentportfolio sollen die Innovationsfähigkeit und -kraft des Unternehmens im Bereich des technischen Fortschritts abbilden. Ausnahmen sind für diejenigen Innovationen akzeptabel, deren Einzelheiten durch Geheimhaltungsschutz besser verborgen gehalten und auf diese Weise geschützt werden können.

Sollten sich bei einem Patentaudit technische Innovationsergebnisse – zumal bedeutende – als nicht geschützt zeigen, ist die Situation erklärungs- und zumeist optimierungsbedürftig.

Ein vollständiges Patentaudit wird sich allerdings nicht auf die Klärung dieser Frage beschränken, sondern versuchen herauszufinden, ob das Unternehmen die Patente hat, die es nach seiner strategischen Ausrichtung benötigt. Ferner wird das Audit klären, ob die Patente, die das Unternehmen besitzt, das leisten, was sie leisten können.

Diese Ausführungen mögen genügen, um die Leistungsfähigkeit von Patenten und ihres Managements zu verdeutlichen. Es ist deutlich geworden, welche Forderungen an Patente und ihr Management zu stellen sind. Das IP-Management ist aufgefordert, Patente so zu schaffen und zu managen, dass sie diese Funktionen erfüllen können, auch wenn dies keine geringe Herausforderung ist.

6.3.2.3 Forderungen an Patente

Was können Patente leisten – welches sind die **Forderungen**, die an sie zu stellen sind? Sicherlich die folgenden:

- Patente bieten Schutz für technische Innovationen und sichern ihren wirtschaftlichen Nutzen. Produkt und Kompetenzschutz.
- Sie sichern Return on Investment auf Investitionen in technische Innovation.
- Patente sollen als Kristallisationsräume technologischer Kompetenz und Kraft des Unternehmens den Unternehmenswert mehren.
- Patente positionieren das Unternehmen im Wettbewerb, u. a. im Innovationswettbewerb.
- Patente sind wirksame wettbewerbliche Mittel, die Unternehmensstrategie umzusetzen; sie schaffen "freedom to operate".
- Patente reichern eine qualifizierte Wahrnehmbarkeit ihrer Inhaberfirmen an.
- Patente beeinflussen die Bestimmung von Wirtschaftswerten.
- Patente weisen ihren Inhaber als attraktiven Partner für technologische Kooperationen aus.
- Patente verschaffen ihrem Inhaber durch Lizenzeinnahmen eine größere Finanzkraft; sie ermöglichen überdies Lizenzgewährungen als Gegengeschäft und erlauben die Nutzung fremder Technologien (Finanzmarktnutzen durch „Cross Licensing").

- Patente stellen den Patentinhaber als ggf. interessanten M&A-Übernahmekandidaten dar.
- Patente können kleinere und mittelgroße Unternehmen gegen die wirtschaftliche Übermacht von Großunternehmen schützen.
- Patente können helfen, Wettbewerber – rechtlich erlaubt – zu behindern.
- Patente reduzieren Wettbewerbsrisiken, indem sie es lohnend machen, potenzielle Verletzer zu überwachen und ggf. zu verfolgen.
- Patente führen, wie empirische Studien zeigen, zu größerem Umsatzwachstum durch Neuprodukte und höhere Umsatzrendite. Sie nötigen Wettbewerber, aufwendige Umgehungslösungen für geschützte Erfindungen zu finden. Der Schutzumfang von Patenten kann durch „Clusterisierung" bedeutend vergrößert werden.[64]
- Das Patentmanagement koordiniert und synchronisiert Patent- und Produktstrategie.
- Es gewährleistet ausreichenden Schutz bei Marktzutritt mit neuen Produkten.
- Patentmanagement beinhaltet die regelmäßige Überwachung aller Patentfunktionen (insbesondere Anmeldung, Verwaltung und Verteidigung) durch regelmäßiges Reporting und Controlling.
- Das äußerst wichtige Patentinformationsmanagement als Subthema des Patentmanagements nutzt die verfügbaren Patentinformationen zur wesentlichen Steigerung der F&E-Effektivität und -Effizienz (Kostenoptimierung!) und zur Innovationsförderung (Anreicherung und Beschleunigung der Innovationsprozesse). Zugleich werden Entwicklungen vermieden, die zu Produkten führen, welche mit – evtl. ganz frisch erteilten – Schutzrechten Dritter kollidieren (entwicklungsbegleitendes Patentinformationsmanagement).

Aus diesem Katalog ergibt sich jedenfalls ansatzweise das **Anforderungsprofil**, dem Patente genügen müssen. Es ist zugleich für Auditierung und Zertifizierung maßgeblich.

---

[64] Clustering: Verfügt das Unternehmen über ein Produkt mit hohem Umsatzpotenzial, das womöglich auch noch eine wichtige Technologie umsetzt, ist ihm zu raten, ein sog. Patent-Cluster um das gesamte Produkt bzw. die Technologie aufzubauen. Neben den zentralen Eigenschaften des Produkts selbst werden dabei auch noch periphere und ergänzende Eigenschaften geschützt. Dies kann durch weitere Patente erfolgen (homogenes Schutzrechtscluster) oder durch ergänzende andere Schutzrechte, wie Geschmacksmuster oder auch Marken (heterogenes Schutzrechtscluster). Vgl. dazu auch Wurzer, A. J. (2004), S. 57.

6.3.3 Gebrauchsmuster und der Prozess ihres Managements

Das Gebrauchsmuster wird häufig „kleiner Bruder" des Patents genannt. Es wird – wie ein Patent – für eine technische Erfindung angemeldet. Die Anforderungen an die Innovationshöhe des erfinderischen Ergebnisses sind nach neuerer Rechtsprechung grundsätzlich ebenso hoch wie beim Patent.[65] Auch hier muss das Ergebnis einer Erfindung vorliegen.[66] Das Gebrauchsmuster muss auf einem erfinderischen Schritt beruhen, neu und gewerblich anwendbar sein.

„Klein" ist dieser Bruder des Patents, weil es deutlich schneller geht als beim Patent, Inhaber eines Gebrauchsmusters zu werden. Denn eine amtliche Prüfung der Schutzfähigkeit findet hier nicht statt. Das Gebrauchsmuster ist auch erheblich kostengünstiger als ein Patent. Es ist bei geringeren und weniger bedeutsamen Erfindungen anzustreben, zumal wenn bei ihnen nicht mit Verletzungsprozessen zu rechnen ist. Allerdings ist die Schutzdauer mit höchstens 10 Jahren deutlich kürzer. Die Option für das Gebrauchsmuster ist daher gut zu überlegen, zumal ein Übergang von der Gebrauchsmuster- zur Patentanmeldung nicht möglich ist: Für das dann angestrebte Patent ist infolge der vorhergehenden Gebrauchsmusteranmeldung die Neuheit der Erfindung für die Patentanmeldung nicht mehr gegeben. Demgegenüber ist es innerhalb von 10 Jahren ab Anmeldung eines Patents unter bestimmten Voraussetzungen möglich, aus der Patentanmeldung ein Gebrauchsmuster „abzuzweigen".[67] Das ist insbesondere dann vorteilhaft, wenn sich das Verfahren der Prüfung einer zum Patent angemeldeten Erfindung hinzieht und es erforderlich erscheint, schon vor Erteilung des Patents Verletzer auf Unterlassung und ggf. Schadensersatz in Anspruch zu nehmen.

Grundsätzlich kann und sollte ein Gebrauchsmuster dasselbe leisten, wie ein Patent. Die am Schluss meiner Ausführungen zum Patent mitgeteilte Liste der Forderungen an das Schutzrecht gilt hier in gleichem Maße.

6.3.3.1 Geschmacksmuster und der Prozess ihres Managements
Bei diesem „Designschutzrecht" geht es um etwas ganz anders – aber auch sehr Wichtiges. Während Patente und Gebrauchsmuster Schutz für technologische Neuerungen bieten, soll das Geschmacksmusterrecht den Schöpfer neuer **Produktgestaltungen** schützen. Gemeinsam ist den technischen und diesem „ästhetischen"

---

[65] BGH GRUR 2006, 842 – Demonstrationsschrank.
[66] § 1 Abs. 1 des Gebrauchsmustergesetzes fordert – sprachlich ungeschickt –, dass das Schutzrecht eine Erfindung voraussetzt, die „auf einem erfinderischen Schritt beruht".
[67] § 5 GebrMG.

Schutzrecht der Gesichtspunkt des Neuen. Er ist die Rechtfertigung der staatlichen Schutz- und Monopolzuweisung.

Dieses Schutzrecht hat damit eine nach Zweck und Wirkung ganz andere Ausrichtung. Das trägt der Tatsache Rechnung, dass das „Äußere" eines Erzeugnisses immer mehr zu einem Erfolgsfaktor für den Warenabsatz geworden ist – bei mindestens anhaltender Tendenz. „Design ist mehr als bloße Oberfläche, es trägt einen entscheidenden Teil zur Wertschöpfung bei. Oft genug bestimmt die Form über Erfolg und Misserfolg – und ist Gegenstand milliardenschwerer Prozesse, wie sie vor allem Apple und Samsung ausfechten."[68]

Auf die taktischen Vorteile einen Nebeneinanders von Patent- und Geschmacksmusterschutz habe ich schon im Zusammenhang mit einem Vorkommnis auf der Düsseldorfer Kunststoffmesse hingewiesen.[69]

Bei der Marke geht es ebenfalls – auch rechtlich – um **Fragen der Wahrnehmung**, nämlich die der Zeichen und Symbole, die für ein Unternehmen stehen und von ihm, nach der Wahrnehmung der Verkehrskreise, unterscheidend und identifizierend als Hinweis auf die Herkunft von Leistungen aus einem bestimmten Betrieb eingesetzt werden.

Beim Geschmacksmusterrecht dreht sich alles noch entscheidender um Wahrnehmungsvorgänge und -ergebnisse, denn es schützt unter bestimmten Voraussetzungen zwei- oder dreidimensionale Erscheinungsformen der unterschiedlichsten Art, ganz allgemein Inhalte von Sinneswahrnehmungen (Perzepte), die von Gegenständen ausgehen. Aus diesem Grund hat dieses gewerbliche Schutzrecht, ähnlich wie die Marke, eine große Bedeutung für die **Absicherung der Wahrnehmbarkeitsinhalte** eines Unternehmens und seiner Leistungsergebnisse. Beim Geschmacksmuster sind sie spezifisch gegenstands-, nämlich erzeugnisbezogen.

Das Geschmacksmuster stellt allerdings nicht Produkte selbst, sondern **Erscheinungsformen von Erzeugnissen** und sogar von Teilen von Produkten – ihr „Äußeres" – unter Schutz, soweit diese jeweils **neu** sind und **eigenartig**.

Materiell geht es darum, dass sie sich hierfür von bereits bekannten Erscheinungsbildern (fachlich: vom vorbestehenden bzw. vorbekannten Formenschatz) im Gesamteindruck ausreichend stark unterscheiden müssen. Die **Andersartigkeit** im Vergleich zu schon bekannten Erscheinungsformen ist die Grundlage des rechtlichen Schutzes. Auch hier kommt es also entscheidend auf **Innovation** an. Allerdings nicht nur für die Frage des Schutzumfangs, sondern schlechthin in Bezug auf die Schutzvoraussetzungen, also hinsichtlich der Frage, ob ein Muster als Geschmacksmuster überhaupt Schutz genießen kann.

---

[68] Felix Rohrbeck in DIE ZEIT v. 10.01.2013, S. 19.
[69] S. Kap. 6.3.

6.3 Die Bestandteile des Unternehmensvermögens „Geistiges Eigentum" 83

Die genannten Begriffe „Erscheinungsformen" und „Erzeugnisse" sind außerordentlich weit zu verstehen, sodass der Anwendungsbereich des Geschmacksmusterrechts entsprechend groß ist, was es für Unternehmen nur umso interessanter macht.

So versteht das Gesetz unter Erzeugnissen jeden industriellen oder handwerklichen Gegenstand, wozu es z. B. auch Verpackungen, Ausstattungen, ja sogar grafische Symbole und typografische Schriftzeichen zählt. Das zeigt, wie weit der Wirkungsbereich des Geschmacksmusterrechts ist und wie vielfältig es genutzt werden kann.

Das Geschmacksmuster wird auf Antrag beim DPMA eingetragen. Dieses prüft nicht, ob das angemeldete Muster den Schutzerfordernissen der Neuheit und Eigenart genügt und registriert bei Vorliegen bestimmter formaler Eintragungsvoraussetzungen ohne Weiteres das Geschmacksmuster.

Es handelt sich bei diesem Registerrecht somit, anders als beim Patent oder der Marke, um ein nicht geprüftes Schutzrecht. Ob es Rechtswirkungen entfaltet, muss sich im Fall seiner Verteidigung erweisen. Im Verletzungsprozess werden aber die Schutzvoraussetzungen der Neuheit und Eigenart **vermutet**. Diese Vermutungswirkung ist von großem praktischem Wert. Denn der aus einem Geschmacksmuster in Anspruch Genommene muss die Vermutung durch Aufzeigen älterer, im Gesamteindruck wesentlich gleicher Muster entkräften. Das ist keineswegs so leicht, wie es erscheinen mag, und gelingt keineswegs immer, wie die Erfahrung zeigt.

Das Geschmacksmusterrecht bietet **eine preiswerte und elegante – praktisch überaus interessante und wichtige – Möglichkeit**, wesentlich vom Design her bestimmte Leistungsergebnisse unter Rechtsschutz zu stellen, und das für eine **Dauer von bis zu 25 Jahren**. In geografischer Hinsicht wird durch das deutsche Geschmacksmuster deutschlandweit Schutz gewährt, durch das Internationale Geschmacksmuster in den entscheidenden Auslandsstaaten und durch das europäische Gemeinschaftsgeschmacksmuster in allen Mitgliedsstaaten der EU. Letzteres existiert in zwei Varianten: Das beim Harmonisierungsamt für den Binnenmarkt (HABM) in Alicante/Spanien angemeldete und registrierte Gemeinschaftsgeschmacksmuster[70] wird auch – wie das deutsche Geschmacksmuster – für maximal 25 Jahre geschützt, das nicht eingetragene Gemeinschaftsgeschmacksmuster hingegen nur für 3 Jahre.

Dafür bedarf das **nicht eingetragene** Gemeinschaftsgeschmacksmuster keiner Anmeldung. Das Geschmacksmuster braucht hierfür nur geschaffen und der Öffentlichkeit zugänglich (bekannt) gemacht zu werden. Es kostet nichts, ist aber auch **nur gegen Nachahmungen** geschützt, was begrifflich voraussetzt, dass der Über-

---

[70] Registered Community Design = RCD.

nehmer der Erscheinungsform des Musters dieses gekannt hat, was grundsätzlich derjenige zu beweisen hat, der Ansprüche aus einem nicht eingetragenen Gemeinschaftsgeschmacksmuster geltend macht.[71] Bei identischen oder quasi-identischen Übereinstimmungen wird gerichtlicherseits allerdings **vermutet**, dass derjenige, der als Zweiter kam, die vorhergehende Schöpfung gekannt hat.

Im Zusammenhang mit Geschmacksmusteranmeldungen ist unter strategischen Aspekten folgendes von Bedeutung:

- Der Schutz eines angemeldeten Musters ist **schnell, billig und einfach** zu erlangen; für den Schutz notwendige Beweise sind im Verletzungsfall vergleichsweise leicht zu führen.
- Geschmacksmusteranmeldungen sind vor allem in Betracht zu ziehen bei Artikeln (z. B. Modeerzeugnissen), die einen besonderen optischen Eindruck erwecken und für die kein technisches Schutzrecht (Patent, Gebrauchsmuster) erlangt werden kann.
- Das gilt umso mehr für leicht nachzuahmende Produkte mit hohem merkantilem Potenzial.
- Das Geschmacksmusterrecht ist vor allem interessant im (Massen-) Konsumgüterbereich, wenn eine außerordentliche innovative Produktgestaltung es gestattet, sich vom reinen Preiswettbewerb abzusetzen.
- Wird für eine Geschmacksmusteranmeldung optiert, sollte so früh wie möglich angemeldet werden.
- Das Instrumentarium der gesetzlichen Möglichkeiten, den Schutzeintritt in zeitlicher Hinsicht zu steuern (Stichwörter „Neuheitsschonfrist", „Ausstellungspriorität", „Aufschiebung der Bekanntmachung") sollte mit professioneller Hilfe flexibel nutzbar gemacht werden.
- Das Geschmacksmuster, zumal in der Variante des eingetragenen Registerrechts, wirkt auf den Markt ein: Wie andere Schutzrechte auch, wird der Wettbewerb gezwungen, Recherchen durchzuführen und das Schutzrecht zu respektieren – oder es anzugreifen. Ob das geschieht, oder die Umgehung des Schutzrechts vorgezogen wird oder der Wettbewerb sich entscheidet, Lizenzen zu zahlen – in jedem Fall wird er mit Kosten in teils erheblicher Höhe belastet.
- Geschmacksmusterschutz wirkt „produktunabhängig". Der Schutz ist anders als bei Marken nicht auf die Art Erzeugnisse beschränkt, für die das Geschmacksmuster angemeldet ist oder benutzt wird. Das Geschmacksmuster darf von Drit-

---

[71] Je stärker aber die Übereinstimmungen zwischen Original und Nachahmung sind, desto größer ist die Tendenz der Gerichte, in ihren Urteilen von einer solchen Kenntnis auszugehen.

6.3 Die Bestandteile des Unternehmensvermögens „Geistiges Eigentum"

ten somit auch nicht benutzt werden für Produkte, die mit denen des Schutzrechtsinhabers nicht in Konkurrenz stehen. Das wirkt einer Verwässerung des Geschmacksmusterschutzes entgegen.
- Das nicht eingetragene europäische Gemeinschaftsgeschmacksmuster ist vor allem bei eher kurzlebigen – der Mode unterworfenen – Erzeugnissen in Betracht zu ziehen und nutzbar zu machen.
- Das Geschmacksmuster kann seine Wirkung aber auch ergänzend zu anderen Schutzrechten entfalten. Der geschilderte Düsseldorfer Fall[72] ist deswegen so bemerkenswert, weil der Schutzrechtsinhaber mit dem (preiswerten!) Geschmacksmuster durchschlagenden Erfolg hatte, während der (vergleichsweise viel teurere) Patentschutz in der konkreten Situation versagte.

Was also können Geschmacksmuster leisten – welches sind die speziellen **Forderungen**, die an sie gestellt werden können? In Betracht kommen folgende Gesichtspunkte:

- Geschmacksmuster bieten Schutz für Innovationen auf gestalterischem Gebiet.
- Sie sichern Return on Investment auf Investitionen in Formgebung.
- Geschmacksmuster sollen als Kristallisationsräume gestalterischer Kompetenz und Kraft des Unternehmens den Unternehmenswert mehren.
- Auch sie positionieren das Unternehmen im Wettbewerb, u. a. im Innovationswettbewerb.
- Geschmacksmuster sind wirksame wettbewerbliche Mittel, die Unternehmensstrategie umzusetzen; sie schaffen „freedom to operate".
- Geschmacksmuster reichern eine qualifizierte Wahrnehmbarkeit ihrer Inhaberfirmen an.
- Geschmacksmuster beeinflussen die Bestimmung von Wirtschaftswerten.
- Sie weisen ihren Inhaber als attraktiven Partner für Kooperationen auf dem Gebiet der Produktgestaltung aus.
- Geschmacksmuster verschaffen ihrem Inhaber durch Lizenzeinnahmen eine größere Finanzkraft; sie ermöglichen überdies Lizenzgewährungen als Gegengeschäft und erlauben die Nutzung fremden Gestaltungs-Know-hows.
- Geschmacksmuster stellen ihren Inhaber als ggf. interessanten M&A-Übernahmekandidaten dar.
- Auch Geschmacksmuster können kleinere und mittelgroße Unternehmen gegen die wirtschaftliche Übermacht von Großunternehmen schützen.

---

[72] S. Kap. 6.3.

- Geschmacksmuster können helfen, Wettbewerber – rechtlich erlaubt – zu behindern.
- Geschmacksmuster reduzieren Wettbewerbsrisiken, indem sie es lohnend machen, potenzielle Verletzer zu überwachen und ggf. zu verfolgen.
- Voraussetzung für einen wertvollen Schutzumfang ist ein – möglichst großer – kreativer Überschuss über bereits bestehende Gestaltungen.
- Auch der Schutzumfang von Geschmacksmustern kann durch „Clusterisierung" bedeutend vergrößert werden.[73]

Gerade dazu noch ein aktuelles Beispiel: Ein Geschmacksmusterinhaber hatte bei der Anmeldung für eine Weinkaraffe zwei Wiedergaben eingereicht (Abb. 6.3). Ein Konkurrent vertrieb eine praktisch identische Weinkaraffe, allerdings ohne Sockel. Hier entschied der Bundesgerichtshof, dass das Geschmacksmuster aus der Karaffe mit Sockel gemäß der linken Abbildung bestehe[74]; die rechte Abbildung gebe das Geschmacksmuster insofern nur „unvollständig" wieder. Daraus zog er im Ergebnis den Schluss, dass der Vertrieb der entsprechenden Karaffe ohne Sockel das Geschmacksmuster nicht verletze.

Hier hätte für die Ausweitung des Schutzumfangs durch „Clusterisierung" unbedingt Schutz für zwei getrennte Geschmacksmuster erlangt werden müssen, einmal für die Karaffe mit und einmal ohne Sockel.[75]

Auch bezüglich des Geschmacksmusters ergibt sich aus der vorhergehenden Aufstellung der Forderungen jedenfalls ansatzweise das **Anforderungsprofil**, dem Geschmacksmuster genügen müssen. Dieses Anforderungsprofil ist als Teil eines Prüfungsschemas zugleich für Auditierung und Zertifizierung maßgeblich.

6.3.3.2 Schutzrechtsportfolien und der Prozess ihres Managements

Die vorstehend behandelten Schutzrechte sind zu homogenen Portfolien[76] zusammenzufassen. Solche Gesamtheiten von Schutzrechten stellen eigene Managementaufgaben und erfordern somit unvermeidlich Aufwand, leisten aber auch ggf.

---

[73] Geschmacksmuster-Clustering: Wenn man den Entwerfer eines Geschmacksmusters danach fragt, welche Gestaltungen Konkurrenten einfallen könnten, die sein Geschmacksmuster umgehen wollen, fallen ihm für gewöhnlich sogleich mehrere derartige (nahe) Gestaltungen ein. Diese können im Rahmen einer Sammelanmeldung ebenfalls zum Schutz angemeldet werden und umgeben das zentrale Geschmacksmuster wie ein Schutzwall.

[74] Grundsatz der Einheitlichkeit des Geschmacksmusters.

[75] Unschwer möglich durch eine Sammelanmeldung, § 12 Abs. 1 GeschmMG, Art. 37 GGV.

[76] Portfolien beinhalten die Gesamtheit der entsprechenden Schutzrechte des Unternehmens.

6.3 Die Bestandteile des Unternehmensvermögens „Geistiges Eigentum"

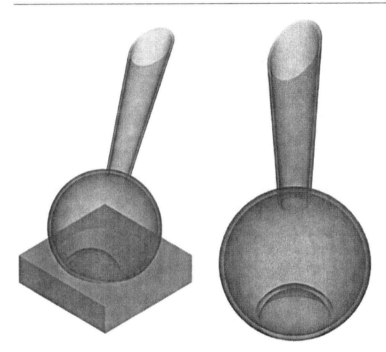

Abb. 6.3 Geschmacksmuster einer Weinkaraffe. (Abbildung aus BGH Urteil vom 08.03.2012, Az. I ZR 124/10)

erhebliche Beiträge zur Effizienz des IP-Managements und zum Anwachsen des Unternehmenswerts.

Das kann leicht am Beispiel von Markenportfolien verdeutlicht werden:

Im Gegensatz zur überholten Auffassung, dass ein Unternehmen nur eine einzige Marke besitzen sollte[77], führen Unternehmen gegenwärtig meist eine **Mehr- oder gar Vielzahl von Marken**, nicht selten allein deswegen mit großem Erfolg. Damit tragen sie der Tatsache Rechnung, dass zuvor homogene Märkte die Tendenz zur Fragmentierung zeigten und die Bedürfnisstruktur der Konsumenten dazu neigte, heterogen zu werden.

Indes schießen nicht selten Firmen über das Ziel hinaus und melden eine derart große Zahl von Marken an, dass Anspruchs- und Zielgruppen eher verwirrt werden, Effizienzverluste entstehen und von einer Gesamtmarkenstrategie kaum mehr

---

[77] Vgl. Vollhardt (2007), Management von Markenportfolios, Wiesbaden, S. 1, unter Hinweis auf Domizlaff (1992), S. 90.

die Rede sein kann. Nach Recherchen von Vollhardt besaß das bekannte Schweizer Unternehmen Nestlé im Jahr 2007 allein für das klassische Markenartikelgeschäft 1.000 Marken und weltweit insgesamt 8.000 Marken.[78] Nach meiner eigenen Kenntnis betrug der Markenbestand eines der größten Häuser im Kosmetikbereich noch vor wenigen Jahren mehr als 10.000 Marken!

Man muss sich vergegenwärtigen, was das an **Aufwand** und **Kosten** bedeutet: Nachdem eine taugliche Marke gefunden oder kostenträchtig entwickelt worden ist und noch vor ihrer Anmeldung muss – ggf. international – recherchiert werden, ob man mit ihrer Benutzungsaufnahme nicht die älteren und besseren Rechte Dritter verletzt. Der Kostenaufwand hierfür kann immens sein. Im Rahmen der Anmeldung ist alsdann zu entscheiden, für welche Länder die Marke Schutz genießen soll; dementsprechend können erhebliche Anmelde- und späterhin Verlängerungsgebühren zu zahlen sein. Während des Lebens der Marken sind die Markenregister – und der Markt – danach zu überwachen, ob kollidierende Marken entstehen oder benutzt werden. Nach Feststellung einer Kollision ist im Zweifel rechtlich dagegen vorzugehen.

Neben dem hohen personellen und Kostenaufwand, den ein hoher Markenbestand nach sich zieht, entstehen darüber hinaus leicht sowohl Unübersichtlichkeit und Überschneidungen mit der Folge, dass Marken desselben Inhabers sich gegenseitig behindern können (Markenkannibalismus).

Hält und benutzt das Unternehmen eine Mehrheit von Marken, muss das Unternehmensmanagement den eigenen Gesetzmäßigkeiten einer Markengesamtheit gerecht werden. Es wird nicht umhinkommen, ein qualifiziertes Management seiner Markengesamtheit – seines Markenportfolios – durchzuführen. Dieses Fachmanagement wird allerdings deutlich über die bloße Verwaltung des Markenbestands hinausgreifen und interdisziplinär das Marken- und Markenportfoliomanagement mit allen Unternehmenseinheiten abstimmen müssen, deren Belange dadurch tangiert werden.

Nur dann kann das Unternehmen das Potenzial zum Erblühen bringen und profitabel nutzen, das in gut angesetzten Marken liegt.

Im Rahmen der von ihm angestellten Untersuchungen kommt Vollhardt zu folgenden, für ein ganzheitlich orientiertes Markenportfoliomanagement wesentlichen Ergebnissen:[79]

- Ein effektives Markenportfoliomanagement hat erhebliche positive Auswirkungen auf den Erfolg des Unternehmens.

---

[78] Vgl. Vollhardt (2007), S. 2.
[79] Vgl. Vollhardt (2007), S. 79 ff., 222 ff.

6.3 Die Bestandteile des Unternehmensvermögens „Geistiges Eigentum"

- Effektives Markenportfoliomanagement setzt dessen proaktive Gestaltung abhängig vom jeweiligen Kontext voraus.
- Es lassen sich typische Gestaltungsformen des Markenportfoliomanagements in der Unternehmenspraxis identifizieren, deren Wahl Entscheidungen zur Führung des Portfolios bedeutend erleichtert.
- Es gibt nicht nur eine Möglichkeit für ein erfolgreiches Markenportfoliomanagement, sondern verschiedene Wege zur Realisierung des Erfolgs.
- Die Auswahl und der Einsatz der für das Unternehmen adäquaten Markenportfoliostrategie schlagen sich im Erfolg des Unternehmens nieder.

Das Management von Schutzrechtsportfolien begegnet speziellen eigenen Anforderungen, die nach darauf abgestellten Prüfschemata beurteilt werden können. Damit sie effizient funktionieren können, müssen jedenfalls folgende Voraussetzungen erfüllt sein:

- Das Unternehmen hat Regeln aufgestellt über Inhalt und Ausgestaltung der Marketinginstrumente, eine gemeinsame Vermarktungsphilosophie und eine Standardisierung des Vermarktungsprozesses.
- Es kommen heterogen zusammengesetzte Teams zum Einsatz unter Einhaltung grundsätzlicher Rahmenvorgaben, Entwicklung und Anwendung von Steuerungs- und Kontrollsystemen.
- Das Top-Management ist zur Durchsetzung markenstrategischer Leitlinien im Unternehmen beteiligt.
- Ein ausreichender Ressourcenzugang ist gewährleistet (Zugang zu technischen, personellen und finanziellen Ressourcen des Unternehmens).
- Komplementäre Ressourcen können genutzt werden (Nutzen des Vorteils der Kombination sich ergänzender Ressourcen).
- Die erforderliche abteilungsübergreifende Zusammenarbeit aller Abteilungen, deren Aufgabenstellung vom Management des Markenportfolios betroffen ist, wird sichergestellt.
- Es herrscht Teamgeist zur Schaffung eines kooperationsfördernden Klimas mit dem Ziel, die abteilungsübergreifende Zusammenarbeit zu optimieren.

Welche Eigenschaften Portfolien haben sollen, hat sich an den Zielen des Unternehmens auszurichten. Auch auf sie ist ein konsequentes Kostenmanagement anzuwenden.[80]

---

[80] Vgl. Wurzer, A. J. (2004), S. 61 für das Patentportfolio.

Am Beispiel des Patentportfolios mag hier zumindest im Ansatz dargestellt werden, was Schutzrechtsportfolien leisten können und welches die speziellen **Forderungen** sind, die an sie gestellt werden können. An folgende ist zu denken:

- Der Patentbestand ist vollständig dokumentiert und dargestellt.
- Der Patentbestand wird nach allen relevanten Kriterien regelmäßig überprüft (Marktkonformität des Portfolios).
- Die Relevanz von Patenten wird periodisch auch hinsichtlich ihrer Veränderung beurteilt; das Ergebnis wird registriert.
- Die Stimmigkeit des Schutzrechtsportfolios ist gewährleistet.[81]
- Der Schutzrechtsbestand trägt in seiner Entwicklung Markttrends Rechnung (Globalisierung!).
- Das Portfolio ordnet die Patente nach dem wesentlichen technologischen Gehalt und Charakter sowie der Wettbewerbsrelevanz der Patente.
- Die Schutzrechte und Technologien werden den gegenwärtigen und zukünftigen Produkten, Herstellungsprozessen, praktischen Anwendungsbereichen, Märkten etc. zugeordnet.
- Die Zuordnung nach Lit. d) erlaubt es, technologieorientierte Spezialportfolios nach den vorgenannten relevanten Portfolio-Kriterien zu erstellen.
- Skalierung und Auswertung der Spezialportfolios nach Marktrelevanz (Umsatzpotenzial, Lizenzpotenzial, Marktgröße und -entwicklung etc.)
- Für Patentportfolio und Spezialportfolios werden spezielle Wirtschaftsdaten gespeichert (Kosten, Umsätze, Lizenzeinnahmen, realisierte Risiken etc.).
- Der potenzielle Nutzen des Patentportfolios steht mit den anfallenden Kosten in einem sinnvollen Verhältnis, insbesondere im Hinblick auf folgende Faktoren:
  - direkter finanzieller Nutzen der einzelnen Schutzrechte (infolge ihrer Monopolfunktion oder generierter Lizenzeinnahmen)
  - indirekter finanzieller Nutzen (z. B. durch „Cross Licensing")
  - direkter Marktnutzen durch Produktschutz
  - indirekter Marktnutzen durch Sperrfunktion (Monopolwirkung)
  - Verteidigungsnutzen bei Schutzrechtsverletzungen
  - Kommunikationsnutzen: Abschreckung potenzieller Schutzrechtsverletzer
  - Imagenutzen: positive Stakeholder-Wahrnehmung (bei Banken, Kooperationspartner, zukünftigen IP-Mitarbeitern)
- Das Management des Patentportfolios ist koordiniert mit dem Patentinformationsmanagement des Unternehmens. m) Erfahrungen bei außergerichtlichen und gerichtlichen Auseinandersetzungen werden dokumentiert.

---

[81] Bei Markenportfolios sind in diesem Sinne unbedingt „Kannibalismus"-Effekte unter den Marken zu vermeiden.

6.3 Die Bestandteile des Unternehmensvermögens „Geistiges Eigentum"

Diese Liste, die natürlich keinen Anspruch auf Vollständigkeit erheben kann, kann unschwer analog auf die anderen in diesem Buch genannten Schutzrechte und die Portfolios angewandt werden, die für sie zu managen sind. Eine vollständige Darstellung der Forderungen, die an das Management von Schutzrechtsportfolien zu richten sind, muss an dieser Stelle Spezialwerken vorbehalten werden.[82] Aus dieser Aufstellung ist ansatzweise das **Anforderungsprofil** abzuleiten, dem das Portfoliomanagement genügen muss.

6.3.3.3 Urheberrechte und der Prozess ihres Managements

Das Urheberrecht hat seit dem Aufkommen des Internet und dem Beginn der jüngeren rechtspolitischen Diskussion eine noch vor 20 Jahren kaum vorhersehbare Konjunktur erlebt. Sie verlief äußerst kontrovers zwischen den Urhebern[83] und den Verwertern der von ihnen geschaffenen Werke einerseits und den Nutzern, die sich kostenlos an ihnen erfreuen möchten, und ihren Unterstützern, wie den Piraten.

Urheberrecht: Dieses traditionelle Recht schützt alle Werke der Literatur, Wissenschaft und Kunst, die **persönliche geistige Schöpfungen** sind und als unkörperliche Güter zum immateriellen Vermögen des Urhebers gehören.

Eine bestimmte Anzahl solcher Werke nennt das Urhebergesetz: Sprachwerke (Werke der Literatur), Musikwerke, Pantomime, Tanzkunst, Bildende Kunst, Filme etc. Die Aufzählung ist aber nicht abschließend. Immerhin zeigt die Liste des Gesetzes aber sehr deutlich, dass es sich bei allen Werken um **Hervorbringungen des menschlichen Geistes** handelt, die – traditionsbedingt – eine gewisse kulturelle, aber auch eine besondere kommunikationsmäßige Relevanz haben. Literatur, Musik, Bilder, Skulpturen und etwa Fotografien sind Formen der Kommunikation zwischen dem Autor und seinem Publikum. Damit kann der Blick auf Leistungsergebnisse des Unternehmens auch von der Seite der Kommunikationsrelevanz und ihrer Kommunikationsstärke gerichtet werden, um eine Feststellung über die urheberrechtliche Schutzfähigkeit und die Weite des jeweiligen Schutzbereichs zu treffen. Entscheidend kommt es im Einzelfall darauf an, ob das konkrete Werk die Anforderungen des Urheberrechts an die **Schöpfungshöhe** erfüllt. Nur persönliche geistige Schöpfungen können den Schutz des Urheberrechts beanspruchen.

Das Urheberrecht entsteht durch den Schöpfungsakt an sich und bedarf keiner Anmeldung oder Registrierung. Das Urheberrecht an diesem Buch entsteht, indem ich es schreibe. Nach deutschem Recht setzt der Urheberschutz weder einen „Copyright"-Vermerk noch eine Verwendung des ©-Zeichens voraus.

---

[82] Zum Beispiel Vollhardt, K. (2007): Management von Markenportfolios, Wiesbaden.
[83] Urheber sind immer nur Menschen („natürliche" Personen im Rechtssinne); Unternehmen können keine Urheber im Rechtssinne sein. Letztere können aber Inhaber urheberrechtlicher Nutzungs- und Verwertungsrechte an urheberrechtlichen Werken sein.

Die **Schutzdauer** des Urheberrechts beträgt 70 Jahre gerechnet ab dem Tod des Urhebers.[84]

Das Schutzanliegen des Urheberrechts soll nach der gesetzgeberischen Entscheidung in erster Linie Schöpfungen von gewisser kultureller Relevanz zugutekommen.

Allerdings ist im Zuge der bevorstehenden Harmonisierung des Urheberrechts in der Europäischen Union damit zu rechnen, dass die Schutzanforderungen an die Schöpfungshöhe urheberrechtlicher Werke spürbar sinken werden.

Gleichwohl wird das Urheberrecht seine ganze Schutzkraft auch zukünftig nicht für sich allein entfalten, sondern – wie andere „Schutzquellen" auch – in **Vernetzung** mit weiteren Schutzpositionen. Als Beispiel sei der Schutz von Computerprogrammen genannt. Sie stehen – wie andere persönliche geistige Schöpfungen – ausdrücklich unter dem Schutz des Urheberrechtsgesetzes.[85] Der Schutz beschränkt sich indes auf die unmittelbare Verwertung des Computerprogramms. Wird darüber hinaus Schutz beansprucht für eine mit dem Programm zusammenhängende computerimplementierte Erfindung, ist letztere zum Patent anzumelden. Denn erst dann ist es möglich, Dritten die Anwendung der Erfindung selbst zu untersagen, wobei der Schutz auch gegen ähnliche Vorgehensweisen (vermeintliche Umgehungen) besteht. Damit geht der Patentschutz deutlich weiter und kann – bei entsprechend beantragter geografischer Ausdehnung des Schutzbereichs – überdies im Ausland leichter durchgesetzt werden als ein reines Urheberrecht.

Dies ist ein anschauliches Beispiel dafür, dass es von Vorteil ist, die verschiedenen Schutzmöglichkeiten des gewerblichen Rechtsschutzes in ihrer **Vernetztheit** zu erkennen und zu nutzen. Erst dann werden Möglichkeiten des gewerblichen Rechtsschutzes voll ausgeschöpft.

Was also können Urheberrechte leisten – welches sind die speziellen **Forderungen**, die an sie gestellt werden können? Zumindest diese:

- Urheberrechte bieten Schutz für Innovationen auf geistigem Gebiet.
- Sie sichern Return on Investment auf Investitionen in künstlerische und wissenschaftliche Werke.
- Urheberrechte sollen als Kristallisationsfläche kreativer Kompetenz und Kraft des Unternehmens den Unternehmenswert mehren.
- Auch sie positionieren das Unternehmen im Wettbewerb, u. a. im Innovations- und Kreationswettbewerb.
- Urheberrechte sind wirksame wettbewerbliche Mittel, die Unternehmensstrategie umzusetzen; sie schaffen „freedom to operate".

---

[84] § 64 UrhG.
[85] §§ 2 Abs. 1 Nr. 1, 69a bis 69 g UrhG.

- Sie weisen ihren Inhaber als attraktiven Partner für Kooperationen auf dem Gebiet der Verwertung urheberrechtlicher Werke aus.
- Voraussetzung für einen wertvollen Schutzumfang ist ein – möglichst großer – schöpferischer Überschuss über bereits bestehende Werkschöpfungen.

Auch hier ergibt sich aus dieser Aufstellung zumindest ansatzweise das **Anforderungsprofil**, dem Urheberrechte genügen müssen. Es ist als Teil eines Prüfungsschemas zugleich für Auditierung und Zertifizierung maßgeblich.

6.3.3.4 Know-how[86]

Hierunter sollen an dieser Stelle alle nicht förmlich geschützten Erfindungen und sonstigen Schöpfungen des Unternehmens und seine **Geschäfts- und Betriebsgeheimnisse**[87] sowie der Prozess ihres Managements verstanden werden."

Dem speziellen Schutz des Know-hows eines Unternehmens und seiner Geschäfts- und Betriebsgeheimnisse hat sich ein gesonderter Themenbereich des Gewerblichen Rechtsschutzes verschrieben, der ebenso informative wie praxisnahe Veröffentlichungen hervorgebracht hat.[88]

Nachdem vorstehend die einzelnen Schutzrechte aufgeführt und ihr Management behandelt worden sind, hat es den Anschein, als würde es beim Know-how-Schutz nur noch um den „verbleibenden Rest" gehen, der bloß aus Vollständigkeitsgründen auch noch erwähnt wird.

Das genaue Gegenteil ist der Fall! Dieser Bereich des geistigen Eigentums ist nicht nur das „Transitterrain" insbesondere für Marken und Patente, diese beiden wichtigen Schutzrechte;[89] Know-how und Geschäfts- und Betriebsgeheimnisse stellen gewissermaßen die **„Ursuppe" dar, aus der die Wettbewerbskraft des**

---

[86] Know-how kann definiert werden als Inbegriff der „Tatsachen, die nach dem erkennbaren Willen des Betriebsinhabers geheimgehalten werden sollen, die ferner nur einem begrenzten Personenkreis bekannt und damit nicht offenkundig sind und hinsichtlich derer der Betriebsinhaber deshalb ein berechtigtes Geheimhaltungsinteresse hat, weil eine Aufdeckung der Tatsachen geeignet wäre, dem Geheimnisträger wirtschaftlichen Schaden zuzufügen"; so der BGH NJW 1995, 2301.

[87] Der Begriff des Betriebs- und Geschäftsgeheimnisses wird ganz ähnlich definiert: „Tatsache im Zusammenhang mit einem Geschäftsbetrieb, die nur einem begrenzten Personenkreis bekannt und nicht offenkundig ist, und nach dem ausdrücklich oder konkludent erklärten Willen des Betriebsinhabers aufgrund eines berechtigten wirtschaftlichen Interesses geheimgehalten werden soll."; vgl. Wodtke/Richters (2004) S. 21 m. w. N.

[88] Genannt seien an dieser Stelle beispielhaft: Westermann (2007), Handbuch Know-how-Schutz; Wodtke/Richters (2004), Schutz von Geschäfts- und Betriebsgeheimnissen.

[89] Auch Marken und Patente sind nur reine (und verletzliche) Wissensinhalte, bevor sie Schutz erlangen.

Unternehmens erwächst. Das macht die Wichtigkeit dieses Gebiets des geistigen Eigentums aus, und deswegen soll es hier angemessen ausführlich dargestellt werden. Das gesamte Know-how und die sonstigen Betriebs- und Geschäftsgeheimnisse des Unternehmens werden zu den „nicht förmlich geschützten Erfindungen und sonstigen Schöpfungen des Unternehmens" zusammengefasst. Sie sind nicht in den speziell geschützten Schutzrechtspositionen, wie Marken, Patenten etc., verkörpert. Damit betrifft dieser Abschnitt den ganzen Wissens- und Informationsbestand des Unternehmens, der im Eigentlichen seine Leistungsfähigkeit ausmacht und aus dem die Schutzrechte und rechtlich geschützten weiteren Schutzpositionen entstehen. Damit stellt dieser Fundus eine wesentliche Ressource des Unternehmens für Wettbewerbskraft und Zukunftsaussicht dar.[90] Deren Bedeutung wird daran deutlich, dass für ihre Generierung viele Unternehmen ein ausgefeiltes Vorschlagswesen entwickelt haben. Es wird durch das auf Patente abzielende Arbeitnehmererfinderwesen des Unternehmens sinnvoll ergänzt.

Auch hier werden also Leistungsergebnisse von wettbewerblichem Wert betrachtet. Es sind ebenfalls Werke, die aus geistigem Schaffen erwachsen. Auch wenn sie nicht die formalen oder sonstigen gesetzlichen Schutzvoraussetzungen erfüllen (können) oder das Unternehmen sich entscheidet, in Bezug auf sie keine Schutzrechte zu erwerben, sind sie für das hervorbringende Unternehmen von ggf. erheblichem Wert – und für seine Mitbewerber. Aus diesem Grund sind sie nicht nur zu schützen – mangels formeller Schutzrechte womöglich in besonderem Maße –, sondern auch einem systematischen Management zu unterwerfen. Denn ihre Nutzung ist zum einen der Konkurrenz vorzuenthalten; der in ihnen enthaltene Wert ist dem Unternehmen zum anderen uneingeschränkt verfügbar zu machen und zu erhalten.

Eine regelrechte Kuriosität des gewerblichen Rechtsschutzes besteht nun darin, dass für Wissen und Ideen, und seien sie noch so brillant – ungeachtet ihrer bisweilen großen Bedeutung für die Unternehmen –, keine eigenständigen Schutzrechte entwickelt worden sind.[91] Der Schutz dieser besonders sensiblen Form gewerblich oft höchst wertvollen Wissens führt – soweit es die Aufmerksamkeit und Schutzfürsorge des Gesetzgebers angeht – ein **Mauerblümchendasein**.[92] Das gilt u. a. auch für „bloße" Geschäfts- und Betriebsgeheimnisse, z. B. über den kaufmännischen Geschäftsverkehr (Kundenkontakte, Adressenlisten etc.), über Geschäfts-

---

[90] Auf dessen besondere Bedeutung habe ich schon oben hingewiesen – Kap. 5.3.
[91] Das erinnert an die Schutzverweigerung des geltenden Rechts für „bloße" Ideen.
[92] Die Rechtsprechung ihrerseits versucht zu helfen: Der BGH gewährt Know-how-Schutz für Informationen unter dem Aspekt des Betriebsgeheimnisses auch dann, wenn sie zum Stand der Technik gehören und deswegen z. B. nicht zum Gegenstand einer Patentanmeldung gemacht werden können (BGH WRP 2008, S. 1085 – Schweißmodulgenerator).

6.3 Die Bestandteile des Unternehmensvermögens „Geistiges Eigentum"

oder Vertriebskonzepte[93] oder den technischen Betriebsablauf einschließlich aller gegenständlichen und immateriellen Hervorbringungen des Unternehmens.[94]

Das ist um so erstaunlicher, als wettbewerblich relevantes Vorsprungswissen zu einem gewichtigen Teil in Form von Geschäfts- und Betriebsgeheimnissen existiert, keinen anderen Aggregatzustand des Wissens annimmt und damit nach gegenwärtiger Rechtslage und allgemeiner Auffassung keinem Sonderrechtsschutz[95] zugänglich ist. Das kann daran liegen, dass es sich nicht zu regelrechten Erfindungen verdichtet, oder auch daran, dass das Unternehmen entscheidet, dieses Wissen rein betriebsintern zu halten und es nicht zum Gegenstand von Schutzrechtsanmeldungen zu machen, die vom Staat immer publik gemacht werden. Denn nach Meinung des Unternehmens ist dieser Gegenstand des Unternehmenswissens dann ggf. besser im Innern des Unternehmens aufgehoben.[96] Möglich ist auch, dass der gesetzlich vermittelte Schutz nicht die Schutzbedürfnisse des Unternehmens befriedigt.

Für die hier angestellte strategische Betrachtungsweise ist diese „Schnittstellenmaterie"[97] des gewerblichen Rechtsschutzes von besonderem Reiz. Ihr Management ist eine besondere Herausforderung, weil gerade für den Schutz geheimen Wissens eines Unternehmens die Mehrheit von Schutzmöglichkeiten aufgrund der unterschiedlichen gesetzlichen Schutzquellen in ihrer Vernetztheit identifiziert und mobilisiert werden muss.

Geheimnisschutz ist risikoreich. Dementsprechend hoch können die Aufwendungen für effektive Schutzvorkehrungen sein.[98] Das relativiert die Vorteile[99] einfachen Schutzes von Geschäfts- und Betriebsgeheimnissen gegenüber Schutzrechtsanmeldungen bisweilen erheblich.

---

[93] Z. B. beruhen Franchisingkonzepte zu einem großen Teil auf wertvollem geschäftlichem Know-how.

[94] Soweit nicht im Einzelfall die Schutzvoraussetzungen nicht registrierter Schutzrechte erfüllt sind.

[95] Aufgrund der kodifizierten Schutzregelungen (Patentgesetz, Markengesetz etc.).

[96] Sofern im betroffenen Unternehmensbereich kein entscheidender Vorsprung vor der Konkurrenz gegeben ist, muss allerdings das Risiko bedacht werden, das darin besteht, dass Wettbewerber durch eigene F&E-Tätigkeit das geheime Wissen kurzfristig erwerben und ihrerseits zum Gegenstand von Schutzrechtsanmeldungen machen, die das Unternehmen – wie alle anderen – blockieren würden. Damit könnte dem Unternehmen der mit seinem Know-how verbundene Vorteil aus der Hand geschlagen werden.

[97] Vgl. Ann, C., Know-how – Stiefkind des Geistigen Eigentums?, GRUR 2007, S. 39.

[98] Kontroll- und Unterbindungsaufwand.

[99] Schutz für Know-how ist jederzeit erreichbar, kostengünstig, bedarf keiner Anmeldung und besteht grundsätzlich ohne zeitliche Beschränkung. Die Durchsetzung des Geheimnisschutzes wird nicht selten durch das Tätigwerden von Strafverfolgungsinstanzen wirksam unterstützt (u. a. nach § 17 UWG).

Gleichwohl ist für die Schutzkultur eines Unternehmens zumindest ergänzend von den praktischen und organisatorischen Möglichkeiten Gebrauch zu machen, den Zugang zu seinen sensiblen Informationen zu regulieren und gegen die unbefugte und vor allem unlautere Offenbarung von Know-how geschützt zu sein.

Nicht offenkundige Informationen des Unternehmens mit wirtschaftlichem Wert sind nicht nur schutzwürdig. Für sie kann durchaus rechtlich wirksamer Schutz erwirkt werden, auch wenn es sich im Einzelfall nicht um technische, neue und gewerblich unmittelbar anwendbare Kenntnisse von besonderer intellektueller Qualität handelt. Voraussetzung ist allerdings, dass diese Informationen eine Beziehung zum Unternehmen haben und dass ein Geheimhaltungswille ebenso vorhanden ist wie ein Geheimhaltungsinteresse.[100] Jegliche Nachlässigkeit bei der Behandlung der Geschäfts- und Betriebsgeheimnisse und deren Wahrung durch das Unternehmen selbst führt allerdings zum – dann meist sogleich definitiven – Verlust der gesetzlichen Schutzmöglichkeiten.[101]

Aufgabe des IP-Managements ist es, im Unternehmen Strukturen zu etablieren und Vorkehrungen zu treffen, die es ermöglichen, den existierenden rechtlichen Schutz der wichtigen Geschäfts- und Betriebsgeheimnisse wirksam zu mobilisieren.[102]

Aus welchen Schutzquellen sich der Schutz von Know-how und Geschäfts- und Betriebsgeheimnissen im Einzelnen herleiten lässt, soll hier nicht nur wegen der Wichtigkeit des Know-hows für Unternehmen und ihrer Geheimnisse, sondern auch aus dem Grund detaillierter und vergleichsweise vollständig dargestellt werden, weil sich daraus ableiten lässt, welche Maßnahmen das betriebliche IP-Management ergreifen muss, um bestmöglichen Schutz zu gewährleisten.

6.3.3.5 UWG

Das Gesetz gegen den unlauteren Wettbewerb (UWG) schützt gegen unlautere Wettbewerbshandlungen der Konkurrenten, u. a. gegen Nachahmungen gewerblicher Leistungen, und zwar insbesondere dann, wenn mit der Nachahmung eine Täuschung über deren betriebliche Herkunft einhergeht, der Ruf des Originalherstellers ausgebeutet oder herabgesetzt oder dieser gezielt behindert wird.[103]

§ 17 UWG schützt darüber hinaus strafrechtlich gegen die unlautere Offenbarung von Informationen und deren Verrat durch Unternehmensinterne und die

---

[100] Vgl. Ann, GRUR 2007, S. 39.
[101] Vgl. Wodtke C./Richters, S. (2004), S. 27.
[102] Siehe die anschaulichen Beispiele und praktischen Anregungen bei Wodtke C./Richters, S. (2004), S. 28 ff.
[103] Siehe §§ 3, 4 Nr. 9 a) bis c) und Nr. 10 UWG.

Ausspähung durch Dritte (Betriebsspionage). Ebenfalls ist die Verwertung solchermaßen unlauter ausgespähter oder verratener Geheimnisse unter Strafe gestellt. Speziellen Schutz genießen technische Vorlagen (Zeichnungen, Modelle, Schablonen etc.) nach § 18 UWG. § 19 UWG verbietet schließlich unter Strafe das Verleiten zum Verrat und andere Formen des verräterischen Zusammenwirkens.
Zivilrechtlich greifen ggf. die Haftungsvorschriften der §§ 8 Abs. 1 i. V. m. 3, 4 Nr. 10 und 11 UWG ein, sofern eine gezielte Behinderung oder der Verstoß gegen ein Gesetz vorliegt, das, wie §§ 17, 18 UWG, „auch dazu bestimmt ist, im Interesse der Marktteilnehmer das Marktverhalten zu regeln".

6.3.3.6 Strafgesetzbuch

Den strafrechtlichen Schutz gegen Ausspähung und Verletzung von Geheimnissen gewähren – unabhängig von §§ 17 – 19 UWG

§ 96 StGB – gegen landesverräterische Ausspähung,
§ 99 StGB – gegen geheimdienstliche Agententätigkeit,
§ 201 StGB – gegen Verletzungen der Vertraulichkeit des Worts,
§ 202 StGB – gegen Verletzungen des Briefgeheimnisses,
§ 202a StGB – gegen Ausspähung von Daten,
§ 203 StGB – gegen Verletzungen von Privat- und Geschäftsgeheimnissen,
§ 204 StGB – gegen Verletzungen fremder Geheimnisse und
§ 206 StGB – gegen Verletzungen des Post- und Fernmeldegeheimnisses.

Damit ist die Liste der direkt oder indirekt wirkenden strafrechtlichen Instrumente gegen Geheimnisverrat und Betriebsspionage eindrucksvoll lang. Aufgabe des IP-Managements ist es, im Unternehmen Vorkehrungen zu treffen, dass diese Instrumente auch wirksam greifen können. Eine effektive Überwachung des Informationsbestands des Unternehmens und sichere Kontrolle des Zugangs hierzu sollte ebenso selbstverständlich sein wie eine Dokumentation des Umgangs mit den Daten. Bestehen hierfür im Unternehmen keine verbindlichen Regeln, ist Geheimnisschutz nicht zu erreichen und dessen Verletzung praktisch nicht verfolgbar.

6.3.3.7 BGB

Den zivilrechtlichen Schutz von Betriebs- und Geschäftsgeheimnissen bewirkt § 823 Abs. 1 BGB unter dem Gesichtspunkt des geschützten Rechts am eingerichteten und ausgeübten Gewerbebetrieb. Zivilrechtlicher Unternehmensschutz erfasst auch den Schutz des Know-how als sonstiges Recht i. S. d. § 823 Abs. 1 BGB. Es ist somit selbstständig als solches geschützt.

Ferner gewährt § 823 Absatz 2 BGB i. V. m. §§ 17 und 18 UWG Schutz für Know-how, da die wettbewerbsrechtlichen Vorschriften den Schutz des Unternehmens bezwecken. Deren Verletzung löst Unterlassungs-, und wenn sie schuldhaft erfolgte, auch Schadensersatzansprüche aus.

Ein Verstoß gegen die §§ 17 und 18 UWG führt regelmäßig auch zur Schadensersatzpflicht des § 826 BGB, da darin zumeist auch eine sittenwidrige Rechtsverletzung liegt.

Zivilrechtlich können sich darüber hinaus Ansprüche aus entsprechenden vertraglichen Geheimhaltungs- und Verschwiegenheitsvereinbarungen ergeben.

6.3.3.8 Arbeitsrecht

Arbeitnehmer, die aufgrund ihrer Betriebszugehörigkeit Kenntnis vom Geschäfts- und Betriebsgeheimnis haben, sind allein aufgrund ihrer generellen Schweigepflicht aus dem Arbeitsvertrag – auch ohne ausdrückliche Vertragsbestimmungen hierüber – zur Wahrung des Geheimnisses verpflichtet. Ein schuldhafter Verstoß gegen diese Pflicht verpflichtet zum Schadensersatz und kann ggf. sogar eine fristlose Kündigung des Arbeitsverhältnisses rechtfertigen. Gleichwohl sind eindeutige und klare Regelungen in den Arbeitsverträgen von Vorteil, und überdies sollte das Unternehmen verbindliche Richtlinien über den Umgang mit sensiblen Informationen besitzen und deren Einhaltung überwachen. Dies ist Bestandteil des IP-HRM.[104]

6.3.3.9 Arbeitnehmererfindungsrecht

Arbeitnehmererfindungen sind in aller Regel Betriebsgeheimnisse. Sie geheim zu halten, liegt im offensichtlichen Interesse des Unternehmens, aber auch des Arbeitnehmers. Falls das Unternehmen die Diensterfindung nicht oder nur eingeschränkt in Anspruch nehmen will, muss dem Arbeitnehmer daran liegen, dass die Erfindung geheim und deren anderweitige Verwertung möglich bleibt. Will das Unternehmen aus Geheimschutzgründen auf die Erfindung kein Schutzrecht anmelden, werden die Belange des Arbeitnehmers dadurch gewahrt, dass er eine Klärung der Schutzfähigkeit der Diensterfindung verlangen und auch in diesem Falle eine Vergütung beanspruchen kann.[105] Das Managen des Arbeitnehmererfindungswesens einschließlich der Geheimhaltung ist ein Thema des IP-HRM[106] und vernetzt mit dem betrieblichen Wissensmanagement[107] und dem im Unternehmen installierten Vorschlagswesen.[108]

---

[104] HRM = Human Resources Management, dessen Anliegen es im Bereich des IP-Managements ist, speziell hierfür qualifiziertes Personal verfügbar zu haben; siehe Kap. 6.3.4.
[105] Vgl. § 17 des Arbeitnehmererfindungsgesetzes.
[106] S. Kap. 6.3.4.
[107] S. Kap. 5.7.
[108] S. Kap. 3.11 und Kap. 7.

6.3.3.10 Handelsrecht, Gesellschaftsrecht, Insiderrecht, Berufsrecht, Prozessrecht

Dem Geheimnisschutz dienen eine ganze Reihe von Vorschriften dieser fünf Rechtsbereiche. Betroffen sind die Vertreter des Unternehmens (Geschäftsführer, Vorstände), Gesellschafter, Mitglieder von Aufsichtsgremien, selbstständige Vertriebsmittler (Handelsvertreter, Franchisenehmer, Vertragshändler) sowie externe Berater und Prüfer, die im Rahmen ihrer jeweiligen Tätigkeiten Kenntnis von Geschäfts- und Betriebsgeheimnissen erlangen. Auch bezüglich dieser Personen sollten Dokumentationen darüber erstellt werden, wer wann zu welchen Daten Zugang erhalten hat, damit nachvollzogen werden kann, welchen Weg Informationen genommen haben. Erkenntnisse hierüber können helfen, Täter unerlaubter Weitergabe von sensiblen Unternehmensinformationen zu identifizieren. Die Wahrscheinlichkeit, identifiziert zu werden, dient der Abschreckung viel mehr, als dies die Sanktionen können, die der Gesetzgeber für den Fall der Verletzung des Rechts vorsieht. Denn zukünftige Täter gehen in aller Regel davon aus, dass sie für das Ertapptwerden zu schlau sind und Strafen entgehen werden.

Vernetzung mit gewerblichen Schutzrechten: Über eines darf die eindrucksvolle Auflistung von Schutzmöglichkeiten für Betriebs- und Geschäftsgeheimnisse allerdings nicht hinwegtäuschen: Nur eine äußerst wache, strikte und kontrollintensive Überwachung der Handhabung der Geheimnisse kann gewährleisten, dass das Unternehmen keine größeren Schäden durch unbefugte Offenbarung erleidet. Deswegen ist daran zu denken, Betriebs- und Geschäftsgeheimnisse, soweit möglich, durch flankierende Schutzrechte abzusichern, die ihrerseits keine oder nur eine zurückhaltende Offenbarung der Geheimnisse bewirken. Soweit einzelne Inhalte von Betriebs- und Geschäftsgeheimnissen soweit isoliert werden können, dass sie Gegenstand von Schutzrechten sein können, ohne dass sich durch ihre Offenbarung das jeweilige Geheimnis mitoffenbart, ist deren Anmeldung zu erwägen. Wenn die unbefugte Verwertung eines Betriebs- und Geschäftsgeheimnisses nicht möglich ist, ohne zugleich parallel begründete Schutzrechte zu verletzen, kann die Fremdnutzung des Geheimnisses ggf. wirksam unterbunden werden.

6.3.3.11 Betriebliches Know-how, Geschäfts- und Betriebsgeheimnisse

Was also kann das IP-Management in Bezug auf betriebliches Know-how und Geschäfts- und Betriebsgeheimnisse leisten – welches sind die speziellen **Forderungen**, die an dieses Management gestellt werden können? Jedenfalls an folgende ist zu denken:

- Das Unternehmen hat ein ausgefeiltes Vorschlagswesen entwickelt und fördert nach Kräften das Hervorbringen von Know-how und Geschäfts- und Betriebsgeheimnissen.
- Betriebliches Know-how und Geschäfts- und Betriebsgeheimnisse des Unternehmens werden vollständig erfasst und dokumentiert.
- Das Unternehmen hat bewusst entschieden, auf gesetzlichen Schutz hierfür, soweit erreichbar, zu verzichten. Allerdings macht das Unternehmen von der Möglichkeit – soweit gegeben – Gebrauch, Know-how und Geschäfts- und Betriebsgeheimnisse durch flankierende Schutzrechte abzusichern.
- Das Register wird laufend um Neuerwerbungen an Know-how und Geschäfts- und Betriebsgeheimnissen ergänzt. Obsolet gewordenes Wissen wird als solches gekennzeichnet und ggf. in einen „Ablageordner" verschoben.
- Der Wille des Betriebsinhabers, dass registriertes Know-how und Geschäfts- und Betriebsgeheimnisse geheim gehalten werden sollen, wird allen Personen, die zu ihnen Zugang haben, beweisbar kommuniziert (gegen schriftliche Quittung der Kenntnisnahme).
- Das begründete (motivierte) Geheimhaltungsinteresse des Betriebsinhabers wird beschrieben und von allen Zugangsberechtigten schriftlich anerkannt.
- Sie bestätigen schriftlich ferner, dass das Know-how und die Geschäfts- und Betriebsgeheimnisse nicht offenkundig sind.
- Zugangsberechtigungen werden organisiert und dokumentarisch erfasst.
- Die Relevanz von Know-how und Geschäfts- und Betriebsgeheimnissen wird periodisch beurteilt; das Ergebnis wird registriert.
- Das Aufsuchen des Registers über Know-how und Geschäfts- und Betriebsgeheimnisse durch Unternehmensangehörige und autorisierte Dritte wird erfasst und registriert, damit nachvollzogen werden kann, welche Wege Informationen genommen haben.
- Die mit dem Schutz von Know-how und Geschäfts- und Betriebsgeheimnissen verbundenen Kosten werden ermittelt und dokumentiert. Der Aufwand wird in Relation gesetzt zu den Vorteilen (Nutzen) des erreichten Schutzes von Know-how und Geschäfts- und Betriebsgeheimnissen.
- Die Vorkehrungen des Unternehmens gegen ungewollte und erst recht unlautere Offenbarung von Know-how und Geschäfts- und Betriebsgeheimnissen sind mindestens ausreichend.
- Das Unternehmen besitzt Richtlinien über den Umgang mit sensiblen Informationen und überwacht deren Einhaltung.
- Vorkommende Verstöße werden dokumentiert und ausgewertet, um den Schutz von Know-how und Geschäfts- und Betriebsgeheimnissen zu optimieren.
- Die staatlichen Hilfen beim Schutz von Know-how und Geschäfts- und Betriebsgeheimnissen werden genutzt. Verletzungen und Verletzer werden verfolgt.

6.3 Die Bestandteile des Unternehmensvermögens „Geistiges Eigentum"

- Die Arbeitsverträge des Unternehmens sehen Verpflichtungen zur Geheimhaltung von Know-how und Geschäfts- und Betriebsgeheimnissen vor und belehren über Sanktionen im Falle der unzulässigen Offenbarung oder Nutzung.
- Auch die Verträge des Unternehmens mit Anderen als Arbeitnehmern (Geschäftsführern, Vorständen, Gesellschaftern, Kooperationspartnern etc.) sehen Verpflichtungen zur Geheimhaltung von Know-how und Geschäfts- und Betriebsgeheimnissen vor und belehren über Sanktionen im Falle der unzulässigen Offenbarung oder Nutzung.

Aus diesem Katalog ergibt sich jedenfalls ansatzweise das **Anforderungsprofil**, dem das Hervorbringen und das Management von Know-how und Geschäfts- und Betriebsgeheimnissen sowie ihr Management genügen müssen. Es ist zugleich für Auditierung und Zertifizierung maßgeblich.

6.3.4 IP-Management und die „human resources"

Die Liste der IP-Bestandteile bliebe unvollständig, würde sie nicht noch um einen der wichtigsten Faktoren ergänzt werden. Er konkurriert in der Wichtigkeit ohne Weiteres mit den bedeutendsten Schutzrechten. Das ist der „human factor". Er ist letztlich der allein entscheidende. Er hat hier eine schon deswegen herausragende Stellung, weil **allein Menschen geistiges Eigentum hervorbringen**.[109]

Aber sie sind hier nicht nur als „Generatoren" des immateriellen Unternehmensvermögens zu erwähnen. Auf sie kommt es in gleichem Maße an, wenn es darum geht, das geistige Eigentum als ganzheitliche Erscheinung zur **Entfaltung und Blüte** zu bringen, und zwar mit den Mitteln und Möglichkeiten des systematischen und strategischen IP-Managements.

Das IP-Management des „Faktors Personal", in der Abkürzung IP-HRM[110], verkörpert ein neues Verständnis des Einsatzes personalen Expertentums in Unternehmen. Es wird repräsentiert durch den „**IP-Manager**".[111] Dieser erkennt das Zielseiner Tätigkeit in der „gezielten und optimierten Aneignung von Innovationsrenditen"[112].

---

[109] Der betriebswirtschaftliche Begriff „Humankapital" erscheint als zu eng; dem Produktionsfaktor Kapital fehlt es an einer mit dem „human factor" vergleichbaren Mehrdimensionalität.
[110] HRM = human resources management.
[111] Vgl. zu diesem immer noch neuen Berufsbild die grundlegende Arbeit von Wurzer, A. J., (Hrsg., 2009), IP-Manager, München
[112] Vgl. Wurzer, A. J. (2008), IP-Management – Schlüsselkompetenz in einer Wissensökonomie, in GRUR 2008, 577, 582.

Der IP-Manager hat verinnerlicht, dass dazu eine **multidisziplinäre** Herangehensweise an die Generierung von Wohlstand in einer Wissensökonomie unerlässlich ist. Denn die drei Hauptmechanismen dieser Wertschöpfung müssen notwendig zusammenwirken. Es handelt sich dabei um die **Hervorbringung** geistigen Eigentums[113], um dessen **Kapitalisierung**[114] und die **Konvertierung** von immateriellen Vermögenswerten **in Wirtschaftsgüter**.[115] Der IP-Manager gewährleistet die Interaktion dieser drei notwendig komplementären Mechanismen zur Generierung von Mehrwert durch den Einsatz immaterieller Vermögenswerte.[116]

Das versetzt ihn in die Lage, die Klaviatur der **Reaktionsmöglichkeiten bei Schutzrechtsverletzungen** ebenso zu beherrschen, wie den wirtschaftlich/pekuniären **Wert** und das strategische Potenzial von IP-Bestandteilen zu vermitteln oder die **IP-vermittelte Wettbewerbsstärke des Unternehmens darzustellen**.[117]

Mit dieser Ausrichtung wird der IP-Manager in der Lage sein, qualifizierte Strategien der Aneignung immateriellen Vermögens zu definieren und auf dieser Grundlage das Ziel der systematischen Steigerung des Unternehmenserfolges zu verfolgen. Er wird es vermögen, im Unternehmen den Aufbau inter- und multidisziplinärer Leistungsstrukturen anzustoßen, auf denen das qualifizierte IP-Management personell aufbauen kann. Dann wird es gelingen, die bereits angesprochene, traditionell existierende **Trennung** zwischen den beteiligten Teilbereichen Technik, Ökonomie, Management und Recht jedenfalls insoweit **aufzuheben,** sodass das Unternehmen stärker interdisziplinär wertschaffend tätig sein kann.[118]

Allerdings seien für die Vornahme struktureller Änderungen, die sich als notwendig erweisen, **Behutsamkeit** und vor allem **Überblick und Weitsicht** empfohlen. Immerhin geht es um die Veränderung von zumeist hoch komplexen Systemen. Da genügt es nicht, nur an einigen wenigen Stellschrauben zu drehen. Zu leicht geschieht es sonst, dass die getroffenen Maßnahmen der „Logik des Misslingens"[119] anheimfallen und scheitern.

---

[113] Durch Kreation/Schöpfung und Innovation, Erwerb von Schutzrechten und Lizenzen, Generierung von Know-how etc.

[114] Einsatz des hervorgebrachten geistigen Eigentums zu produktiven Zwecken.

[115] Vgl. Wurzer, A. J. (2008), IP-Management – Schlüsselkompetenz in einer Wissensökonomie, in GRUR 2008, 577, 582.

[116] Er stützt sich hierbei auf seine zusätzlichen Qualifikationen in den ökonomischen managementbasierten Bereichen Strategie Entscheidung, Implementierung, Organisation, Führung und Geschäftsentwicklung.

[117] Ausführlicher dazu: Wurzer, A. J. GRUR 2008, 577, 584.

[118] Vgl. umfassend dazu: Wurzer, A. J. (Hrsg.), 2009), IP-Manager.

[119] So der Titel einer bemerkenswerten Studie von Dörner, D. (1989), s. Literatur.

6.3 Die Bestandteile des Unternehmensvermögens „Geistiges Eigentum"

Aber auch im Übrigen, soweit es die Auswahl, Führung und Förderung des „IP-Personals" angeht, sind dem IP-HRM hohe Anforderungen gestellt.

Ebenso wenig wie das Hervorbringen geistigen Eigentums von gleich wem erwartet werden kann, für diese Funktion vielmehr auf besonders begabte und ausgebildete Menschen zurückgegriffen werden muss, kann das IP-Management nicht unterschiedslos allen höher gestellten Unternehmensangehörigen anvertraut werden. Auch für die professionelle Handhabung und den profitablen Einsatz ist für die Aufgabe des IP-Managements hoch qualifiziertes Personal zu gewinnen und zu halten.

Geistiges Eigentum entsteht nur durch menschliche Kreativität und darauf beruhender Innovativität des Unternehmens und Wertschöpfung. Diese Kreativität im Unternehmen spezifisch im Interesse der Hervorbringung von wenigstens temporär wirkenden Monopolgewinnen zu fördern, muss das vom IP-Manager im Zusammenwirken mit der Personalabteilung verfolgte Anliegen wirksamer Personalrekrutierung, -führung und -förderung des Unternehmens sein. Es sollte sich so der auf Kontinuität der Unternehmenszugehörigkeit ausgerichteten Behandlung der sog. Schlüsselerfinder[120] ebenso zuwenden wie der **Entwicklung** anderer Erfinder eben **zu** solchen **Schlüsselerfindern**.

Untrennbar davon sind Werte und eine Unternehmenskultur, die von den Menschen im Unternehmen tatsächlich gelebt werden. Denn die wahre Potenz eines Unternehmens liegt in dem gefühlten und gelebten Wertesystem und der Intelligenz der in ihm tätigen Menschen.

Aber es müssen nicht nur die Menschen innerhalb eines Unternehmens zum Begriff des geistigen Eigentums hinzugerechnet werden, die dort an der Generierung, dem Schutz und der Implementierung von IP beteiligt und wesentliche Träger von IP-relevantem Wissen werden. Auch die Externen, Spezialisten, die an den IP-Managementprozessen in irgendeiner Weise beteiligt werden[121], sind diesem Managementbereich hinzuzurechnen, den man mit „IP-Human Resource Management" (IP-HRM) kennzeichnen kann. IP-HRM wird sich der Herausforderung stellen, die Kooperation dieser Externen mit den im IP-Management tätigen Unternehmensangehörigen auf hohem Niveau zu gewährleisten und die Kommunikation zwischen ihnen zu optimieren.

Wie deutlich wird, kann die praktische Bedeutung von IP-HRM im IP-Gesamtkontext gar nicht überschätzt werden. Auditierung und Zertifizierung der IP-Managementprozesse im Unternehmen haben gerade auch diesem Bereich genügende Aufmerksamkeit zu schenken.

---

[120] Hochbegabte Erfinder von Basisinnovationen.
[121] Vornehmlich Anwälte (Patentanwälte und Rechtsanwälte), aber auch Markenentwickler, Marketer und Spezialisten für Unternehmenskommunikation etc.

Was also kann der IP-Prozess „human resources management" (IP-HRM) leisten, – welches sind die speziellen **Forderungen**, die an ihn gestellt werden können?[122] Sicherlich diese:

- Das Unternehmen verfügt über die geeigneten „human resources", um ein qualifiziertes IP-Management betreiben zu können.
- Es betreibt Rekrutierungsmaßnahmen, die es erlauben, die IP-Managementpositionen des Unternehmens nachhaltig mit qualifiziertem Personal zu besetzen.
- Das Unternehmen gewährleistet eine Personalführung in diesen Bereichen nach seinen auch unter Personalgesichtspunkten strategischen Bedürfnissen.
- Aus- und Weiterbildungsmaßnahmen sind gewährleistet.
- Einem Verlust von Know-how durch Personalmigration wird durch geeignete Schutzmaßnahmen entgegengewirkt.[123]
- Um Personalmigration und einem solchen Verlust vorzubeugen, strebt das Unternehmen nach einer hohen Mitarbeiterzufriedenheit.
- Das Unternehmen verfügt über eine hoch entwickelte Kommunikationskultur, die gewährleistet, dass (auch) die im IP-Management engagierten Mitarbeiter in einer Weise am unternehmensinternen Informationsaustausch beteiligt sind, die sie befriedigt und zu Ergebnissen führt, die den Unternehmensbelangen gerecht werden.

Aus diesem Katalog ergibt sich zumindest vom Ansatz her das **Anforderungsprofil**, dem das IP-HRM genügen muss. Es ist zugleich für Auditierung und Zertifizierung maßgeblich.

---

[122] Diese Forderungen sind selbstverständlich im Zusammenhang zu sehen mit den Anforderungen, denen das Unternehmen bei einer Anpassung der Unternehmensstrukturen und -prozesse an die Erfordernisse der Wissensökonomie entsprechen muss; vgl. Kap. 4.
[123] S. dazu oben Know-how-Schutz und Schutz der Geschäfts- und Betriebsgeheimnisse, Kap. 6.3.3.4.

Geistiges Eigentum und Arbeits-, Dienst-, Auftrags- und Kooperationsverhältnisse

7

Auf den Punkt gebracht

- Geistiges Eigentum entsteht zunehmend durch das Zusammenwirken Mehrerer, die nicht sämtlich dem Unternehmen angehören, das die Resultate nutzen möchte.
- Gerade die Öffnung des Innovationsprozesses von Unternehmen durch **Open Innovation** bzw. **offene Innovation**, die zur Vergrößerung des Innovationspotenzials bisweilen unumgänglich ist, Unumgänglich ist, aber nicht Ersatz für eigene Ideen sein darf, sondern deren Ergänzung dienen soll, führt zur Notwendigkeit, die Nutzungsberechtigung umfassend zu regeln.
- Aufgabe des IP-Managements ist es, die Vorgänge zu strukturieren und zu beherrschen, bei denen mehrere Personen an der Schaffung geistigen Eigentums beteiligt sind.

Geistiges Eigentum ist immer das Ergebnis menschlichen Tuns, oft einzelner Personen. Diese sind dann z. B. patentrechtliche Erfinder, geschmacksmusterrechtliche Gestalter oder urheberrechtliche Schöpfer (Maler, Bildhauer, Dichter, Komponisten etc.). Dann ist der betreffende Schöpfer Inhaber der mit dem kreativen Ergebnis verbundenen Rechten und allein berechtigt, sie zu nutzen.

Aber nicht selten sind mehrere an Kreationen und Innovationen beteiligt, und dies häufig in „kooperativen" Kontexten, nämlich Arbeits-, Dienst-, Auftrags- und sonstigen Kooperationsverhältnissen. Dann stellt sich die Frage, wem die entstehenden Rechte und Befugnisse zustehen. Die Antwort, die darauf zu geben ist, richtet sich nach den Verabredungen der Personen, die an den Rechtsbeziehungen und -verhältnissen beteiligt sind, oft aber auch einfach nach der Natur dieser zumeist vertraglichen Beziehungen. Hierum hat sich das IP-Management des Unternehmens zu kümmern, das an dem Entstehen der Innovationsergebnisse und den generierten Rechten beteiligt ist, nämlich als Auftrag- und/oder Arbeitgeber bzw. als Kooperationspartner, z. B. bei Joint-Venture-Kooperationen.

Die hier und in diesem Zusammenhang aufzuwerfende Frage lautet demzufolge, was das IP-Management in Bezug auf die Entstehung und Handhabung des geistigen Eigentums unternehmen kann, das in den hier interessierenden Konstellationen entsteht. Bei ihnen handelt es sich zumeist um Arbeits-, Dienst-, Auftrags- und Kooperationsverhältnisse. Hier für **klare Verhältnisse** zu sorgen, liegt eindeutig im Interesse des Unternehmens. Denn das geistige Eigentum wird – ganz überwiegend – in seinem Auftrag geschaffen – und das Unternehmen bezahlt dafür.

Das IP-Management hat hier durchaus Möglichkeiten, für den Ausbau und die profitable Nutzung geistigen Eigentums zu sorgen.

1. Zunächst muss das IP-Management für **Transparenz** sorgen, mithin sicherstellen, dass die Rechtsbeziehungen unter den Beteiligten eindeutig geklärt sind. Es muss stets klar geregelt sein, wer aufgrund welcher Eigenschaft und rechtlichen Beziehungen an Innovations- und Kreationsprozessen und ihren Ergebnisse beteiligt ist, von denen das Unternehmen späterhin profitieren möchte.
2. Sodann ist Klarheit darüber herzustellen, wer **Inhaber** welcher **Rechte** werden soll und zu welchen Zwecken.[1]
3. Speziell technologieorientierte Unternehmen besitzen ein ausentwickeltes **Arbeitnehmererfinderwesen**.
4. Alle Unternehmen haben ein strukturiertes **betriebliches Vorschlagswesen** mit klaren Regelungen bezüglich des Rechtserwerbs durch das Unternehmen.
5. Treten bei Vertriebssystemen selbständige Dritte unter einem gewerblichen Kennzeichen des Unternehmens auf, sind Vorkehrungen dafür zu treffen, dass diese an ihnen keine Rechte begründen können, sondern diese exklusiv bei ihm verbleiben.
6. Bei Joint-Venture-Kooperationen ist zu bestimmen, dass und in welcher Art die Leistungs**ergebnisse** und die Nutzungs**berechtigungen** daran **aufgeteilt** werden. Es geht aber auch darum, das durch die Beteiligten geschaffene geistige Eigentum wirksam und unanfechtbar dem zukommen zu lassen, dem die Nutzungsbefugnisse daran zustehen sollen.

---

[1] Das ist insbesondere im Hinblick auf die sog. Zweckübertragungstheorie (gemäß § 31 Abs. 5 UrhG) wichtig, derzufolge Rechte vom Urheber grosso modo nur in dem Maß auf den Rechteerwerber übergehen, wie das für den Geschäftszweck erforderlich ist.

Was also kann der IP-Prozess Geistiges Eigentum und Arbeits-, Dienst-, Auftrags- und Kooperationsverhältnisse leisten? Welches sind die speziellen **Forderungen**, die an ihn gestellt werden können? In Betracht kommen diese:

- Das Unternehmen strukturiert und beherrscht die Vorgänge, bei denen mehrere Personen an der Schaffung geistigen Eigentums beteiligt sind.
- Hierfür werden insbesondere die Möglichkeiten zulässiger vertraglicher Gestaltungen genutzt.
- Das Unternehmen sorgt für Transparenz und lässt beweiskräftige Dokumentationen erstellen.
- Die individuellen Beteiligungen an Leistungsergebnissen werden klar nachvollziehbar festgehalten.
- Die gegebenen vertraglichen Gestaltungsmöglichkeiten sind bekannt und werden genutzt.
- Das betriebliche Vorschlagswesen ist strukturiert und durchorganisiert.
- Das Arbeitnehmererfinderwesen ist den gesetzlichen Regelungen entsprechend installiert und wird implementiert.
- Bei Joint-Venture-Kooperationen sorgen klare Regelungen für eine unzweideutige Zuweisung von Rechten.

Aus diesem Katalog ergibt sich jedenfalls ansatzweise das **Anforderungsprofil**, dem das Management des geistigen Eigentums mit Blick auf Arbeits-, Dienst-, Auftrags- und Kooperationsverhältnisse genügen muss. Es ist zugleich für Auditierung und Zertifizierung maßgeblich.

IP-Prozess „Bewertung und Verwertung des geistigen Eigentums" 8

Auf den Punkt gebracht
- Die zunehmende Globalisierung beschert stetig wachsenden Konkurrenzdruck.
- Da kommt es fürs Überleben auf die Maximierung von Wettbewerbsstärke an.
- In dieser Situation können der Besitz und die Verwertung von wertvollen Immaterialgütern (IP) von ausschlaggebender Bedeutung sein. Denn die Bestandteile des geistigen Eigentums – insbesondere die im 6. Kapitel aufgezählten – sind verwertbare Güter des Unternehmensvermögens. Sie können nutzbringend veräußert, belastet oder in anderer Weise verwertet werden.

Wesentlich für die Nutzung ihres Wertes sind zum einen dessen Bestimmung und zum anderen die Erschließung der unterschiedlichen Möglichkeiten, den Wert zu realisieren. Wie ein Unternehmen diesen Aufgaben nachkommt und die Chancen nutzt, die in der Werbestimmung liegen und in der Realisierung der Werte, kann **Gegenstand der Auditierung und Zertifizierung** dieser Prozesse sein.

Es stellen sich somit insbesondere die folgenden beiden Fragen:

1. Wie wird der Wert der Bestandteile des geistigen Eigentums ermittelt?[1]

---

[1] Das Institut der Wirtschaftsprüfer e.V. (IBW) hat den Bewertungsstandard IDW S 5 geschaffen, der allgemeine Grundsätze zur Bewertung immaterieller Vermögenswerte aufstellt und die Besonderheiten bei der Bewertung von Marken erläutert. Durch seinen Fachausschuss für Unternehmensbewertung und Betriebswirtschaft (FAUB) hat das IDW diese Grundsätze um die Besonderheiten der Bewertung von kundenorientierten immateriellen Werten ergänzt (z. B. Kundenlisten, Auftragsbestände, Kundenverträge und Kundenbeziehungen). Soweit es Patente angeht, ist auf die Bewertungsnorm DIN 77100 „Patentbewertung – monetäre Bewertung von Patenten" aus dem Jahr 2011 hinzuweisen; vgl. Mitt (2012), S. 486. Deren Grundannahme lautet sinnvoller Weise: Der Wert eines Patents beruht darauf, dass es sich im

2. Wie wird der ermittelte Wert realisiert (betriebsintern, betriebsextern, Methoden)? Welche Resultate erzielt das Unternehmen dabei?

Zu 1. Für die Ermittlung des Werts der Bestandteile des geistigen Eigentums stehen im wesentlichen drei Verfahren zur Verfügung, nämlich das kostenorientierte Verfahren sowie das kapitalwertorientierte und das marktpreisorientierte Verfahren; die Verfahren sehen jeweils mehrere Bewertungsmethoden vor.[2]

Zu 2. Die Realisierung des Werts der Bestandteile des geistigen Eigentums kann erfolgen durch Immaterialgüterübertragung, die Einräumung immaterialgüterrechtlicher Mitinhaberschaften und die Lizenzierung von Schutzrechten.

Was also kann der IP-Prozess Bewertung und Verwertung des geistigen Eigentums leisten – welches sind die speziellen **Forderungen**, die an ihn gestellt werden können? An diese ist zu denken:

- Die Zuständigkeiten für die Bewertung und Verwertung des geistigen Eigentums im Unternehmen sind geregelt.
- Das Unternehmen hat eine vollständige, zutreffende Übersicht über sein bestehendes geistiges Eigentum und alle seine Bestandteile.
- Das Unternehmen kennt die Anlässe, die eine Bewertung des geistigen Eigentums erfordern oder jedenfalls von Vorteil sind.
- Es kennt auch sämtliche relevanten Verfahren und Methoden zur Bewertung des geistigen Eigentums und seiner Bestandteile und wendet sie im Bedarfsfall an.
- Dem Unternehmen sind alle gegebenen Verwertungsmöglichkeiten bewusst.
- Insbesondere kennt es die unterschiedlichen Formen immaterialgüterrechtlicher Transaktionen (so die Immaterialgüterübertragung, Einräumung immaterialgüterrechtlicher Mitinhaberschaften, Lizenzierung von Schutzrechten).
- Das Unternehmen nutzt die Möglichkeiten der Verwendung von Schutzrechten als Kreditsicherheiten.
- Das Unternehmen profitiert von den Möglichkeiten der Bilanzierung von Immaterialgütern.
- Das Unternehmen kennt und nutzt die steuerlichen Implikationen der Bewertung und Aktivierung des geistigen Eigentums. Es hält auch im Übrigen die

---

Rahmen des konkreten Geschäftsmodells wirtschaftlich nutzen lässt. Für die Bewertung von Marken einschlägig ist die Norm ISO 10668 „Brand Valuation – Requirements for monetary brand valuation" der International Organization for Standardization ISO, Genf.

[2] Vgl. näher dazu Hoffmann/Richter (2011), S. 165 ff, 176.

steuerlichen Auswirkungen seiner im Rahmen des IP-Managements getroffenen Entscheidungen unter Kontrolle.

Aus diesem Katalog ergibt sich jedenfalls ansatzweise das **Anforderungsprofil**, dem der IP-Prozess Bewertung und Verwertung des geistigen Eigentums und sein Management genügen müssen. Es ist zugleich für Auditierung und Zertifizierung maßgeblich.

Die Durchsetzung des Schutzes geistigen Eigentums mithilfe des Staates

9

Auf den Punkt gebracht
- Der nationale Staat, die Europäische Union und die internationale Staatengemeinschaft haben ein hoch ausdifferenziertes Schutzsystem zugunsten des geistigen Eigentums geschaffen.
- Die Art und Weise, wie dieses System für das Unternehmen genutzt wird, unterliegt im Rahmen einer Auditierung und Zertifizierung des IM-Managements der Überprüfung.
- Auch in diesem Zusammenhang sind bedeutende Verbesserungen der Unternehmensführung erreichbar.

Dieser Teil dieses Buches wendet sich den Schauplätzen zu, auf denen sich die Schutzqualitäten des geistigen Eigentums bewähren können.

Geistiges Eigentum soll Schutz bewirken – zumindest auch. Wie der Inhaber geistigen Eigentums im **Konfliktfall mit Dritten** Schutz herbeiführt – auch das ist ein Managementprozess, der besser oder schlechter gehandhabt werden kann. Natürlich kann auch dieser Prozess auditiert und zertifiziert werden, um Prozessverbesserungen zu bewirken.

Wertvolle Ergebnisse von Kreativität und Innovationskraft verdienen den Schutz desjenigen, der Inhaber des Gewaltmonopols ist – des Staates. Dieser hält ein ausgebautes, beeindruckendes **Arsenal von Angriffs- und Verteidigungsinstrumenten** vor, die der Inhaber geistigen Eigentums zur Wahrung seiner Rechte und Interessen nutzen kann. Es wurde durch die sog. EU-Durchsetzungsrichtlinie[1]

---

[1] Durchsetzungs-Richtlinie 2004/48/EG des Europäischen Parlaments und des Rates vom 29.4.2004 („Enforcement-Richtlinie"), die bestimmend für das Schutz- und Verteidigungsniveau in allen EU-Staaten ist.

noch einmal deutlich durchschlagskräftiger gemacht. Vollen Nutzen zieht hieraus allerdings nur, wer Erfolg versprechende Angriffs- und Verteidigungsstrategien festgelegt und vor allem dafür gesorgt hat, dass er über Schutzrechte und Schutzpositionen von optimalem – *großem* – Schutzumfang verfügt.

Wer seine Hausaufgaben gemacht hat, kann seine wohlbegründeten Rechte mit staatlicher Hilfe schnell[2], wirksam und bisweilen sogar eindrucksvoll heftig und PR-wirksam[3] durchsetzen. Für den Kampf mit Rechtsverletzern hat der deutsche Gesetzgeber bis dato ein ganzes Dutzend Schwerter geschärft.[4]

Schwert Nr. 1: Große Reichweite des Rechts Der Schutzbereich der schon erwähnten Durchsetzungsrichtlinie ist weit gewählt.[5] Davon profitieren nicht nur sämtliche Rechte des geistigen Eigentums – hauptsächlich Patente, Gebrauchsmuster, Geschmacksmuster, Marken – und des Urheberrechts, sondern auch alle Rechtspositionen, die nach dem deutschen Gesetz gegen den unlauteren Wettbewerb (UWG) gegen Nachahmung geschützt sind.[6] Wer Schutz „nur" nach den Bestimmungen des UWG beanspruchen kann, hat grundsätzlich die gleichen Rechte wie der Inhaber einer Marke oder eines Patents.

Die Instrumente des neuen Rechts stehen allen zur Verfügung, die Inhaber der Rechte des geistigen Eigentums oder befugt sind, solche Rechte zu nutzen, z. B. Lizenznehmer.

Schwert Nr. 2: Sicherung von Beweismitteln Recht haben *und* Recht behalten: Der Inhaber von Rechten kann seine häufig bestehenden Beweisprobleme auf den Nachahmer überwälzen. Er kann ihn gerichtlich zwingen, bei Gericht ihn selbst belastende Beweismittel vorzulegen, nämlich wenn

- der Rechtsinhaber dem Gericht bereits alle ihm verfügbaren Beweismittel vorgelegt hat, um seine Ansprüche zu belegen,
- es um genau bezeichnete Beweismittel des Prozessgegners geht,
- der Prozessgegner über die Beweismittel verfügt und
- deren Vorlage keine vorrangigen Geheimhaltungsinteressen des Prozessgegners verletzt.

---

[2] Ein englisches Sprichwort stellt zutreffend fest: „Slow law is no law."
[3] Siehe Schwert Nr. 9 Urteilsveröffentlichung.
[4] Nicht zuletzt aufgrund der europäischen Durchsetzungsrichtlinie.
[5] Vgl. Beyerlein, WRP 2005, 1354, 1356.
[6] Vgl. Beyerlein, WRP 2005, 1354, 1358.

9 Die Durchsetzung des Schutzes geistigen Eigentums mithilfe des Staates

Um zu ermessen, wie weitgehend diese Prozessmöglichkeit geht, muss man sich klarmachen, dass zu den Beweismitteln, deren Vorlage erzwungen werden kann, Bank-, Finanz- und Handelsbelege gehören, die den Umfang der Verletzungshandlungen klären helfen und die Bezugs- und Vertriebswege des Nachahmers offenbaren.

Schwert Nr. 3: Auskunftsrecht Die hierauf gerichteten Auskunftsansprüche des Rechtsinhabers treffen allerdings nicht nur den Nachahmer selbst, sondern – im Rahmen eines gegen den Nachahmer angestrengten Prozesses – sogar Dritte, nämlich solche gewerblich handelnden Personen, die nachweislich

- kommerzielle Mengen rechtsverletzender Ware in ihrem Besitz hatten,
- rechtsverletzende Dienstleistungen in betrieblichem Umfang in Anspruch nahmen,
- sich gewerblich mit Dienstleistungen an rechtsverletzenden Tätigkeiten beteiligt haben.

Grob nachlässig oder absichtlich falsche und unvollständige Auskunftserteilung macht schadensersatzpflichtig.

Schwert Nr. 4: Beendigung von Verletzungen des geistigen Eigentums Mit den Beweismitteln, die der Nachahmer dem Rechtsinhaber wird zuliefern müssen, und den erhaltenen Auskünften wird Letzterer in die Lage versetzt, Unterlassungsansprüche gegen alle an der Verletzung seiner Rechte maßgeblich Beteiligten wirksam durchzusetzen und Verletzungen des geistigen Eigentums schnell – ggf. durch einstweilige Verfügung – zu unterbinden.

Schwert Nr. 5: Rückruf Rückruf verletzender Ware vom Markt/endgültige Entfernung aus den Vertriebswegen. Mit dieser Waffe soll dafür gesorgt werden, dass die Pirateriewaren verlässlich aus den Absatzkanälen verschwinden.

Schwert Nr. 6: Vernichtung verletzender Waren und der vorwiegend zu ihrer Herstellung dienenden Vorrichtungen Bereits seit längerer Zeit war die Möglichkeit bekannt, die verletzende Ware auf Kosten des Verletzers vernichten zu lassen, sei es, dass dieser selbst die Vernichtung – überprüfbar – vornimmt oder die Ware dem Rechtsinhaber zur Vernichtung auf seine Kosten überlässt. Dieser Vernichtungsanspruch erhielt 2004 ein bedeutend höheres Gewicht, denn er erfasst seither auch Waren, die sich nicht mehr beim Nachahmer selbst befinden, sondern bei den weiteren Personen, die die Waren in den Vertriebskanälen weiterreichen.

Die Vernichtung von Herstellungsvorrichtungen, die sich im Besitz des Verletzers befinden, kann ebenfalls verlangt werden, soweit sie vorwiegend zur Produktion der Nachahmungen gedient haben.

Schwert Nr. 7: Einstweilige Maßnahmen und Sicherungsmaßnahmen Die Gerichte können einstweilige Maßnahmen und Sicherungsmaßnahmen zur Sicherung von Ansprüchen wegen bereits erfolgter Rechtsverletzungen verhängen, aber auch zu Präventivzwecken. Sie sind natürlich möglich gegen die unmittelbaren Rechtsverletzer, können aber auch gegen Mittelspersonen erlassen werden, die sich an Rechtsverletzungen beteiligen. Ferner ist die Beschlagnahme oder Herausgabe von Ware möglich, bei der der Verdacht auf Verletzung des geistigen Eigentums besteht. Sie kann dann nicht mehr in Verkehr gebracht werden und erreicht den Verbraucher/Endabnehmer nicht.

Bei Verletzungen im gewerblichen Ausmaß gehen diese Maßnahmen sehr weit. Zur Sicherung von Schadensersatzansprüchen, die durch die Verletzungshandlungen ausgelöst worden sind, ist es möglich, Vermögensgegenstände und Bankkonten des Verletzers durch gerichtliche Eilmaßnahmen zu beschlagnahmen und ihm die Verfügungsgewalt hierüber fürs Erste zu nehmen.

Wie immer bei einstweiligen Verfügungsverfahren können die Anordnungen von Gerichten auch in diesem Zusammenhang ohne vorherige Anhörung des Verletzers ergehen. Letzterem wird aber die Möglichkeit gegeben, sich sofort nach deren Erlass dagegen zur Wehr zu setzen, auch indem ihm alle Informationen bezüglich des angelaufenen Verfahrens mitgeteilt werden.

Damit es nicht zu Missbräuchen der geschilderten Möglichkeiten kommt, sieht das Recht sowohl die Überprüfung der Einstweiligen Maßnahmen und Sicherungsmaßnahmen in regulären zweiseitigen Gerichtsverfahren vor, als auch die Pflicht des Rechtsinhabers zur Schadensersatzzahlung, wenn sich sein Vorgehen als von Anfang an ungerechtfertigt erweist.

Schwert Nr. 8: Berechnung von Schadensersatz Die Gerichte können den Schadensersatz auf drei verschiedenen Arten[7] berechnen und sogar einen pauschalen Schadensersatz zusprechen. Darüber hinaus ist vorgesehen, dass Schadensersatz

---

[7] Drei Berechnungsmethoden des Schadensersatzes sind anwendbar: a) Ersatz des konkret erlittenen Vermögensnachteils einschließlich entgangenen Gewinns; b) Zahlung einer (fiktiven) Lizenzgebühr (sog. Lizenzanalogie; der Verletzte wird so gestellt, als hätte er mit dem Verletzer eine angemessene Lizenz vereinbart); c) Herausgabe des Gewinns, den der Verletzer mit seiner rechtswidrigen Handlungsweise gemacht hat; anteilige Gemeinkosten darf der Verletzer hiervon nicht abziehen.

sogar in den Fällen zu leisten ist, in denen der Verletzer nicht einmal wusste, dass er die Rechte Dritter verletzte.

Schwert Nr. 9: Urteilsveröffentlichung Ein potenziell recht scharfes Schwert in der Auseinandersetzung zwischen Originalherstellern und Nachahmern, zumal solchen, die (noch) einen Ruf zu verlieren haben, ist die Publikation eines verurteilenden Urteils. Das wird bei der Verletzung aller Rechte des geistigen Eigentums möglich sein. Die Urteilsveröffentlichung – auf Kosten des Verletzers, versteht sich – ist bestimmt, fortwirkende Störungen zu beseitigen.[8] Als Mittel der Unternehmenskommunikation demonstriert sie den Verteidigungswillen des Verletzten und wirkt abschreckend.

Schwert Nr. 10: Grenzbeschlagnahme Das Grenzbeschlagnahmerecht bestimmt das Vorgehen des Zolls gegen die Grenzüberschreitung von Waren – Einfuhr und Ausfuhr –, die im Verdacht stehen, Rechte des geistigen Eigentums zu verletzen.

Schwert Nr. 11: Kostenerstattung Es entspricht seit Langem dem deutschen Recht, dass die Partei, die ein gerichtliches Verfahren verliert, alle Prozesskosten zu tragen hat. Diese Kostenbelastung kann durch die Ausweitung der Verfahren und Zunahme der Rechtsschutzziele für Verletzer bedrohliche Größenordnungen erreichen.

Schwert Nr. 12: Scharfrichter Zu den bereits genannten Waffen tritt die Möglichkeit strafrechtlichen Vorgehens gegen vorsätzlich und in gewerblichem Umfang handelnde Rechtsverletzer hinzu. Die Möglichkeiten der Staatsanwaltschaft und der mit ihr kooperierenden Kriminalpolizei im Rahmen des Ermittlungsverfahrens können die einstweiligen Maßnahmen und Sicherungsmaßnahmen (Schwert Nr. 7) ggf. überaus wirksam ergänzen.

Diese zwölf Schwerter stellen ein bemerkenswertes Waffenarsenal dar. Es ist ein klares Bekenntnis des deutschen Gesetzgebers zum Innovationswettbewerb zulasten des Imitationswettbewerbs.

Welche Ansprüche können infolgedessen mit diesen Waffen durchgesetzt werden?

Im Wesentlichen können folgende **Ansprüche** realisiert werden:
Ansprüche auf

- Unterlassung – die Verletzungshandlung wird beendet
- Beseitigung – verletzende Zustände werden beseitigt

---

[8] Vgl., BGH GRUR 2002, 799, 801– Stadtbahnfahrzeug.

- Vorlage und Sicherung von Beweismitteln – der Verletzte erhält ergänzende Informationen über die Rechtsverletzung und zusätzlich Beweismittel in die Hand
- Auskunftserteilung und Rechnungslegung – der Verletzer erteilt Informationen über Bezugs- und Vertriebswege, klärt über den Umfang der Verletzungshandlung und ihre wirtschaftlichen Resultate (Umsätze, Gewinne) auf und liefert ggf. Kontrollbelege
- Rückruf verletzender Ware vom Markt – sie wird endgültig aus den Vertriebswegen entfernt
- Schadensersatz – pekuniäre Kompensation für den Verletzten[9]
- Vernichtung – Zerstörung der Produkt- und Markenpiratriewaren – auf Kosten des Verletzers
- Urteilsveröffentlichung – Rehabilitierung des Verletzten durch Prozessberichterstattung auf Kosten des Verletzers, soweit verurteilt

Mit welchen **Verfahrensmitteln** werden die Rechte und Interessen des Inhabers geistigen Eigentums verfolgt?

a. vor- bzw. außergerichtliche Verfahren
  - Berechtigungsanfrage
  - Abmahnung
b. Gerichtliche Instrumente
  - Verfahren der einstweiligen Verfügung (Unterlassung, Vorlage und Sicherung von Beweismitteln)
  - (Haupt-)Klageverfahren
  - Dagegen: (sog. negative) Feststellungsklage, dass erhobene Forderungen dem Anspruchsteller nicht zustehen

Was also können die Vorkehrungen des Unternehmens und seine auf Angriff und Verteidigung ausgerichteten Prozesse leisten, die das Unternehmen zur Durchsetzung des Schutzes seines geistigen Eigentums getroffen bzw. installiert hat – welches sind die speziellen **Forderungen**, die an sie gestellt werden können? In jedem Fall diese:

- Das Unternehmen kennt seine wesentlichen Wettbewerber und überwacht deren Aktivitäten. Neu hinzutretende Konkurrenten werden gezielt beobachtet.
- Das Messegeschehen, die interessierenden Medien und das Internet stehen unter Kontrolle.

---

[9] S. Schwert Nr. 8.

9 Die Durchsetzung des Schutzes geistigen Eigentums mithilfe des Staates

- Das Unternehmen hat präzise Kenntnis seiner rechtlichen Möglichkeiten, den Schutz seines geistigen Eigentums durchzusetzen.
- Das Unternehmen verfügt für den Fall von Rechtsverletzungen über einen genauen und praktikablen Ablaufplan.
- Dieser Plan sieht eindeutige Kompetenzzuweisungen vor.
- Die Information über einen Kollisionsfall durch das Unternehmen wird durch die zuständige Stelle aufgenommen.
- Es folgen die Beurteilung der Information und die Entscheidung über Reaktion sowie die Umsetzung der Entscheidung.
- Im Unternehmen bestehen auch für den Fall von Rechtsverletzungen klare Regeln über die Zusammenarbeit zwischen den Fachabteilungen des Unternehmens (Rechts-, Patentabteilung o. ä.) und qualifizierten externen Dienstleistern (Rechts- und Patentanwaltskanzleien).
- Es bestehen klare Regeln für einen geordneten, ungehinderten und schnellen Kommunikationsablauf zwischen den an Konfliktprozessen Beteiligten.
- Alle Beteiligten geben Feedback für eine Optimierung des Verhaltens des Unternehmens im Konfliktfall.
- Für ein Kosten- und Effizienz-Controlling des Konfliktgeschehens ist gesorgt.
- In Konfliktfällen gewonnene Erfahrungen werden genutzt, um eine Stärken-Schwachstellen-Untersuchung (etwa als SWOT[10]-Analyse) des geistigen Eigentums durchzuführen und zu evaluieren, wie dieser Bereich zur Gesamtheit der Unternehmensprozesse beträgt und was er perspektivisch beitragen kann.

Aus diesem Katalog ergibt sich jedenfalls ansatzweise das **Anforderungsprofil**, dem die Durchsetzung des Schutzes geistigen Eigentums sowie ihr Management genügen müssen. Es ist zugleich für Auditierung und Zertifizierung maßgeblich.

---

[10] SWOT = Strength-Weaknesses-Opportunities-Threats; s. Esch, F.-R./Herrmann, A./Sattler, H. (2006), S. 165.

10 Die Auditierung und Zertifizierung der IP-Managementprozesse im Unternehmen

Auf den Punkt gebracht

- IP-Management sichert **in der Wissensökonomie** Unternehmenserfolg und ermöglicht dessen deutliche Steigerung.
- Ein systematisches IP-Management, das an die allgemeine Unternehmensstrategie angelehnt ist, bleibt aber unvollkommen und gelangt nur zufällig zur Entfaltung, wenn es nicht einer regelmäßigen Überprüfung unterworfen und alle Möglichkeiten zu seiner Optimierung ausgeschöpft werden.
- Das geeignete Mittel dafür ist die **Auditierung und Zertifizierung der IP-Managementprozesse.**
- Entsprechende Zertifizierungsdienstleistungen werden von der zertifizierenden Wirtschaft gegenwärtig in zunehmendem Maße angeboten.

Zunächst zu den Begriffen:

10.1 Der Prozess der Auditierung der IP-Managementprozesse im Unternehmen

Audits sind ganz allgemein „Untersuchungsverfahren ..., die dazu dienen, Prozesse hinsichtlich der Erfüllung von Anforderungen und Richtlinien zu bewerten".[1] Audits werden speziell hierfür geschulten Auditoren anvertraut.

IP-Audits nehmen bestehende Zustände und Vorgänge des Managements des geistigen Eigentums per IST-Aufnahme in den Blick; sie können aber auch die Entwicklung der IP-Managementprozesse über die Zeit untersuchen und dienen damit auch der Ermittlung von Entwicklungs**trends**. Damit sind sie in der Lage, dem Un-

---
[1] Vgl. Wikipedia zum Stichwort „Audit" (Stand: 27.02.2013).

ternehmen wichtiges Feedback über die Erfolge beschlossener und durchgeführter Maßnahmen zu geben oder auch über IP-relevante Vorgänge, die der Unternehmensführung bislang verborgen waren. Das gilt umso mehr, je häufiger IP-Audits im Unternehmen bereits durchgeführt worden sind.

10.2 Der zusätzliche Vorgang der Zertifizierung

Eine **Zertifizierung** ist „ein Verfahren, mit dessen Hilfe die Einhaltung bestimmter Anforderungen nachgewiesen wird".[2] Insofern ergänzt die Zertifizierung das Audit, als dass nunmehr die beim Audit erfasste Realität „gegen" eine bestimmte Norm[3] gemessen wird. Dann wird bestätigt, dass die Norm eingehalten und ihre Erfordernisse erfüllt werden.

Während das Audit ein Untersuchungsverfahren ist, welches intern im Unternehmen abläuft und sowohl hinsichtlich der Prozessschritte als auch in Bezug auf die Ergebnisse zu den geheimzuhaltenden Unternehmensvorgängen gehört, ist eine erfolgte Zertifizierung zumeist bestimmt, vom Unternehmen allgemein oder gegenüber bestimmten Ansprechgruppen bekannt gemacht zu werden. Dabei können die Unternehmen von dem **Erfahrungssatz** ausgehen, dass Zertifikate bei den Interessengruppen von Unternehmen in besonderem Maße **vertrauensbildend wirken**.[4] Relevante Interessengruppen sind hierbei diverse **Stakeholder wie Banker, potentielle Kooperationspartner (z.B. Lizenznehmer), M&A-Interessenten, Investoren, Teilhaber, Aktionäre, Kunden, Lieferanten, gegenwärtige und zukünftige Mitarbeiter** etc.

Ein IP-Audit ist ein unerlässliches Instrument, die Position des Unternehmens im Bereich IP konkret zu bestimmen und eine Vorstellung über Bestand, Wirkung und Wert seines geistigen Eigentums und den Umgang damit zu generieren. Die Ergebnisse eines IP-Audit liefern Entscheidungshilfen für die strategische Ausrichtung und Verwaltung des geistigen Eigentums. „If you don't measure it, you can't manage it."[5]

---

[2] Vgl. Wikipedia zum Stichwort „Zertifizierung" (Stand: 27.02.2013).

[3] Zur Ermittlung der „Dienstleistungsqualität im Intellectual Property Management" existiert seit April 2010 die DIN SPEC 1060 des DIN Deutschen Instituts für Normung e. V., Berlin.

[4] Vgl. Petrick, K., in Kamiske, G. F., Managementsysteme (2008), S. 137.

[5] Ähnlich: Wurzer, A. J.(2004), S. 20; Dreyfus, N./Thomas, B. (2006), S. 25.

10.2 Der zusätzliche Vorgang der Zertifizierung

Zertifizierer können ihre Arbeit nur leisten, wenn sie Sachverhalte, Verhaltensweisen, Strukturen und Zustände „**gegen Normen**" prüfen können.[6] Ob und inwieweit die Prüfungsgegenstände einer Norm entsprechen, kann Gegenstand der Begutachtung und letztlich Aussage des Testates sein.

Die bei der Prüfung anzuwendenden Normen geben verallgemeinert die Qualitätskriterien wieder, denen das IP-Management entsprechen soll. Angesichts der sehr hohen Komplexität der an das IP-Management zu stellenden Anforderungen sind an die Formulierung der anzuwendenden Prüfnormen vergleichsweise hohe Ansprüche zu stellen. Sie müssen bei einem umfassenden IP-Audit Prüfaufgaben für tatsächlich alle relevanten Verhaltensmaßnahmen im Bereich des IP-Managements stellen. Unterlassen sie das, kann ein für das zertifizierte Unternehmen unbrauchbares Ergebnis des Prozesses der Auditierung und Zertifizierung der IP-Managementprozesse im Unternehmen entstehen.

Entsprechendes gilt für einzelne **Audit-Module**. Wenn sich der Prozess der Auditierung und Zertifizierung z. B. auf das Markenwesen eines Unternehmens und sein Markenmanagement beschränkt, muss die Prüfnorm alle relevanten Aspekte dieses Teils des IP-Managements in den Blick nehmen. Würde etwa nicht geprüft werden, ob und wie das Unternehmen sich der Aufgabe entledigt, die Erscheinung kollidierender fremder Kennzeichen in den Markenregistern oder auf dem Markt zu kontrollieren (Aufgaben der Markenüberwachung), kann keine verlässliche Aussage darüber gemacht werden, ob die Marken des Unternehmens unangefochten bestandskräftig sind – und dies nachhaltig bleiben. Nach der Rechtsprechung des EuGH verliert der Inhaber von Schutzrechten die ihm zugewiesene Rechtsposition, wenn er sie nicht angemessen verteidigt.[7]

Die Anwendung der Prüfnorm muss im Ergebnis vor allem die Schwachstellen des IP-Managements im Unternehmen aufdecken können. Mit dem – auch schonungslosen – Identifizieren von Problemen ist dem Unternehmen weitaus mehr gedient als mit der Bestätigung von Prozessqualitäten, die Lücken in Bezug auf relevante Bereiche des zu prüfenden IP-Managements lässt.

---

[6] So die bereits erwähnte DIN SPEC 1060:2010-04 des DIN Deutsches Institut für Normung e. V., Berlin.
[7] Vgl. EuGH GRUR Int. 2006, 597, 599 – Levi Strauss ./. Casuci (Mouette), Textziffern 30 und 31. Dem deutschen Juristen kommt diese Rechtsprechung entgegen und vom Ansatz her durchaus vertraut vor: Er kennt das ganz grundsätzlich geltende Verbot „selbstwidersprüchlichen Verhaltens", § 242 BGB. Es geht danach nicht an, nichts oder zu wenig für die Wahrung seiner staatlich zugewiesenen Rechte zu tun, dann aber, wenn einen die Verletzung eines Rechts in einer speziellen Konstellation zu ärgern beginnt, vom Staat (der staatlichen Justiz) zu verlangen, dass er (sie) gegen lang geduldete Verletzer einschreite.

Im Rahmen des IP-Audit wird geprüft, ob und inwieweit die IP-relevanten Prozesse des Unternehmens und seiner Untergliederungen dem unternehmensspezifischen IP-Cert-Anforderungsprofil entsprechen, das dem Verfahren der Auditierung der IP-Managementprozesse im Unternehmen zugrundezulegen ist. Ein solches Anforderungsprofil wird beispielhaft im Anhang 2 dieser Ausarbeitung vorgeschlagen.

11 Das IP-Management als Gegenstand der Auditierung – Das IP-Audit: Audit des geistigen Eigentums und seines Managements („Intellectual-Property-Audit")

Auf den Punkt gebracht
- Jedes Unternehmen besitzt geistiges Eigentum.
- Mit SIP (Strategischem IP-Management) kann aus geistigem Eigentum ein „Profit-Center" werden – unter Einsatz des IP-Audit.
- Ein IP-Audit ist ein unerlässliches Instrument, die Position des Unternehmens im Bereich IP konkret zu bestimmen und eine Vorstellung über den Wert seines geistigen Eigentums zu generieren.
- Die Ergebnisse eines IP-Audit liefern Entscheidungshilfen für die strategische Ausrichtung und zukünftige Verwaltung des geistigen Eigentums. „If you don't measure it, you can't manage it." (So auch Wurzer, A. J. (2004), S. 20; Dreyfus, N./Thomas, B. (2006), S. 25)
- Der durch ein IP-Audit erworbene Kenntnisstand ist sukzessive aufzufrischen, um nachhaltig von den Auditwirkungen profitieren zu können.

Der Leser, der die Möglichkeiten und Vorteile des strategischen IP-Managements SIP erkannt hat, versteht, dass sein Unternehmen sich um sein IP kümmern muss, wenn es seine Chancen wahrnehmen und Verluste an Wettbewerbsstärke vermeiden will. Diese Einsicht fordert auf, tätig zu werden.[1]

Um Zugang zu dieser Art des strategischen Managements zu finden, empfiehlt es sich, ein IP-Audit durchführen zu lassen – sofern das nicht sogar unabdingbar ist.

---
[1] Hunter, L. in Bosworth, D./Webster, E. (2006), S. 82: "Doing nothing is not an option."

11.1 Fragen des IP-Audit

Der IP-Audit öffnet den Weg zum IP-Management, indem folgende Fragen aufgeworfen und beantwortet werden:

- Welche Monopolpositionen (Schutzrechte etc.) hat das Unternehmen (Identifikation und Bewertung)?
- Welchen Schutzumfang haben diese Besitzstände?
- Was macht das Unternehmen mit diesen Monopolpositionen?
- Wird das vorhandene Monopolpotenzial genutzt? Wie?
- Welche Schwächen (Sicherheitsdefizite, Lücken) sind vorhanden?
- Stärken oder schwächen sich das IP-Wesen des Unternehmens und seine Unternehmenskommunikation einschließlich des Marketings (Thema „Geistiges Eigentum und Kommunikation eines Unternehmens") und seiner Formensprache (Thema Designschutz) gegenseitig?

Alles Weitere folgt im Anschluss an die Auswertung des Gutachtens mit Expertenempfehlung, das nach durchgeführtem IP-Audit erstellt wird.

11.2 Definition des IP-Audit

Als Audit (von lat. „Anhörung") werden allgemein Untersuchungsverfahren bezeichnet, die dazu dienen, Prozessabläufe hinsichtlich der Erfüllung von Anforderungen und Richtlinien zu bewerten. Geläufig ist der Begriff des Audits im Bereich der Wirtschaftsprüfung und der Unternehmensberatung.

Ein Wirtschafts-Audit soll Erkenntnisse vermitteln über die im Unternehmen angewandten Methoden und ablaufenden Prozesse (Vorgänge). Audit stellt ein Instrument der Unternehmensführung dar, das der **Risikoprävention** dient (Vermeidung von Nachteilen, die auf Betrug oder Untreue, Irrtümern, Misswirtschaft oder Ineffizienz beruhen) und mittelbar der **Einhaltung von Unternehmensrichtlinien**.

Ziel eines Audit ist es, die Vorschriftsmäßigkeit und Effizienz der Methoden und Abläufe zu gewährleisten und die Richtigkeit und Verlässlichkeit von Inhalten der internen Unternehmenskommunikation zu garantieren. Ein durchgeführtes Audit und seine Auswertung wirken auf eben diese Gegenstände ein, indem die bei der Evaluation der Audit-Ergebnisse gewonnenen Erkenntnisse helfen, die angesprochenen Methoden und Prozesse sowie die Unternehmenskommunikation zu optimieren.

11.3 Praxis des IP-Audit

IP-Audits sind spezielle, von Zertifizierungsinstitutionen, Rechts- und Patentanwälten – oder von hausinternen Experten, vorzugsweise mit externer Unterstützung – durchgeführte Audits im Bereich des geistigen Eigentums. Sie werden seit einiger Zeit in den USA praktiziert und zunehmend auch in Frankreich. In Deutschland kommen gegenwärtig systematisch durchgeführte IP-Audits überwiegend bei Fusionen oder Firmenkäufen (M&A) vor, wobei die Ermittlung von Werten zur Bestimmung von Kaufpreisen und die Abschätzung von Risiken im Vordergrund stehen.

Im IP-Bereich geht es bei einem Audit zunächst darum, das Kapital des Unternehmens auf dem Gebiet des geistigen Eigentums und die Güte seines Managements zu erfassen und zu bewerten sowie seine Rentabilität zu prüfen. Die Auswertung von Audit-Ergebnissen kann sodann dazu genutzt werden, die Politik des Unternehmens im Bereich des geistigen Eigentums festzulegen und durchzusetzen. Der Beginn eines qualifizierten IP-Managements setzt die Durchführung eines IP-Audits im Unternehmen grundsätzlich voraus.

11.3.1 Was erspart das IP-Audit dem Unternehmen?

IP-Audits vermindern oder beseitigen Entscheidungsschwächen der Unternehmensführung im Bereich des geistigen Eigentums.

Wie in jedem Unternehmensbereich sind auch auf dem Gebiet des geistigen Eigentums fortwährend Entscheidungen zu treffen. Welche Marke soll ein Unternehmen für welche Waren und/oder Dienstleistungen anmelden? Was ist zu tun, um die bestehenden Marken des Unternehmens so zu benutzen, dass ihr Bestand gewährleistet ist (sog. rechtserhaltende Benutzung)? Welche Erfindung ist zum Patent anzumelden, welche nicht? Wie ist (ggf. wertvolles) Know-how des Unternehmens zu erfassen, zugriffsgerecht und sicher zu speichern und schützen?

Zu diesen und einer großen Zahl weiterer Fragen ist das Unternehmen ständig zur Problemlösung aufgerufen. Ohne die Erkenntnisse, die IP-Audits gewähren, sind qualifizierte Entscheidungen hierzu nicht gesichert.

IP-Audits helfen, Irrtümer bei der Bewertung bestehender Schutzrechte zu vermeiden.

Beispiel: Die Entwicklung eines Unternehmens verlagert dessen Aktivitäten aus den Bereichen hinaus, die durch die bestehenden Marken „abgedeckt" sind. Damit verlieren diese Marken für das Unternehmen sukzessive an Wert. Durch ein Audit kann ermittelt werden, ob und in welchem Maß durch Nachanmeldungen Nachteile dieser Entwicklung kompensiert werden können, oder ob und zu welchen Konditionen die betroffenen Marken abgestoßen werden.

IP-Audits ersparen Fehlinvestitionen in gewerbliche Schutzrechte.

Ein Beispiel für unprofitable IP-Maßnahmen: Schutzrechte werden fehlerhaft angemeldet, können nicht den erwünschten Schutz entfalten, sind ggf. nicht rechtsbeständig.

Weiteres Beispiel: Unrichtige Einschätzungen des Rechtsbestandes und des Schutzumfangs von Marken, für die das Unternehmen Lizenzen nehmen möchte, führen zur Überbewertung dieser Marken und zur Überbezahlung der Lizenznahme. Ohne ein Audit ist eine richtige Einschätzung nicht zu erzielen.

Umgekehrter Fall: Werden die Marken – oder andere Schutzrechte –, an denen das Unternehmen Lizenzen gewähren möchte, unrealistisch niedrig bewertet, ist es praktisch unausweichlich, dass zu niedrige Lizenzen eingenommen werden.

IP-Audits helfen, Unternehmenschancen beim Aufbau erfolgreicher Schutzrechtsportfolios zu wahren.

Erfolgreiche Schutzrechtsportfolios werden durch mehrere, auf einander abgestimmte Schutzrechtspositionen gebildet, ggf. durch mehrere unterschiedliche, sich ergänzende Schutzrechte, wobei es auf inhaltliche Stimmigkeit und Widerspruchsfreiheit des Portefeuilles ankommt.

Ohne genaue, durch ein Audit vermittelte Kenntnis der einzelnen Schutzrechte, die das Portfolio konstituieren, können dessen Qualitäten nicht evaluiert werden. Die Begründung neuer, dazu passender Schutzrechte setzt diese Kenntnis ebenfalls voraus.

IP-Audits reduzieren Schwächen des Unternehmens bei der Verteidigung eigener Schutzrechtspositionen.

Einzelne Schutzrechte, insbesondere wenn sie isoliert begründet und benutzt werden und nicht im Kontext eines stimmig begründeten und genutzten Portfolios, sind wirkungsloser und in ihrem Bestand leichter gefährdet, als Rechte, die auf einander bezogen entstehen, leben und benutzt werden.

Ohne Audit unterbleibt zumeist eine bewusste, planmäßige Begründung und Benutzung vernetzter Schutzrechte.

IP-Audits reduzieren oder beseitigen gar Ineffizienz bei der Nutzung von Schutzrechten.

Ohne ein IP-Audit ist nicht zu ermitteln, ob ein Markenrecht seiner rechtlichen Bandbreite entsprechend genutzt wird oder ob etwa aus einem Geschmacksmuster seinem Schutzbereich entsprechend gegen Nachahmungen vorgegangen wird.

IP-Audits beseitigen Unkenntnis hinsichtlich der Möglichkeiten des aktiven und passiven Lizenzwesens (Lizenzvergabe und Lizenznahme).

Nur ein IP-Audit kann die Erkenntnis liefern, ob ein Unternehmen adäquaten Gewinn aus seinen Möglichkeiten zieht, Dritten Lizenzen zu gewähren, und ob es seinerseits an fremden Schutzrechte diejenigen Lizenzen nimmt, die es benötigt und dies zu Konditionen, die rechtlich und wirtschaftlich angemessen sind.

11.3.2 Was gewinnt das Unternehmen mit einem IP-Audit?

Ein IP-Audit führt

- zu Erkenntnissen über den Stand und die Qualität des IP-Managements im Unternehmen,
- zu einem klaren Verständnis bezüglich der Budgets, die das Unternehmen für den Aufbau und die Verteidigung seines Vermögens im Bereich des geistigen Eigentums einplanen muss,
- zu Handlungsfähigkeit innerhalb des Bereichs des geistigen Eigentums,
- zur Möglichkeit, den gesamten Bereich des geistigen Eigentums in die Konzepte der strategischen Unternehmensführung einzubinden,
- zur Fähigkeit, die Schutzrechtspositionen in eine strategisch ausgerichtete und konzeptuell aufgezogene Unternehmenskommunikation zu integrieren und
- letztlich zur Steigerung des Unternehmenswerts.

11.3.3 Die Situation ohne IP-Audit

Nicht selten besteht in Unternehmen weitgehende Unkenntnis über Wesen und Bedeutung und die Möglichkeiten des geistigen Eigentums (des gewerblichen Rechtsschutzes).

Es entsteht keine Kompetenz bezüglich der Konvertierung von Expertise in Unternehmensgewinn.

Notorisch sind auch Unternehmen, in denen die Unternehmensleitung die Führung der Abteilung für den gewerblichen Rechtsschutz, wenn es überhaupt eine dafür kompetente Substruktur gibt, nicht wahrnimmt, sondern der Abteilungsleitung überlässt und keinerlei Kontrolle ausübt. Die Abteilung bleibt sich mehr oder weniger selbst überlassen und berichtet an übergeordnete Strukturen, die keine eigene Beurteilungskompetenz besitzen. Niemand außerhalb dieser Abteilung verfügt im Unternehmen über tatsächliche Kontroll- und Bewertungskompetenz, so dass die Arbeit der betreffenden Abteilung häufig von Ineffizienz und dem „Braten im eigenen Saft" gekennzeichnet ist. Davon, was die Abteilung im besten Fall leisten könnte, hat niemand (!) eine Vorstellung.

Ebenso wenig bestehen Erkenntnisse darüber, ob die Expertise externer Berater tatsächlich optimal genutzt wird und die Abteilung für den gewerblichen Rechtsschutz mit ihnen so effizient wie möglich zusammenarbeitet.

Eine Kosten-Nutzen-Relation im Bereich „Geistiges Eigentum" wird nicht erkennbar. Die Arbeit der IP-Abteilung wird unter solchen Umständen nicht wirklich budgetierbar. Es gibt keine Erkenntnisse über den Return on Investment im Bereich des geistigen Eigentums. Effizientes Controlling ist nicht möglich.

Niemand im Unternehmen verfügt über ein realistisches und fundiertes Bild darüber, welchen pekuniären und – nicht weniger wichtig – operativen Wert die Schutzrechte haben.

Mehr als häufig werden Schutzrechte angemeldet, ohne dass realistische und entwickelte Vorstellungen darüber bestehen, wie sie be- und genutzt werden sollen und wie sie sich in die Gesamtaufstellung des Unternehmens (u. a. sein Schutzrechtsportfolio) einreihen.

In nicht wenigen Fällen besitzen Unternehmen eine Vielzahl von Marken, ohne dass diese zu einem konsistenten, stimmigen und funktionsfähigen Markenportefeuille zusammengefasst sind und in einem Funktionsverbund eingesetzt werden. Teilweise unterbleibt jede Benutzung mancher Marken über längere Zeit, so dass die Löschung der Marken nach fünf Jahren der Nichtbenutzung jederzeit und von jedermann beantragt werden kann (sog. Löschungsreife).[2]

Geschmacksmuster werden angemeldet, ohne dass deren Neuheit und Eigenart feststehen. Die so entstehenden Schutzrechte sind im Konfliktfall nicht nur wenig oder gar nichts wert, sondern darüber hinaus jederzeit vernichtbar. Solche „Rechte" nutzen nicht nur nichts, sie gaukeln Schutz vor und sind regelrechte Zeitzünderbomben, die beim ersten (Gegen-)Angriff eines Konkurrenten hochgehen können. Das kann, wie die Erfahrung zeigt, teuer werden.

Es wird nicht ausreichend darüber nachgedacht, ob durch Lizenzerteilung Gewinne gemacht werden können, oder ob durch Lizenznahme die Leistungsfähigkeit des eigenen Unternehmens verbessert werden kann.

Es ist mehr als trivial festzuhalten, dass es **Kaufmannsaufgabe und -pflicht** ist, günstige geschäftliche Gelegenheiten beim Schopf zu ergreifen. Hierfür sind die Voraussetzungen zu schaffen – im Bereich des geistigen Eigentums mit dem Besitz und der Nutzung lege artis eines funktions- und leistungsfähiges IP-Wesens des Unternehmens. Unternehmen, die die gegebenen Möglichkeiten nicht nutzen, vertun geschäftliche Chancen und überlassen sie den Konkurrenten.

11.3.4 Wie es aussehen könnte

Ein durch ein IP-Audit seiner Stärken und Schwächen bewusst gewordenes Unternehmen besitzt eine **genaue Kenntnis** über das im Unternehmen vorhandene geistige Kapital. Es hat einen Überblick gewonnen darüber, wie das Unternehmen

---
[2] §§ 49, 26 MarkenG.

11.3 Praxis des IP-Audit

im Bereich des geistigen Eigentums **aufgestellt** ist. Es hat aufgrund einer **Stärken-Schwachstellen-Untersuchung** (etwa als SWOT[3]-Analyse) des geistigen Eigentums evaluiert, wie dieser Bereich zur Gesamtheit der Unternehmensprozesse und zum Unternehmensergebnis beträgt und was er perspektivisch beitragen kann.

Es hat die folgende **Vermögenspositionen identifiziert**, erfasst und bewertet:

- Erfindungen
- Schöpfungen
- Know-how
- Kundenstamm
- Geschäfts- und Betriebsgeheimnisse
- in-house entwickelte Software
- Ideen und Publikationen der Angehörigen des Unternehmens
- Patente
- Marken
- Formschöpfungen/Geschmacksmuster
- Domain-Namen
- Urheberrechte

Sodann hat es die **Möglichkeiten des Schutzes** zutreffend identifiziert.

Entsprechend dem Wert der ermittelten Vermögensbestandteile hat es Schutz begründet durch qualifizierte **Schutzrechtsanmeldungen**.

In Relation zur den Unternehmenszielen **definiert** das Unternehmen seine **IP-Strategien**. Hierzu liefert ihm ein IP-Audit Empfehlungen.

Es nimmt dazu dann die **Planung mit Budgetierung** vor.

Dann lässt es die **Umsetzungsphase** folgen.

Die **Einhaltung** der strategischen und der budgetmäßigen Vorgaben wird laufend **kontrolliert**.

Diese Vorgänge tragen der Erkenntnis Rechnung, dass materielle Anlagegüter sich ausnahmslos abnutzen. Nur das in Menschen, ihren geistigen Fähigkeiten, kurz im „human capital" steckende Vermögen ist vermehrbar.

Es entsteht

- ein IP-Wesen des Unternehmens, das den Bedürfnissen nach soliden Schutzrechtspositionen mit beeindruckendem Schutzumfang gerecht wird, die einerseits optimal wirken und andererseits erfolgreich und mit rationellem Kostenaufwand verteidigt werden können,

---

[3] SWOT = Strength-Weaknesses-Opportunities-Threats; s. Esch, F.-R,/Herrmann, A./Sattler, H. (2006), S. 165.

- eine lebendige Beziehung zwischen dem IP-Verhalten des Unternehmens und allen seinen sonstigen Aktivitäten,
- eine gelungene Einbindung des gesamten geistigen Eigentums, einschließlich der gewerblichen Schutzrechte in die Gesamtstrategie des Unternehmens und insbesondere seine Binnen- und vor allem Außenkommunikation und
- eine aktive Beteiligung von IP an der Zukunftssicherung des Unternehmens und der Mehrung des Unternehmensvermögens.

11.4 Die Arten des IP-Audit und seine Durchführung

Punktuelles IP-Audit Es ist möglich und in geeigneten Situationen durchaus sinnvoll, ein IP-Audit auf bestimmte Bereiche des geistigen Eigentums zu beschränken:

- Audit der Patente
- Audit der Kennzeichen des Unternehmens (Marken, alle Unternehmenskennzeichen, wie Name, Firma, bes. Geschäftsbezeichnung, Abzeichen, Wappen, Internetdomains etc.)
- Audit der Geschmacksmuster (Design-Audit bzw. des gestalterischen Schaffens des Unternehmens)
- Audit der Präsenz im Internet

Ein hoch technologisches Unternehmen mit starken wettbewerblichen Positionen und gefestigten Kundenbindungen wird ein größeres Interesse an einem Patent-Audit als an einem Marken-Audit haben. Dies insbesondere dann, wenn es vorwiegend im B2B-Bereich tätig ist. Es ist für dieses Unternehmen wichtiger, im Bereich seiner technischen Schutzrechte als optimal aufgestellt wahrgenommen zu werden, als mit einem exzellent strukturierten Markenportfolio zu glänzen.

Aber auch dieses Unternehmen wird sich Gedanken machen müssen – und Erkenntnisse gewinnen – über seine Wahrnehmung und die seiner Produkte durch seine Zielgruppe und die sonstigen Bezugsgruppen und somit über alle Faktoren, die auf sie einwirken. Ansonsten schiebt es eine „Blackbox" unkontrollierter Phänomene vor sich her, die mittel-, oder langfristig auf den Absatz seiner Leistungen einwirken – im Zweifel unvorteilhaft.

Umfassendes IP-Audit Wenn das Unternehmen allerdings seine Chancen umfassend, und zwar in allen Bereichen des geistigen Eigentums wahrnehmen will, wird es sich für ein vollständiges IP-Audit entscheiden. Dabei wird es berücksichtigen, dass die Positionierung des Unternehmens im IP-Bereich von seinen Bezugsgruppen **ganzheitlich wahrgenommen** wird, ganz genauso wie auch die einzelnen

Kommunikationsvorgänge, an denen das Unternehmen aktiv beteiligt ist, von den Bezugsgruppen zu seiner Unternehmenskommunikation zusammengesetzt werden. Das Ziel ist also, in Übereinstimmung mit der marketingmäßigen Erkennbarkeit des Unternehmens auch eine **stimmige, widerspruchsfreie, schlüssige und ausgewogene** Positionierung in den Bereichen des geistigen Eigentums den Bezugsgruppen zu präsentieren mit dem Erfolg, dass das Unternehmens als optimal organisiert, lebendig und verteidigungsfähig erscheint.

Die umfassende Ausschöpfung aller Möglichkeiten, die ein IP-Audit gewährt, wird in Kap. 11.4.1 dargestellt.

Themenorientiertes IP-Audit Um in Bezug auf ein aktuelles oder erwartetes Wettbewerbsgeschehen die eigenen Möglichkeiten einschätzen zu können, ist es ggf. von Vorteil, ein auf ein spezielles Thema beschränktes – **schnelles** – Audit durchzuführen (Beispiel: Design-Audit). Das hat den Vorteil kurzer Reaktionszeiten und **rascher Entscheidungsfindung.**

11.4.1 Umfassendes IP-Audit

11.4.1.1 Ist-Aufnahme des Bestands der IP-Positionen, -Besitzstände und -Rechte[4]

Der Leser wird eingeladen, anhand des IP-Fragebogens (Kap. 14.4) eine zumindest kursorische Selbsteinschätzung der IP-Positionen, IP-Besitz-stände und –Rechte seines Unternehmens nach Art und Bedeutung zunächst selbst vorzunehmen.

Dann erwirbt er einerseits ein Gefühl für den Stellenwert des geistigen Eigentums in seinem Unternehmen. Andererseits vermittelt ihm dieser Vorgang eine jedenfalls vorläufige konkrete Vorstellung des Objekts und auch seines Verständnisses speziell des IP-Managements seines Unternehmens. Mit Blick auf diese Anregung wird in den nachfolgenden Unterpunkten das unbedingt Wissensnotwendige zum Prozess des IP-Audit dargestellt. Anhand dieser Angaben wird es vielfach möglich sein, die Aufgabenstellung des IP-Managements für das eigenen Unternehmen zu erfassen und die damit verbundenen unternehmerischen Interessen.

Zugleich wird der Leser ein Empfinden dafür erwerben, ob seine IP-Positionen, IP-Besitzstände und IP-Rechte bestandskräftig sind und was dem entgegenstehen kann.

Wo der grundsätzlich zur Neutralität verpflichtete Staat einzelnen Monopole gewährt – im Fall der Marken ggf. sogar dauerhafte –, sind **Korrektive** erforderlich. Im Markenrecht wird das gewährleistet u. a. durch den Benutzungszwang,

---

[4] Vgl. IP-Audit-Prüfungsstruktur (Kap. 14.3) und IP-Audit-Fragebogen (Kap. 14.4).

der zum Verlust des Markenrechts führen kann, wenn eine Marke länger als fünf Jahre nicht benutzt wird. Ferner kann die Ausübung des Verbietungsrechts aus der Marke gegenüber einzelnen verwirkt werden, wenn deren (kollidierende, an sich rechtsverletzende) Markenbenutzung über eine bestimmte Zeit hinweg bewusst geduldet wird. Schließlich kann das Markenrecht auch nach seiner Erteilung vernichtet werden, wenn geltend gemacht werden kann, dass es gar nicht erst hätte erteilt werden dürfen oder es gegen bessere (ältere) Rechte verstößt. Diese Korrektive gelten sinngemäß in Bezug auf alle durch staatliche Registrierung erteilten Schutzrechte, womit sichergestellt ist, dass es – jedenfalls auf Dauer – nicht zu Begründung von Monopolpositionen jenseits des hierfür gesetzgeberisch vorgesehenen Rahmens kommen kann.

IP-Positionen, -Besitzstände und -Rechte sind „geronnene" Innovationskraft und Kreativität des Unternehmens im Zeitpunkt der Rechtsentstehung, aber auch geronnene Erfahrung. Es mag eine Quelle wohltuender – jedenfalls lehrreicher – Erkenntnis sein, die Entwicklung eines Unternehmens anhand seiner IP-Geschichte nachzuverfolgen und seine Fortschrittskraft daran zu messen und gedanklich in die Zukunft zu projizieren.

Alle Ideen, die Unternehmensangehörige entwickeln, können in ihren weiteren Ausformungen zukünftige Bestandteile des geistigen Eigentums des Unternehmens werden. Unter diesem Aspekt ist den geistigen Kreationen der Menschen im Unternehmen große und wohlwollende Aufmerksamkeit zu schenken. Das sei nochmals betont, denn es handelt sich um die Zukunftsressource des Unternehmens.[5]

Am Anfang jedes IP-Audits stehen Fragen. Die wichtigsten sollen hier aufgelistet werden:

a. Ermittlung der IP-schutzfähigen Hervorbringungen des Unternehmens
 Welche Leistungsergebnisse/Hervorbringungen des Unternehmens (Produkte, Dienstleistungen, Kommunikationsmittel, Know-how etc.) sind geeignet, Gegenstand von IP-Schutz zu sein?
b. Ermittlung des IP-Bestands
 Über welche Schutzrechte verfügt das auditierte Unternehmen?
 Was sind die weiteren Bestandteile seines geistigen Eigentums?
 Welches Know-how des Unternehmens kann und sollte in Schutzrechte umgemünzt werden? Für welches Know-how sind Geheimhaltungsvorkehrungen getroffen worden? Wie sind sie zu beurteilen?
c. Beurteilung und Bewertung des IP-Bestands
 Welche Qualität weist der IP-Bestand auf

---

[5] Siehe oben zum Thema Know-how-Schutz, Kap. 6.3.3.4.

- in ökonomischer Hinsicht (wirtschaftliche Verwertbarkeit, ggf. auch durch licensing out; Ergänzungsbedürftigkeit, evtl. durch licensing in von externer Technologie)
- in rechtlicher Hinsicht (Bestandssicherheit, Schutzumfänge)
d. Vertraglicher Bereich
  Auswertung der IP-relevanten Verträge mit Dritten
  Analyse des Arbeitnehmererfindungswesens und des Bereichs betriebliches Vorschlagswesen
e. Technologischer Bereich
  Welche technologischen Innovationen eignen sich in Bezug auf die Unternehmensziele für die Begründung von Schutzrechten?
  Welches sind die Kerntechnologien des Unternehmens?
  Besteht ein Patentportfolio und wie wird es gemanagt?
f. Kommunikativer Bereich
  Besteht ein Markenportfolio und wie wird es gemanagt?
  Analyse des Geschmacksmusterportfolios
g. Bereich der IP-Konflikte mit Wettbewerbern
  Risiko-Beurteilung der anhängigen Streitigkeiten
  Risiko-Beurteilung der drohenden Auseinandersetzungen
  Beurteilung der Möglichkeiten, Konflikte in eine „win-win"-Richtung aufzulösen
  Meta-Betrachtung des Konfliktwesens des Unternehmens schlechthin

11.4.1.2 Wirkungsweise der identifizierten Positionen

Von großem Interesse ist die Frage, wie die Elemente des ermittelten IP-Bestands wirken. Hierzu sind die Meinungen, Erkenntnisse und Erfahrungen der Mitarbeiter des Unternehmens zu erkunden, die mit diesen Wirkungen tagtäglich konfrontiert sind.

11.4.1.3 Wahrnehmbarkeit

Für das strategische IP-Management ist die Wahrnehmbarkeit des Unternehmens und seiner Leistungsergebnisse durch seine Bezugsgruppen von besonderer Wichtigkeit. Sie ist sowohl für die Unternehmenskommunikation als auch für sein gesamtes Marketing und eben auch für seine IP-Kultur von ausschlaggebender Bedeutung. Die Wahrnehmbarkeit ist das Bindeglied zwischen den Rechten des geistigen Eigentums und dem Marketing eines Unternehmens und letztlich der Link zu seinem Markterfolg.

Eingedenk dessen ist zu klären, ob es beim Unternehmen – etwa auf Grund von Recherchen/Verkehrsbefragungen oder sonstiger Untersuchungen – Feedback-Erkenntnisse darüber gibt, wie das Unternehmen und sein Auftritt (einschließlich der Unternehmenssymbole und -kennzeichen), seine Erzeugnisse und deren Präsentation von den Angehörigen der Anspruchsgruppen, insbesondere den Zielgruppen wahrgenommen werden. Welche Inhalte kommunizieren sie, welche Werte verkörpern sie? Gibt es ein kontinuierlich durchgeführtes „trendscouting"?

Existiert eine gesteuerte, bezweckte Vernetzung; sind synergetische Wirkungen feststellbar?

Besteht ein Kommunikationsbewusstsein bei den Verantwortlichen des Unternehmens? Ist der Führung klar, dass es unmöglich ist, nicht zu kommunizieren[6], und dass kein Kommunikationsempfänger sich weigern kann, etwa vom Unternehmen nicht gewünschte Inhalte der Unternehmenskommunikation zu empfangen und zu bewerten?[7] Weiß die Unternehmensführung, dass alle Faktoren der Kommunikation miteinander vernetzt sind und unweigerlich auf einander einwirken – positiv im Sinne gegenseitiger Stärkung oder negativ durch Schwächung?

Wie definiert das Unternehmen vor diesem Hintergrund die Ziele seiner Kommunikation? Wie konzipiert es als Folge dieser Definition die Kommunikationswirkung der diversen Faktoren der Unternehmenskommunikation? Sind sie registriert und dokumentiert? Wie werden die strategischen Kommunikationsziele innerhalb des Unternehmens kommuniziert?

Bestehen im Unternehmen Untersuchungen darüber, ob und wie die Positionen, Besitzstände und Rechte dazu beitragen, dass das Unternehmen seine strategischen Kommunikationsziele erreicht (einschließlich Schwachstellenanalyse), und inwieweit dabei Rechtsschutzwirkungen eintreten?

Widmet sich das Unternehmen systematisch der Frage, ob und inwieweit die Erscheinungsform der Produkte des Unternehmens und deren Präsentation das wirtschaftliche Potenzial der Erzeugnisse vollständig ausschöpft und ob Steigerungsmöglichkeiten gegeben sind (Optimierung der Kommunikationskraft) und damit auch Optimierungen der Möglichkeiten, konnexe IP-Positionen zu begründen?

Und widmet es sich der Frage, ob alle Kommunikationsfaktoren des Unternehmens und seiner Erzeugnisse vernetzt optimal synergetisch wirken oder darin verbessert werden können?

11.4.1.4 Ergebnis des IP-Audits

Das Ergebnis eines IP-Audit ist in einer gutachterlichen Untersuchung darzustellen. Einer ausführlichen und begründeten Darstellung der IP-Position des Unternehmens folgen Vorschläge für Verbesserungen seiner Aufstellung im Bereich des geistigen Eigentums.

---

[6] Paul Watzlawick: „Man kann nicht nicht kommunizieren."

[7] Was wahrgenommen werden kann, wird wahrgenommen, und zwar ohne Rücksicht auf die Wünsche und Absichten des Senders.

Die Vorbereitung des Unternehmens auf die Verfahren der Auditierung und Zertifizierung

12

> **Auf den Punkt gebracht**
> - Es darf nicht dem Zufall überlassen bleiben, welches Bild des unternehmerischen IP-Managements beim Audit entsteht.
> - Schon bei Vorbereitung auf die Auditierung kann das IP-Management deutlich an Qualität gewinnen.
> - Die Chancen für ein erfolgreiches Audit und die anschließende Zertifizierung wachsen proportional zur Qualität der Vorbereitung.

Die dazu verfügbare Fachliteratur gibt Aufschluss darüber, wie ein Unternehmen sich auf eine Zertifizierung und das ihr vorausgehende Audit vorbereiten kann.[1] Dabei ist sicherzustellen, dass die interne Vorbereitung des Unternehmens, die Auswahl der Auditierungs- und Zertifizierungsinstitution[2] und die Kooperation mit dieser so durchgeführt werden, dass die Chancen für eine erfolgreiche Zertifizierung so gut wie irgend möglich genutzt werden.

Diese Vorbereitung kann das Unternehmen exklusiv mit eigenen Mitarbeitern leisten oder sich dabei auch durch externe Berater unterstützen lassen, die für das Thema IP-Management profiliert sind.[3]

Aus einer Vielzahl von Gründen ist es zu empfehlen, zuvor zumindest ein **internes Audit** ohne Beteiligung der Zertifizierungsstelle durchzuführen. Anhand der gewonnenen Audit-Ergebnisse ist eine erste Managementbewertung möglich

---

[1] So z. B. Kamiske, G. F., Hrsg., (2008), Managementsysteme, Begutachtung, Auditierung und Zertifizierung.
[2] Nach u. a. folgenden wesentlichen Auswahlkriterien: Neutralität (IP-Managementberater scheiden für Auditierung und Zertifizierung aus), Qualifikation (Kenntnis der Theorie und Praxis des IP-Managements, schriftliche Erfassung dieses Qualitätsmanagements, Beherrschung des Auditierungsprozesses, Verfügbarkeit qualifizierter Auditoren, Erfahrung etc.).
[3] Aber eben nicht durch die späteren Auditoren und Zertifizierer.

und Verbesserungsmaßnahmen können ergriffen werden. Wenn sie gegriffen haben, kann ein weiteres internes Audit durchgeführt werden, wenn die Auffassung besteht, dass die Zeit für ein Audit durch die Zertifizierungsstelle noch nicht gekommen ist.

Bei einer Vielzahl von IP-Audit-Themen kommt es auf eine Bewertung und Beurteilung vorgefundener Fakten und Umstände an. Es ist zweifellos für einen Außenstehenden sehr viel schwieriger als für einen Unternehmensangehörigen, derartige Evaluationsaufgaben zu erledigen. Deswegen kann der Rahmen eines internen Audits weiter gespannt werden als bei einem Zertifizierer-Audit. Schon allein aus diesem Grund empfiehlt es sich, mit einem internen Audit zu beginnen, das sich auf Fragen der Bewertung und Beurteilung erstreckt. Die Ergebnisse eines solchen Audits sind eine ausgezeichnete Grundlage für die Auditierung durch Betriebsexterne, die in der Lage sind, die gefundenen Befunde durch die objektive, kritische Brille des unabhängigen Externen beobachten zu lassen und qualitativ anzuheben.

Derartige interne Audits können auf der Grundlage der IP-Audit-Prüfungsstruktur in Kap. 14.3 oder des IP-Audit-Fragebogens in Kap. 14.4 in Angriff genommen werden, ggf. adaptiert auf die Besonderheiten des Unternehmens. Speziell für ein Marken-IP-Audit wird in Kap. 14.5 ein Prüfschema vorgeschlagen, das der Vorbereitung eines Marken-IP-Managements zugrunde gelegt werden kann.

In jedem Fall muss auch schon vor einem internen Audit eine vollständige Liste der IP-Managementprozesse des zu auditierenden Unternehmens vorliegen, die bei dem Audit begutachtet werden sollen. Sie werden auf der Grundlage eines IP-Cert-Anforderungsprofils in Augenschein genommen, das ebenfalls individuell für das Unternehmen nach seinen speziellen Bedürfnissen zu erstellen ist. Anregungen hierfür soll die beispielhafte Aufzählung der IP-Managementprozesse in Kap. 14.1 geben.

Auf der Grundlage dieser Listen sind die Anforderungen festzulegen, die an die einzelnen IP-Managementprozesse im Interesse eines für das Unternehmen optimalen IP-Managements zu stellen sind. Anregungen hierfür gibt das IP-Cert-Anforderungsprofil mit seiner thematisch geordneten Aufzählung der einzelnen Anforderungen an IP-Managementprozesse in Kap. 14.2.

Die Liste der Prozesse und das Anforderungsprofil sind als Ansatz für die Auditierung und Zertifizierung der IP-Managementprozesse in Unternehmen von großer Bedeutung. Sie sind in Bezug auf die jeweiligen Gegebenheiten bei konkreten Unternehmen zu vervollständigen.

Es ist anzuraten, eine vollständige und ausreichend detaillierte **Dokumentation der eigenen IP-Prozesse** anzulegen – und fortzuschreiben. Das hat den Vorteil, dass die Auditierung und Zertifizierung hier ansetzen kann. Ferner erleichtert sie

12 Die Vorbereitung des Unternehmens auf die Verfahren der Auditierung ... 139

die Einarbeitung neuer Mitarbeiter. Für den Weggang von Wissensträgern konserviert sie deren Kenntnisse und Know-how. Sie erlaubt überdies das systematische Aufspüren von Verbesserungspotenzialen.[4]

Die einzelnen IP-Bereiche sind in der Dokumentation zu gewichten, um Schwerpunkte der Auditierungs- und Zertifizierungsvorgänge herausbilden zu können. Als Ergebnis entsteht der Prüfungsrahmen der Auditierungs- und Zertifizierungsarbeit.

Besonders zu empfehlen ist es, schon vor einem internen Audit eine oder sogar mehrere **Mitarbeiter- und Kundenbefragungen** durchzuführen.[5]

Bekanntlich sind derartige Befragungen und deren Auswertung ergiebige Quellen, um zu erkennen, wie gut ein Unternehmen arbeitet und wo es steht. Sie eröffnen die Chance, Schwachstellen im Unternehmen aufzuspüren und diese oder gar Missstände zu beseitigen. Sie können dazu beitragen, die Unternehmensprozesse auf ein höheres Qualitätsniveau anzuheben, und bieten anschließend die Möglichkeit, die erreichte Qualität zu sichern.

An Mitarbeiter müssen sich solche Befragungen allein deswegen wenden, weil sie am besten einzuschätzen vermögen, welche IP-Managementprozesse für das Unternehmen relevant sind und wie sie ablaufen. Sie können mitteilen, welche der IP-Cert-Anforderungsprofile wie und in welchem Maß erfüllt werden.

Eine Mitarbeiterbefragung kann sich dahin gehend auswirken, dass die Zusammenarbeit der Mitarbeiter und ihrer Abteilungen verbessert wird und die **Motivation** der Mitarbeiter verbessert wird und ihre **Zufriedenheit** steigt. Das Arbeitsklima und die interne Unternehmenskommunikation werden davon profitieren. Und schließlich ist eine solche Befragung ein deutliches (Führungs-)Signal in Richtung Verbesserung.

Kunden sind darüber hinaus auch deswegen Adressaten von Befragungen, weil sie es sind, die die in erster Linie für das IP-Management so wichtigen Wahrnehmungen des Unternehmens, seiner Symbole und Zeichen und seiner Produkte und Schöpfungen machen.

Sie sind Zeugen, wie das Unternehmen und seine Produkte und Leistungen eingeschätzt werden. Sie können über die Außenwirkung des Unternehmens bedeutende Rückmeldungen geben. Ihre Antworten auf die Befragung(en) lassen überdies erkennen, ob das Unternehmen sich zukünftig auch im Interesse der Absatzsteigerung mit einer Änderung des Kundenverhaltens auseinandersetzen muss.

---

[4] Vgl. Rauße, G. in Kamiske, G. F., Managementsysteme (2008), S. 175 ff. mit konkreten Vorschlägen.
[5] Vgl. dazu Görtler, E. in Kamiske, G. F., Managementsysteme (2008), S. 211 ff. mit einer Vielzahl von Praxistipps.

Wird eine Befragung qualifiziert angelegt, kommen ggf. überaus anregende und sogar innovationsfördernde Ergebnisse zustande, und zwar natürlich wesentlich über den eigentlichen IP-Bereich hinaus.[6]

Schließlich ist der Wert von derartigen Befragungen als Marketingmaßnahmen hoch einzuschätzen. Sie beweisen Kunden und Mitarbeitern, dass ihre Wahrnehmungen und Einschätzungen für das Unternehmen von großem Wert sind. Mit ihnen bringt das Unternehmen beiden Anspruchsgruppen hohe **Wertschätzung** entgegen. Das kann sich äußerst positiv auf die **Bindung** sowohl wertvoller Mitarbeiter als auch der beteiligten Kunden auswirken.[7]

---

[6] Vgl. Görtler, E. in Kamiske, G. F., Managementsysteme (2008), S. 233.
[7] Auch auf die Einbindung der Kunden und Mitarbeiter in die Qualitätssicherung.

13 Das Unternehmen nach der Auditierung und Zertifizierung seiner IP-Managementprozesse

Auf den Punkt gebracht
- Nach durchgeführter Auditierung und Zertifizierung der IP-Managementprozesse eines Unternehmens hat dieses die einmalige Möglichkeit, seine Situation im IP-Bereich und den damit verbundenen Bereichen maßgeblich zu verbessern.
- Es wird nach gründlicher Auswertung der Erkenntnisse aus der Auditierung die Maßnahmen beschließen und durchführen, die dem Unternehmen zu einer besseren Positionierung, zu größerer Wettbewerbsstärke und höherem Unternehmenswert verhelfen.
- Das IP-Controlling beschafft der Unternehmensführung die Grundlagen für Erkenntnisse und Weichenstellungen für die Zukunft.

1. Auswertung
Das Unternehmen wird der wichtigen Auswertung der Auditierungsergebnisse große Aufmerksamkeit schenken. Es wird sich dabei ggf. der Hilfe der Personen versichern, die ihm geholfen haben, sich auf den Vorgang der Auditierung und Zertifizierung vorzubereiten. Sie kennen das Unternehmen und seine Bedarfe. Die erkannten Schwachstellen werden als Chance begriffen, das IP-Management des Unternehmens entscheidend zu verbessern. Bislang nicht abgedeckte Aktionsfelder werden systematisch begutachtet und in die strategische Planung einbezogen.
2. Entscheidung
Sofern die Auditierungsergebnisse und ihre Auswertung Maßnahmen nahelegen, sind die erforderlichen Ressourcen einzuplanen und zur Verfügung zu stellen, um Optimierungen des IP-Managements nach Bedarf und Möglichkeiten herbeizuführen.

Ist das erstrebte Zertifikat erteilt worden, ist zu entscheiden, wie es in der Unternehmenskommunikation zu Marketingzwecken eingesetzt werden kann.

3. Einleitung von Optimierungsprozessen
Die Unternehmensführung veranlasst die erforderlichen Maßnahmen, die dem Unternehmen zu einem erforderlichen und erfolgsträchtigen IP-Management verhelfen. Die Verantwortlichkeiten werden geregelt und ebenso das Berichtswesen.

4. Controlling
Eine entscheidende Voraussetzung für eine Verbesserung des IP-Managements ist ein wirksames Controlling der veranlassten Maßnahmen und der Veränderungsprozesse. Hieraus resultiert ein qualifiziertes Gesamtcontrolling des IP-Managements. Das Unternehmen entwickelt parallel dazu die Steuerungsmittel, um den Fluss der Optimierungen zu gewährleisten.

Zusammenfassung

Führungskräfte kommen zur Einsicht, dass die Bedeutung des geistigen Eigentums nicht nur für die gesamte Wirtschaft als solche laufend zugenommen hat, sondern auch **für das einzelne Unternehmen selbst**. Dem haben sie Rechnung getragen. Sie haben begonnen, ihr geistiges Eigentum systematisch nach den speziellen Bedürfnissen des eigenen Unternehmens und angelehnt an die allgemeine Unternehmensstrategie zu managen.

Inwieweit sie dabei das subjektive Maximum und Optimum erreichen, können sie womöglich erahnen. Letztlich bleibt ihnen das aber verschlossen. Um hierüber verwertbare Klarheit zu gewinnen, sind externe Auditoren und Zertifizierungsinstitutionen heranzuziehen. Ihre Hilfe und die gewonnene Erkenntnis werden dem Unternehmen gestatten, seine Position im Wettbewerb zu verbessern. Auditierung und Zertifizierung führen zu einer wertvolleren, attraktiveren Wahrnehmbarkeit des Unternehmens und seiner Leistungsergebnisse seitens der Anspruchs- und Interessengruppen. Der Weg wird freigemacht zum Zufluss neuer Mittel und zur Reduzierung der Kosten. Die Zukunftsaussichten des Unternehmens verbessern sich.

In der dann gewonnenen Situation erwerben Führungskräfte das Empfinden, aber auch das Bewusstsein, dass das Management des geistigen Eigentums in ihrem Unternehmen – endlich – ihren Qualitätsansprüchen entspricht und dass die Sicherheitsbedürfnisse des Unternehmens in dieser Hinsicht – endlich – befriedigt werden.

14 IP-Auditierung und Zertifizierung: Umsetzungshilfen für die Praxis

> **Auf den Punkt gebracht**
> - Die Prozesse des IP-Managements gestalten sich für jedes Unternehmen individuell. Dennoch ähneln sich die Prozesse der Auditierung und Zertifizierung vom Grundsatz her.
> - Das IP-Cert-Anforderungsprofil liefert eine exemplarische Aufzählung, die jedes Unternehmen unterschiedlich zu gewichten hat.
> - IP-Cert-Anforderungsprofil, IP-Audit-Prüfungsstruktur, IP-Audit-Fragebogen, Marken-IP-Audit sowie das Schema zum Phänomen und Prozess der Wahrnehmung helfen dabei, die Prozesse in konkrete Anforderungen zu übersetzen.

So unterschiedlich Unternehmen sind, so individuell und wenig vergleichbar sind an sich die Prozesse des IP-Managements, die in ihnen im Einzelnen ablaufen. Ferner wird es kaum zwei Unternehmen geben, in denen diese Prozesse jeweils das gleiche Gewicht haben. Daraus folgt, dass es kein allgemein taugliches oder gar verbindliches Schema der IP-Prozesse für alle Unternehmen geben kann.

14.1 Die Identifizierung der IP-Managementprozesse im Unternehmen

Vom Grundsatz her ähnelt sich gleichwohl jedenfalls das IP-Management der Unternehmen auch in Bezug auf die ablaufenden Prozesse. Von daher erscheint es gerechtfertigt, eine Liste dieser Prozesse vorzuschlagen, deren einzelne Positionen für das IP-Management der meisten Unternehmen relevant sein werden oder können, wenn auch in jeweils unterschiedlicher Gewichtung. Diese Liste erhebt keinen Anspruch auf Vollständigkeit, und es kann somit nicht ausgeschlossen werden, dass darin gerade solche Positionen fehlen, die für ein Einzelunternehmen von besonderem Gewicht sind.

Die folgende Liste kann aber immerhin für die Auditierung und Zertifizierung der IP-Managementprozesse in Unternehmen als Ansatz dienen. Sie ist in Bezug auf die jeweiligen Gegebenheiten bei konkreten Unternehmen zu modifizieren und ggf. zu vervollständigen. Die einzelnen Bereiche und Positionen sind zu gewichten, um Schwerpunkte der Auditierungs- und Zertifizierungsvorgänge herausbilden zu können. Als Ergebnis entsteht der Prüfungsrahmen der Auditierungs- und Zertifizierungsarbeit.

Also: Welche IP-Prozesse können in Unternehmen unterschieden/identifiziert werden? Jedenfalls die folgenden:

1. **Prozessgruppe: Die Einstellung des Unternehmens zum Thema geistiges Eigentum**

    1.1 Das Unternehmen beschäftigt sich mit dem Thema geistiges Eigentum – insbesondere auch auf der Ebene der Unternehmensführung.

    1.2 Die Unternehmensführung versteht die wettbewerbliche Bedeutung des geistigen Eigentums für die Volkswirtschaft und jeden einzelnen Betrieb, auch den eigenen.

    1.3 Die Unternehmensführung macht das geistige Eigentum des Unternehmens zum Gegenstand aktiven Managements.

    1.4 Die Führungsspitze des Unternehmens prüft und beantwortet die Frage, ob und warum das Management des geistigen Eigentums „Chefsache" ist.

    1.5 Die Unternehmensführung lernt die auf dem geistigen Eigentum aufbauenden wirtschaftlichen Vorgänge kennen. Sie erkennt die Möglichkeit, es im Rahmen von Aneignungsstrategien zur Schaffung von Vermögenswerten zu nutzen.

    1.6 Das Unternehmen regelt die Zuständigkeit und Verantwortlichkeit in der Führungsspitze für das IP-Management.

    1.7 Die Unternehmensführung entwickelt eine Vorstellung davon, dass drei wesentliche IP-Funktionen zu unterscheiden sind und zusammenwirken können, nämlich:

    a) IP ist Teil des Unternehmensvermögens und generiert Wettbewerbsvorteile.

    b) IP als Gesamtbestand an Rechten und geschützten Rechtpositionen visualisiert das Eigentum an Wissen.

    c) IP richtet den Blick auf die gegebenen Möglichkeiten, aus dem Vermögenspotenzial und den geschützten Exklusivrechten für das Unternehmen wirtschaftliche Vorteile zu generieren.[1]

---

[1] So schon Wurzer, A. J., IP-Management – Schlüsselkompetenz in einer Wissensökonomie, GRUR 2008, 577, 578.

14.1 Die Identifizierung der IP-Managementprozesse im Unternehmen

1.8 Die Unternehmensführung wird offen für die Erkenntnis, dass es der Stellung von IP in der Wissensgesellschaft und -ökonomie entspricht, die Unternehmensstrukturen und betrieblichen Prozesse an die veränderten gesellschaftlichen und wirtschaftlichen Gegebenheiten und Erfordernisse anzupassen.

1.9 Sofern zwischen den beteiligten Unternehmensteilbereichen Technik, Produktgestaltung, Ökonomie, Management einschließlich Finanzwesen und Recht die in den meisten Unternehmen anzutreffende Distanz anzutreffen ist, wird die Unternehmensführung auch offen für die Erwägung, im Interesse der systematischen Steigerung des Unternehmenserfolges durch strukturelle Reformen die Teilbereichsgrenzen zu überwinden und ein neues kooperatives und kommunikatives Verhältnis zwischen den Unternehmenseinheiten zu schaffen.

1.10 Die Unternehmensführung setzt sich mit der Möglichkeit auseinander, einen IP-Manager[2] einzuplanen, der die gezielte und optimierte Aneignung von Innovationsrenditen[3] gewährleistet, ebenso die Klaviatur der Reaktionsmöglichkeiten bei Schutzrechtsverletzungen beherrscht, den wirtschaftlichen/pekuniären Wert und das strategische Potenzial von IP-Bestandteilen vermitteln oder die IP-vermittelte Wettbewerbsstärke des Unternehmens darstellen kann.[4]

1.11 Die Unternehmensführung entwickelt die Überzeugung, dass dem IP-Management der Zugriff auf geeignete, erfolgversprechende „Komplementärfaktoren"[5] ermöglicht wird, um ihn auf die Optimierung der Aneignung von Innovationsrenditen auszurichten.

1.12 Die Führungsspitze des Unternehmens entwickelt die Erwartung, dass der IP-Manager qualifizierte Strategien der Aneignung immateriellen Vermögens definiert und auf dieser Grundlage das Ziel der systematischen Steigerung des Unternehmenserfolges verfolgt. Sie formuliert den Anspruch, dass er es vermag, im Unternehmen die Entwicklung inter- und multidisziplinärer Leistungsstrukturen zu stimulieren, auf denen das qualifizierte IP-Management personell aufbauen kann.

---

[2] Vgl. zu diesem immer noch neuen Berufsbild die grundlegende Arbeit von Wurzer, A. J., (Hrsg., 2009), IP-Manager, München.

[3] Vgl. Wurzer, A. J. (2008), IP-Management – Schlüsselkompetenz in einer Wissensökonomie, in GRUR 2008, 577, 582.

[4] Ausführlicher dazu: Wurzer, A. J. GRUR 2008, 577, 584.

[5] Vgl. Wurzer, a. a. O., S. 584 et passim. Dabei handelt es sich um Faktoren wie verfügbare Informationen und Wissensbestände, Kapital, Erfahrung, Marktzugang, Kooperationsstrukturen, Technologie, bereitstehende Expertennetze etc.

1.13 Sie lernt, dass er die Schaltstelle ist, damit
 a) geistiges Eigentum hervorgebracht wird,[6]
 b) dessen optimale Kapitalisierung erfolgt[7] und
 c) die immaterielle Vermögenswerten in Wirtschaftsgüter konvertiert werden.[8] Sie gewinnt die Überzeugung, dass der IP-Manager die Interaktion dieser drei notwendig komplementären Mechanismen gewährleistet zur Generierung von Mehrwert durch den Einsatz immaterieller Vermögenswerte.

1.14 Die Unternehmensführung versteht, dass es die Möglichkeit der Auditierung und Zertifizierung der IP-Managementprozesse im Unternehmen gibt.

1.15 Sie erschließt sich nähere Kenntnis von Auditierung und Zertifizierung und ihrer wesentlichen Vorteile.

1.16 Das Management des geistigen Unternehmenseigentums verinnerlicht die Konzeption des Ganzheitlichen, Systemischen und Prozesshaften, wie auch der Unternehmensführung bewusst wird.

1.17 Demzufolge wird die Vernetzung des geistigen Eigentums und seines Managements mit anderen Disziplinen der Unternehmensführung erfasst und implementiert.

1.18 Dem IP-Management des Unternehmens wird eine definierte, schriftlich dokumentierte IP-Strategie zugrundegelegt.

1.19 Die IP-Strategie des Unternehmens wird in die allgemeine Unternehmensstrategie eingebettet.

1.20 Die Implementierung der IP-Strategie wird eindeutig nach Plangesichtspunkten geregelt.

1.21 Die Akzeptanz der IP-Strategie im Unternehmen wird ebenso gesichert wie die der allgemeinen Unternehmensstrategie. Diesbezügliche Kommunikationsprozesse werden (sind) installiert (worden); ihre Wirkung wird kontrolliert.

1.22 Die strategische Bedeutung der wesentlichen Schutzrechte und Schutzpositionen des Unternehmens – einschließlich ihrer (rechtlich abgesicherten) Fähigkeit, die allgemeine Unternehmensstrategie zu unterstützen – werden für die Unternehmensführung geklärt und schriftlich dokumentiert.

---

[6] Durch Kreation/Schöpfung und Innovation, Erwerb von Schutzrechten und Lizenzen, Generierung von Know-how etc.
[7] Einsatz des hervorgebrachten geistigen Eigentums zu produktiven Zwecken.
[8] Vgl. Wurzer, A. J. (2008), IP-Management – Schlüsselkompetenz in einer Wissensökonomie, in GRUR 2008, 577, 582.

1.23 Die mit dem IP-Management verbundenen Risiken des Unternehmens werden in ausreichendem Maße und zuverlässig geklärt.
1.24 Dem Unternehmen werden sämtliche organisatorischen und technologischen – einschließlich informationstechnologischen – Mittel zur Verfügung gestellt, um die Aufgaben des IP-Managements bewältigen zu können. Eine qualifizierte IP-Management-Software[9] wird genutzt. Die Datensicherheit wird gewährleistet.
1.25 Die Kosten-/Nutzenanalyse des IP-Managements wird laufend fortgeschrieben.
1.26 Steuerliche Implikationen des IP-Managements werden beherrscht.
1.27 Ein Controlling des IP-Managements findet statt.

2. **Prozessgruppe: Kreation geistigen Eigentums**
2.1 Stimulierung der Kreativitätsprozesse
 2.1.1 Installiert werden: systematische Planung, Steuerung, Förderung und Kontrolle der Entwicklung/Generierung von Ideen.
 2.1.2 Geeignete und bewährte Kreativitätstechniken (Ideenfindungsmethoden) werden angewandt.
 2.1.3 Dokumentation erfolgt.
2.2 Förderung der Innovation
 2.1.1 Installiert werden: systematische Planung, Steuerung, Förderung und Kontrolle von Innovationen zur Verwertung der im Kreativitätsprozess generierten Ideen bzw. deren Umsetzung in wirtschaftlich erfolgreiche Produkte einschließlich Dienstleistungen
 2.1.2 Die geeigneten bewährten Innovationsprozessmodelle werden eingesetzt.
 2.1.3 Dokumentation erfolgt.
2.3 Identifizierung generierter Ideen und deren Dokumentation
 2.3.1 Leistungsprozesse werden nach Ideenproduktion ausgewertet.
 2.3.2 Technologielücken des Unternehmens werden systematisch aufgespürt.
 2.3.3 Lücken in der Designproduktion werden systematisch aufgespürt.
 2.3.4 Das betriebliche Vorschlagswesen wird entwickelt.
 2.3.5 Dokumentation wird erstellt.
2.4 Durchführung des Innovationsmanagements
 2.4.1 Unternehmensglobale Steigerung von Effektivität und Effizienz
 2.4.2 Erneuerung/Verbesserung von Fertigungsprozessen, Organisationsstrukturen, Managementprozessen etc.

---

[9] Google hat dazu 60.600.000 Ergebnisse und allein zu „Patent-Management-Software" 30.900.000 Ergebnisse (Stand 2.5.2013)! Ein Beispiel für viele ist die IP-Management-Software „Patricia".

2.4.3 Nutzung (Ausschöpfung) der unternehmenseigenen Ressourcen und zusätzlich überbetrieblicher Innovationsmanagementprozesse, wie Open-Innovation, Systeminnovation, Innovationscluster, innovative Regionen etc.

2.4.4 Nutzung der Option, Innovationsdienstleistungen Externer in Anspruch zu nehmen.

2.5 Die Schutzfähigkeit hervorgebrachter Ideen wird systematisch geprüft.

2.6 Geeigneter Schutz wird begründet.

3. **Prozessgruppe: Strukturierung des geistigen Eigentums**

3.1 IST-Bestand an geistigem Eigentum wird aufgenommen, IP-Bestandteile werden identifiziert.

3.2 Die Inhaberschaft (Berechtigung) wird geklärt.

3.3 Bestandteile des IP-Vermögens werden beurteilt und bewertet (Fokus auf dem Schutzumfang der Schutzrechte und Schutzpositionen und des Vorhandenseins von Synergieeffekten von Schutzrechten und Schutzrechtspositionen untereinander).

3.4 Neu entstehendes geistiges Eigentum wird strukturiert.

4. **Prozessgruppe: Analyse des bisherigen Aufbaus und Gebrauchs sowie Einsatzes des geistigen Eigentums im bzw. für das Unternehmen**

4.1 Die zurückliegende Schutzerlangung für Kreativitätsergebnisse und den Innovations-Output wird ermittelt und beurteilt.

4.2 Der Wirkungsgrad der Kreativitätsförderung wird überprüft.

4.3 Der Wirkungsgrad des Innovationsmanagements wird überprüft.

4.4 Know-how-Schutz wird überprüft.

4.5 Aufwand- und Nutzenanalyse wird betrieben.

4.6 IP-Strategien des Unternehmens werden untersucht.

4.7 Die verfolgten juristischen Schutzstrategien werden ermittelt.

4.8 Die verfolgten faktischen Schutzstrategien werden ermittelt.[10]

4.9 Die Konsistenz der IP-Strategien mit der allg. Unternehmensstrategie wird überprüft.

4.10 Die SIP-Bedürfnisse des Unternehmens werden ermittelt.

4.11 Handlungsbedarf wird identifiziert.

4.12 Die erforderlichen Aktivitäten im Einzelnen, um SIP-Bedürfnisse zu erfüllen, werden ermittelt.

4.13 Die Prozessabläufe werden dokumentiert.

---

[10] Die juristischen und faktischen Strategien ergänzen einander – vgl. Mittelstaedt (2009), S. 153 ff. et passim.

14.1 Die Identifizierung der IP-Managementprozesse im Unternehmen 149

5. **Prozessgruppe: IP-Praktiken des Unternehmens**
   5.1 Die Teilsystemgrenzen zwischen dem juristisch dominierten „Teilsystem Recht" und den ökonomisch dominierten „Teilsystemen Kapitalisierung und Konvertierung" werden überwunden.[11]
   5.2 Das F&E-Wesen des Unternehmens in Bezug auf IP-Strategien vor dem Hintergrund der allg. Unternehmensstrategie wird überprüft.
   5.3 Die organisatorischen und technologischen – einschließlich informationstechnologischen – Mittel (speziell IP-Management-Software) zur Bewältigung der Aufgaben des IP-Managements werden eingesetzt und genutzt.
   5.4 Datensicherheit wird gewährleistet.
   5.5 Schutzrechtsmanagement (insbes. Marken und Patente) erfolgt.
   5.6 Schutzrechtsportfoliomanagment (insbes. Marken und Patente) erfolgt.
   5.7 Schutzrechtsinformationsmanagement (insbes. Marken und Patente) erfolgt.
   5.8 Wissensmanagement erfolgt.
   5.9 Vernetzung des IP-Managements mit der Unternehmenskommunikation und dem Marketing des Unternehmens erfolgt.
   5.10 Einwirkung der Schutzrechte auf Unternehmenskommunikation und Marketing des Unternehmens wird kontrolliert.
   5.11 Einwirkung von Unternehmenskommunikation und Marketing des Unternehmens auf den Schutzbereich seiner Schutzrechte wird kontrolliert.
   5.12 Kooperationsstrategien mit externen Dienstleistern werden kontrolliert.
   5.13 Kooperationsstrategien mit sonstigen Dritten werden kontrolliert.
   5.14 Kooperationsstrategien mit Konkurrenten (ggf. Cross Licensing) werden kontrolliert.
   5.15 Dokumentation der Prozessabläufe hinsichtlich der IP-Praktiken des Unternehmens erfolgt.
6. **Prozessgruppe: SIP-Controlling, spez. Überprüfung von Kosten und Risiken**
   6.1 Die Zuständigkeit für das SIP-Controlling wird geregelt.
   6.2 Es wird gesichert, an welches Führungsmitglied berichtet wird.
   6.3 Die Controlling-Methoden und -Instrumente werden vereinbart (u. a. Kunden- und Mitarbeiterbefragungen).
   6.4 Die Controlling-Frequenzen werden festgelegt.
   6.5 Strategisches und operatives Controlling wird durchgeführt.

---

[11] Vgl. Wurzer, A. J., IP-Management – Schlüsselkompetenz in einer Wissensökonomie, GRUR 2008, 577, 582 f.

7. **Prozessgruppe: Markenmanagement**
   7.1 Marken werden professionell entwickelt.
   7.2 Marken werden nach durchgeführter gründlicher Markenrecherche (Identitäts- und Ähnlichkeitsrecherche in Bezug auf potentiell kollidierende Kennzeichen) rechtlich sauber begründet.
   7.3 Dabei wird auf starke Durchsetzbarkeit geachtet sowie darauf, dass die Marken mit jeweils gutem Erfolg verteidigt werden können.
   7.4 Es wird auf hohen Schutzumfang und große Kennzeichnungskraft geachtet, und zwar bei Markeneinfachheit.
   7.5 Bei einer Mehrheit von Kennzeichen unterstützen sie sich gegenseitig durch ausreichende „Querwirkungen".
   7.6 Die Bildung einer Markenkultur des Unternehmens wird bewusst verfolgt.
   7.7 Das Unternehmen verfolgt eine dokumentierte und im Unternehmen kommunizierte Markenvision.
   7.8 Markenbewusstsein wird entwickelt.
   7.9 Effizientes Markenmonitoring (Feedback) wird betrieben.
   7.10 Ein Brand-Management-System (BMS) – wie z. B. bei DHL – wird eingesetzt.
   7.11 Das Markenwesen des Unternehmens wird mit anderen Unternehmensbereichen koordiniert (z. B. F&E, Unternehmenskommunikation etc.).
   7.12 Das Unternehmen installiert und führt eine effiziente Markenüberwachung durch.
   7.13 Das Unternehmen organisiert seine Marken wirkungsvoll.
   7.14 Das Unternehmen setzt eine an der allgemeinen Unternehmensstrategie orientierte Markenstrategie um.
   7.15 Die Marken des Unternehmens werden in den geografisch „richtigen" Markenregistern eingetragen. Sofern sie durch Benutzung innerhalb beteiligter Verkehrskreise als Marke Verkehrsgeltung erworben haben, werden sie zur Eintragung angemeldet.
   7.16 Das Unternehmen sichert, dass die Marken des Unternehmens geschützt werden für die Waren und Dienstleistungen, die das Unternehmen gegenwärtig und in überschaubarer Zukunft auf dem Markt anbieten wird.
   7.17 Es gewährleistet eine hohe Kennzeichnungskraft der Marken des Unternehmens (Schutzumfang!).
   7.18 Kennzeichnungs-/kommunikationsstarke Marken werden genutzt zur qualifizierten Markenbildung für das Unternehmen.
   7.19 Das Unternehmen baut ein vollständiges Markenportfolio mit einer sinnvollen Portfolioarchitektur auf.

14.1 Die Identifizierung der IP-Managementprozesse im Unternehmen

7.20 Das Unternehmen reichert durch qualifizierte Markenführung das Angebot seiner Marken mit charakteristischen Merkmalen an; sie ermöglichen eine eindeutige Zuordnung zur Marke (und ihrem Inhaber) und heben das Angebot vorteilhaft aus einer Masse objektiv gleichartiger Angebote heraus.

7.21 Das Unternehmen entwickelt für seine Marken eine hohe Wiedererkennbarkeit (Erinnerungswert).

8. **Prozessgruppe: Patentmanagement**

8.1 Das Unternehmen verfolgt mit seinen Patenten Produkt- und Kompetenzschutz, Schutz für technische Innovationen und ihren optimalen wirtschaftlichen Nutzen.

8.2 Es verfolgt maximalen Return on Investment auf Investitionen in technische Innovation.

8.3 Es versucht, mit Patenten (Kristallisationsräume technologischer Kompetenz und Kraft des Unternehmens) den Unternehmenswert zu mehren.

8.4 Das Unternehmen verfolgt mit seinen Patenten, „freedom to operate" zu gewinnen.

8.5 Mit seinen Patenten verfolgt das Unternehmen das Ziel, eine qualifizierte Wahrnehmbarkeit ihrer Inhaberfirmen anzureichern.

8.6 Mit seinen Patenten nimmt das Unternehmen Einfluss auf die Bestimmung von Wirtschaftswerten.

8.7 Mit seinen Patenten weist sich das Unternehmen als attraktiver Partner für technologische Kooperationen aus.

8.8 Mit seinen Patenten verfolgt das Unternehmen das Ziel, durch Lizenzeinnahmen eine größere Finanzkraft zu erlangen; es betreibt überdies Lizenzgewährungen als Gegengeschäft und nutzt fremde Technologien (Finanzmarktnutzen durch „Cross Licensing").

8.9 Mit seinen Patenten stellt sich das Unternehmen als ggf. interessanten M&A-Übernahmekandidaten dar.

8.10 Das Unternehmen nutzt Patente als Schutz gegen die wirtschaftliche Übermacht von Großunternehmen.

8.11 Das Unternehmen nutzt Patente, um Wettbewerber – soweit rechtlich erlaubt – zu behindern.

8.12 Das Unternehmen nutzt seine Patente, um Wettbewerbsrisiken zu reduzieren, indem sie es lohnend machen, potentielle Verletzer zu überwachen und ggf. zu verfolgen.

8.13 Das Unternehmen nutzt Patente für größeres Umsatzwachstum durch Neuprodukte und um höhere Umsatzrenditen zu erzielen.

8.14 Das Unternehmen vergrößert den Schutzumfang von Patenten durch „Clusterisierung".

8.15 Das Patentmanagement koordiniert und synchronisiert Patent- und Produktstrategien.
8.16 Es gewährleistet ausreichenden Schutz bei Marktzutritt mit neuen Produkten.
8.17 Das äußerst wichtige Patentinformationsmanagement als Subthema des Patentmanagements nutzt die verfügbaren Patentinformationen zur wesentlichen Steigerung der F&E-Effektivität und -Effizienz (Kostenoptimierung!) und zur Innovationsförderung (Anreicherung und Beschleunigung der Innovationsprozesse).
8.18 Das Patentmanagement des Unternehmens beinhaltet die regelmäßige Überwachung aller Patentfunktionen (insbesondere Anmeldung, Verwaltung und Verteidigung) durch regelmäßiges Reporting und Controlling.

9. **Prozessgruppe: Geschmacksmustermanagement**
9.1 Das Unternehmen strebt Schutz für Innovationen auf gestalterischem Gebiet durch Geschmacksmuster an.
9.2 Das Unternehmen nutzt bewusst Geschmacksmuster als Kristallisationsräume gestalterischer Kompetenz und Kraft des Unternehmens, um den Unternehmenswert zu mehren.
9.3 Das Unternehmen nutzt bewusst Geschmacksmuster, um das Unternehmen im Wettbewerb zu positionieren, u. a. im Innovationswettbewerb.
9.4 Es strebt mit Geschmacksmustern den Gewinn „freedom to operate" an.
9.5 Das Unternehmen nutzt bewusst Geschmacksmuster, um seine qualifizierte Wahrnehmbarkeit anzureichern.
9.6 Das Unternehmen nutzt Geschmacksmuster, um die Bestimmung von Wirtschaftswerten zu beeinflussen.
9.7 Das Unternehmen nutzt Geschmacksmuster, um sich als attraktiven Partner für Kooperationen auf dem Gebiet der Produktgestaltung auszuweisen.
9.8 Das Unternehmen verschafft sich mit Geschmacksmustern (Lizenzeinnahmen) eine größere Finanzkraft; es nutzt die Möglichkeit, Lizenzen als Gegengeschäft zu gewähren und fremdes Gestaltungs-Know-how zu nutzen.
9.9 Es verfolgt das Ziel, sich mit Geschmacksmustern als ggf. interessanten M&A-Übernahmekandidaten darzustellen.
9.10 Es nutzt Geschmacksmuster, um sich gegen die wirtschaftliche Übermacht von Großunternehmen zu schützen.
9.11 Es nutzt Geschmacksmuster, um Wettbewerber – rechtlich erlaubt – zu behindern.
9.12 Es setzt Geschmacksmuster ein, um Wettbewerbsrisiken zu reduzieren, indem es potentielle Verletzer überwacht und ggf. verfolgt.

14.1 Die Identifizierung der IP-Managementprozesse im Unternehmen

9.13 Das Unternehmen strebt für einen wertvollen Schutzumfang einen – möglichst großen – kreativen Überschuss über bereits bestehende Gestaltungen an.

9.14 Es vergrößert den Schutzumfang von Geschmacksmustern durch „Clusterisierung" (Sammelanmeldungen).

10. **Prozessgruppe: Management der Schutzrechtsportfolien**

    10.1 Das Unternehmen hat Regeln aufgestellt über Inhalt und Ausgestaltung der Marketinginstrumente, eine gemeinsame Vermarktungsphilosophie und eine Standardisierung des Vermarktungsprozesses.

    10.2 Es kommen heterogen zusammengesetzte Teams zum Einsatz unter Einhaltung grundsätzlicher Rahmenvorgaben, Entwicklung und Anwendung von Steuerungs- und Kontrollsystemen.

    10.3 Das Top-Management ist an der Durchsetzung markenstrategischer Leitlinien im Unternehmen beteiligt.

    10.4 Ein ausreichender Ressourcenzugang ist gewährleistet (Zugang zu technischen, personellen und finanziellen Ressourcen des Unternehmens).

    10.5 Komplementäre Ressourcen können genutzt werden (Nutzen des Vorteils der Kombination sich ergänzender Ressourcen).

    10.6 Es erfolgt eine abteilungsübergreifende Zusammenarbeit aller Abteilungen, deren Aufgabenstellung vom Management des Markenportfolios betroffen sind.

    10.7 Es herrscht Teamgeist zur Schaffung eines kooperationsfördernden Klimas mit dem Ziel, die abteilungsübergreifende Zusammenarbeit zu optimieren.

11. **Prozessgruppe: Urheberrechtsmanagement**

    11.1 Das Unternehmen baut Urheberrecht auf, um den Return on Investment auf Investitionen in künstlerische und wissenschaftliche Werke zu sichern.

    11.2 Das Unternehmen verfolgt durch Urheberrechte die Steigerung des Unternehmenswerts.

    11.3 Das Unternehmen nutzt sie, um sich im Wettbewerb zu positionieren, u. a. im Innovations- und Kreationswettbewerb.

    11.4 Das Unternehmen nutzt Urheberrechte, um "freedom to operate" zu gewinnen.

    11.5 Das Unternehmen nutzt Urheberrechte, um sich als attraktiver Partner für Kooperationen auf dem Gebiet der Verwertung urheberrechtlicher Werke auszuweisen.

    11.6 Das Unternehmen verfolgt für einen wertvollen Schutzumfang einen – möglichst großen – schöpferischen Überschuss über bereits bestehende Werkschöpfungen.

12. Prozessgruppe: Know-how-Management

12.1 Das Unternehmen hat ein ausgefeiltes Vorschlagswesen entwickelt und fördert nach Kräften das Hervorbringen von Know-how und Geschäfts- und Betriebsgeheimnissen.

12.2 Betriebliches Know-how und Geschäfts- und Betriebsgeheimnisse des Unternehmens werden vollständig erfasst und dokumentiert.

12.3 Das Unternehmen hat bewusst entschieden, hier auf gesetzlichen Schutz, soweit erreichbar, zu verzichten. Allerdings macht das Unternehmen von der Möglichkeit – soweit gegeben – Gebrauch, Know-how und Geschäfts- und Betriebsgeheimnisse durch flankierende Schutzrechte abzusichern.

12.4 Das Register wird laufend um Neuerwerbungen an Know-how und Geschäfts- und Betriebsgeheimnissen ergänzt. Obsolet gewordenes Wissen wird als solches gekennzeichnet und ggf. in einen (weiterhin zugänglichen) „Ablageordner" verschoben.

12.5 Der Wille des Betriebsinhabers, dass registriertes Know-how und Geschäfts- und Betriebsgeheimnisse geheimgehalten werden sollen, wird allen Personen, die zu ihnen Zugang haben, beweisbar kommuniziert (gegen schriftliche Quittung der Kenntnisnahme).

12.6 Das begründete (motivierte) Geheimhaltungsinteresse des Betriebsinhabers wird beschrieben und von allen Zugangsberechtigten schriftlich anerkannt.

12.7 Sie bestätigen schriftlich ferner, dass das Know-how und die Geschäfts- und Betriebsgeheimnisse nicht offenkundig sind.

12.8 Zugangsberechtigungen werden organisiert und dokumentarisch erfasst.

12.9 Die Relevanz von Know-how und Geschäfts- und Betriebsgeheimnissen wird periodisch beurteilt; das Ergebnis wird registriert.

12.10 Das Aufsuchen des Registers über Know-how und Geschäfts- und Betriebsgeheimnisse durch Unternehmensangehörige und autorisierte Dritte wird erfasst und registriert, damit nachvollzogen werden kann, welche Wege Informationen genommen haben.

12.11 Die mit dem Schutz von Know-how und Geschäfts- und Betriebsgeheimnissen verbundenen Kosten werden ermittelt und dokumentiert. Der Aufwand wird in Relation gesetzt zu den Vorteilen (Nutzen) des erreichten Schutzes von Know-how und Geschäfts- und Betriebsgeheimnissen.

12.12 Die Vorkehrungen des Unternehmens gegen ungewollte und erst recht unlautere Offenbarung von Know-how und Geschäfts- und Betriebsgeheimnissen sind mindestens ausreichend.

12.13 Das Unternehmen besitzt Richtlinien über den Umgang mit sensiblen Informationen und überwacht deren Einhaltung.

12.14 Vorkommende Verstöße werden dokumentiert und ausgewertet, um den Schutz von Know-how und Geschäfts- und Betriebsgeheimnissen zu optimieren.
12.15 Die staatlichen Hilfen beim Schutz von Know-how und Geschäfts- und Betriebsgeheimnissen werden genutzt. Verletzungen und Verletzer werden verfolgt.
12.16 Die Arbeitsverträge des Unternehmens sehen Verpflichtungen zur Geheimhaltung von Know-how und Geschäfts- und Betriebsgeheimnissen vor und belehren über Sanktionen im Falle der unzulässigen Offenbarung oder Nutzung.
12.17 Auch die Verträge des Unternehmens mit anderen als Arbeitnehmern (Geschäftsführern, Vorständen, Gesellschaftern, Kooperationspartnern etc.) sehen Verpflichtungen zur Geheimhaltung von Know-how und Geschäfts- und Betriebsgeheimnissen vor und belehren über Sanktionen im Falle der unzulässigen Offenbarung oder Nutzung.

13. **Prozessgruppe: IP-Management im Hinblick auf Beziehungen zu dritten (Arbeits-, Dienst-, Auftrags- und Kooperationsverhältnisse)**
    13.1 Das Unternehmen verschafft sich die geeigneten „human resources", um ein qualifiziertes IP-Management betreiben zu können.
    13.2 Es betreibt Rekrutierungsmaßnahmen, die es erlauben, die IP-Managementpositionen des Unternehmens nachhaltig mit qualifiziertem Personal zu besetzen.
    13.3 Das Unternehmen gewährleistet eine Personalführung in diesen Bereichen nach seinen auch unter Personalgesichtspunkten strategischen Bedürfnissen.
    13.4 Aus- und Weiterbildungsmaßnahmen sind gewährleistet.
    13.5 Einem Verlust von Know-how durch Personalmigration wird durch geeignete Schutzmaßnahmen entgegengewirkt.
    13.6 Um Personalmigration und einem damit verbundenen Verlust vorzubeugen, strebt das Unternehmen nach einer hohen Mitarbeiterzufriedenheit.
    13.7 Das Unternehmen setzt eine hoch entwickelte Kommunikationskultur um, die gewährleistet, dass (auch) die im IP-Management engagierten Mitarbeiter in einer Weise am unternehmensinternen Informationsaustausch beteiligt sind, die sie befriedigt und zu Ergebnissen führt, die den Unternehmensbelangen gerecht werden.

14. **Prozessgruppe: Bewertung der infolge SIP entstandenen Assets und ihre Nutzung im Rahmen der Unternehmensfinanzierung**
    14.1 Die Zuständigkeiten für die Bewertung und Verwertung des geistigen Eigentums im Unternehmen werden geregelt.

14.2 Das Unternehmen erfasst eine vollständige, zutreffende Übersicht über sein bestehendes geistiges Eigentum und alle seine Bestandteile.

14.3 Das Unternehmen identifiziert die Anlässe, die eine Bewertung des geistigen Eigentums erfordern oder jedenfalls von Vorteil sind.

14.4 Es erschließt sich sämtliche relevanten Verfahren und Methoden zur Bewertung des geistigen Eigentums und seiner Bestandteile und wendet sie im Bedarfsfall an.

14.5 Das Unternehmen verschafft sich Kenntnis aller gegebenen Verwertungsmöglichkeiten.

14.6 Insbesondere verschafft es sich Kenntnis der unterschiedlichen Formen immaterialgüterrechtlicher Transaktionen (so die vollständige Immaterialgüterübertragung, Einräumung immaterialgüterrechtlicher Mitinhaberschaften, Lizenzierung von Schutzrechten).

14.7 Das Unternehmen nutzt die Möglichkeiten der Verwendung von Schutzrechten als Kreditsicherheiten.

14.8 Das Unternehmen profitiert von den Möglichkeiten der Bilanzierung von Immaterialgütern.

14.9 Das Unternehmen nutzt die steuerlichen Implikationen der Bewertung und Aktivierung des geistigen Eigentums. Es hält im übrigen auch die steuerlichen Auswirkungen seiner im Rahmen des IP-Managements getroffenen Entscheidungen unter Kontrolle.

15. Prozessgruppe: IP-Management im Hinblick auf die Durchsetzung des Schutzes geistigen Eigentums mithilfe des Staates

15.1 Das Unternehmen identifiziert seine wesentlichen Wettbewerber und überwacht deren Aktivitäten. Neu hinzutretende Konkurrenten werden gezielt beobachtet.

15.2 Das Messegeschehen, die interessierenden Medien und das Internet stehen unter Kontrolle.

15.3 Das Unternehmen verschafft sich eine präzise Kenntnis seiner rechtlichen Möglichkeiten, den Schutz seines geistigen Eigentums durchzusetzen.

15.4 Das Unternehmen erstellt für den Fall von Rechtsverletzungen einen genauen und praktikablen Ablaufplan.

15.5 Es nimmt eindeutige Kompetenzzuweisungen vor.

15.6 Die Information über einen Kollisionsfall durch das Unternehmen wird durch die zuständige Stelle aufgenommen. Es folgen

15.7 die Beurteilung der Information und die Entscheidung über Reaktion sowie die

15.8 Umsetzung der Entscheidung.

15.9 Das Unternehmen schafft auch für den Fall von Rechtsverletzungen klare Regeln über die Zusammenarbeit zwischen den Fachabteilungen des Unternehmens (Rechts-, Patentabteilung o. ä.) und qualifizierten externen Dienstleistern (Rechts- und Patentanwaltskanzleien).
15.10 Es erstellt klare Regeln für einen geordneten, ungehinderten und schnellen Kommunikationsablauf zwischen den an Konfliktprozessen Beteiligten.
15.11 Alle Beteiligten geben Feedback für eine Optimierung des Verhaltens des Unternehmens vor und im Konfliktfall.
15.12 Das Unternehmen sorgt für ein Kosten- und Effizienz-Controlling des Konfliktgeschehens.
15.13 In Konfliktfällen gewonnene Erfahrungen werden genutzt, um eine Stärken-Schwachstellen-Untersuchung (etwa als SWOT[12]-Analyse) des geistigen Eigentums durchzuführen und zu evaluieren, was dieser Bereich zur Gesamtheit der Unternehmensprozesse beträgt und was er perspektivisch beitragen kann.

14.2 IP-Cert-Anforderungsprofil

Dieses Anforderungsprofil ähnelt nicht von ungefähr der Auflistung der IP-Prozesse, die in Unternehmen typischerweise angetroffen werden können (Kap. 14.1), geht es doch hier darum, diese Prozesse in Anforderungen zu übersetzen, denen das Unternehmen entsprechen will oder muss. Wiederum kann nur eine beispielhafte Aufzählung vorgeschlagen werden. Jedes Unternehmen wird auch hier nach seinen subjektiven Präferenzen seine Schwerpunkte bilden und ggf. Positionen negieren oder Ergänzungen vornehmen.

1. IP-Management des Unternehmens (allgemeines Anforderungsprofil)
1.1 Der Unternehmensführung ist bewusst, dass das Unternehmen geistiges Eigentum besitzt.
1.2 Sie weiß, dass das geistige Eigentum des Unternehmens Gegenstand aktiven Managements sein kann/muss.
1.3 Die Unternehmensführung kennt die wettbewerbliche Bedeutung des geistigen Eigentums für die Volkswirtschaft und jeden einzelnen Betrieb – vor allem den eigenen.

---

[12] SWOT = Strength-Weaknesses-Opportunities-Threats; s. Esch, F.-R,/Herrmann, A./Sattler, H. (2006), S. 165.

1.4 Die Unternehmensführung besitzt eine Vorstellung von den wirtschaftlichen Vorgängen, die auf dem geistigen Eigentum aufbauen. Sie hat die Möglichkeit erkannt, es im Rahmen von Aneignungsstrategien zur Schaffung von Vermögenswerten zu nutzen.

1.5 Der Führungsspitze des Unternehmens ist bewusst, dass und warum das Management des geistigen Eigentums „Chefsache" ist.

1.6 Zuständigkeit und Verantwortlichkeit in der Führungsspitze für das IP-Management sind geregelt.

1.7 Die Unternehmensführung hat eine Vorstellung davon, dass drei wesentliche IP-Funktionen zu unterscheiden sind und zusammenwirken, nämlich:
a) IP ist Teil des Unternehmensvermögens und generiert Wettbewerbsvorteile.
b) IP als Gesamtbestand an Rechten und geschützten Rechtspositionen visualisiert das Eigentum an Wissen.
c) IP richtet den Blick auf die gegebenen Möglichkeiten, aus dem Vermögenspotenzial und den geschützten Exklusivrechten für das Unternehmen wirtschaftliche Vorteile zu generieren.[13]

1.8 Die Unternehmensführung ist offen für die Erkenntnis, dass es der Stellung von IP in der Wissensgesellschaft und -ökonomie entspricht, die Unternehmensstrukturen und betrieblichen Prozesse an die veränderten gesellschaftlichen und wirtschaftlichen Gegebenheiten und Erfordernisse anzupassen.

1.9 Sofern zwischen den beteiligten Unternehmensteilbereichen Technik, Produktgestaltung, Ökonomie, Management einschließlich Finanzwesen und Recht die in den meisten Unternehmen anzutreffende Distanz antreffen ist, öffnet sich die Unternehmensführung dem Gedanken, im Interesse der systematischen Steigerung des Unternehmenserfolges durch strukturelle Reformen die Teilbereichsgrenzen zu überwinden und ein neues kooperatives und kommunikatives Verhältnis zwischen den Unternehmenseinheiten zu schaffen.

1.10 Die Unternehmensführung kennt die Möglichkeit, einen IP-Manager[14] einzuplanen, der die gezielte und optimierte Aneignung von Innovationsrenditen[15] gewährleistet, ebenso die Klaviatur der Reaktionsmöglichkeiten

---

[13] So schon Wurzer, A. J., IP-Management – Schlüsselkompetenz in einer Wissensökonomie, GRUR 2008, 577, 578.

[14] Vgl. zu diesem immer noch neuen Berufsbild die grundlegende Arbeit von Wurzer, A. J. (Hrsg., 2009), IP-Manager, München.

[15] Vgl. Wurzer, A. J. (2008), IP-Management – Schlüsselkompetenz in einer Wissensökonomie, in GRUR 2008, 577, 582.

14.2 IP-Cert-Anforderungsprofil

bei Schutzrechtsverletzungen beherrscht, den wirtschaftlich/pekuniären Wert und das strategische Potenzial von IP-Bestandteilen vermitteln oder die IP-vermittelte Wettbewerbsstärke des Unternehmens darstellen kann.[16]

1.11 Es entspricht der Überzeugung der Unternehmensführung, dass dem IP-Management der Zugriff auf geeignete, Erfolg versprechende „Komplementärfaktoren"[17] ermöglicht wird, um ihn auf die Optimierung der Aneignung von Innovationsrenditen auszurichten.

1.12 Die Führungsspitze des Unternehmens erwartet vom IP-Manager, dass er qualifizierte Strategien der Aneignung immateriellen Vermögens definiert und auf dieser Grundlage das Ziel der systematischen Steigerung des Unternehmenserfolges verfolgt. Sie verlangt von ihm, dass er im Unternehmen den Aufbau inter- und multidisziplinärer Leistungsstrukturen zu stimuliert, auf denen das qualifizierte IP-Management personell aufzubauen kann.

1.13 Sie weiß, dass er die Schaltstelle ist, damit
   a) geistiges Eigentum hervorgebracht wird,[18]
   b) dessen optimale Kapitalisierung erfolgt[19] und
   c) die immateriellen Vermögenswerte in Wirtschaftsgüter konvertiert werden.[20] Der IP-Manager gewährleistet die Interaktion dieser drei notwendig komplementären Mechanismen zur Generierung von Mehrwert durch den Einsatz immaterieller Vermögenswerte.

1.14 Die Unternehmensführung weiß, dass es die Möglichkeit der Auditierung und Zertifizierung der IP-Managementprozesse im Unternehmen gibt.

1.15 Ihr ist das Wesen von Auditierung und Zertifizierung ebenso wenig fremd wie deren wesentliche Vorteile.

1.16 Das Management des geistigen Unternehmenseigentums lässt erkennen, dass ihm die Konzeption des Ganzheitlichen, Systemischen und Prozesshaften zugrunde liegt und der Unternehmensführung dies bewusst ist.

---

[16] Ausführlicher dazu: Wurzer, A. J. GRUR 2008, 577, 584.

[17] Vgl. Wurzer, a. a. O., S. 584 et passim. Dabei handelt es sich um Faktoren wie verfügbare Informationen und Wissensbestände, Kapital, Erfahrung, Marktzugang, Kooperationsstrukturen, Technologie, bereitstehende Expertennetze etc.

[18] Durch Kreation/Schöpfung und Innovation, Erwerb von Schutzrechten und Lizenzen, Generierung von Know-how etc.

[19] Einsatz des hervorgebrachten geistigen Eigentums zu produktiven Zwecken.

[20] Vgl. Wurzer, A. J. (2008), IP-Management – Schlüsselkompetenz in einer Wissensökonomie, in GRUR 2008, 577, 582.

1.17 Demzufolge wird die Vernetzung des geistigen Eigentums und seines Managements mit anderen Disziplinen der Unternehmensführung erfasst und implementiert.
1.18 Dem IP-Management des Unternehmens liegt eine definierte, schriftlich dokumentierte IP-Strategie zugrunde.
1.19 Die IP-Strategie des Unternehmens ist in die allgemeine Unternehmensstrategie eingebettet.
1.20 Die Implementierung der IP-Strategie ist eindeutig nach Plangesichtspunkten geregelt.
1.21 Die Akzeptanz der IP-Strategie im Unternehmen ist ebenso gesichert, wie die der allgemeinen Unternehmensstrategie. Diesbezügliche Kommunikationsprozesse sind installiert; ihre Wirkung wird kontrolliert.
1.22 Die strategische Bedeutung der wesentlichen Schutzrechte und Schutzpositionen des Unternehmens – einschließlich ihrer (rechtlich abgesicherten) Fähigkeit, die allgemeine Unternehmensstrategie zu unterstützen – ist für die Unternehmensführung geklärt und schriftlich dokumentiert.
1.23 Die mit dem IP-Management verbundenen Risiken des Unternehmens sind in ausreichendem Maße und zuverlässig geklärt.
1.24 Das Unternehmen verfügt über sämtliche organisatorischen und technologischen – einschließlich informationstechnologischen – Mittel, um die Aufgaben des IP-Managements bewältigen zu können. Eine qualifizierte IP-Management-Software[21] befindet sich im Einsatz. Datensicherheit ist gewährleistet.
1.25 Die Kosten-/Nutzenanalyse des IP-Managements wird laufend fortgeschrieben.
1.26 Steuerliche Implikationen des IP-Managements werden beherrscht.
1.27 Ein Controlling des IP-Managements findet statt.

2. Anforderungsprofil für das Kreativitäts- und Innovationsmanagement des Unternehmens

2.1 Das Unternehmen verfügt über eine systematische Planung, Steuerung, Förderung und Kontrolle der Entwicklung/Generierung von Ideen und zur Verwertung der im Kreativitätsprozess generierten Ideen bzw. deren Umsetzung in wirtschaftlich erfolgreiche Produkte einschließlich Dienstleistungen.
2.2 Zum Management der Kreativitäts- und Innovationsvorgänge bedient sich das Unternehmen geeigneter und bewährter Kreativitätstechniken (Ideenfindungsmethoden) und Innovationsprozessmodelle.

---

[21] Google hat dazu 60.600.000 Ergebnisse und allein zu „Patent-Management-Software" 30.900.000 Ergebnisse (Stand 2.5.2013)!

2.3 Das Unternehmen nutzt – soweit erforderlich – die Grundsätze des Qualitätsmanagements (auch) im Bereich der unternehmerischen Kreativität und Innovation und ferner auch die Möglichkeit der Auditierung nach einschlägigen Normen wie DIN ISO 9001.
2.4 Die entstandenen Ideen werden dokumentiert und im Rahmen eines geeigneten Wissensmanagements unternehmensintern verfügbar gemacht.
2.5 Das Unternehmen verfolgt das Ziel, möglichst große Innovationssprünge zu realisieren, deren Ergebnisse jedoch immer Produkte sind, die auf uneingeschränkte Marktakzeptanz stoßen.
2.6 Das Unternehmen erlaubt seinen Kreativitäts- und Innovationsergebnissen zu reifen und steuert diesen Reifungsprozess.
2.7 Die Markteinführung von Innovationsergebnissen wird begleitet durch Anstrengungen emotionaler Kunden- und Markenbindung.
2.8 Technologielücken des Unternehmens sind identifiziert und dokumentiert.
2.9 Dasselbe gilt für Lücken in der Designstrategie (Gestaltungsstrategie).
2.10 Das Innovationsmanagement ist unternehmensglobal zuständig für die Steigerung von Effektivität und Effizienz und hat zusätzlich die Erneuerung/Verbesserung von Fertigungsprozessen, Organisationsstrukturen, Managementprozessen etc. im Blick.
2.11 Dazu nutzt es neben unternehmenseigenen Ressourcen zusätzlich überbetriebliche Innovationsmanagementprozesse wie Open-Innovation, Systeminnovation, Innovationscluster, innovative Regionen etc.
2.12 Das Unternehmen nutzt die Möglichkeit, Stakeholder für gemeinsame Innovationsstrategien zu gewinnen.
2.13 Daneben verfolgt das Unternehmen die Möglichkeit, Innovationsergebnisse Externer in Anspruch zu nehmen.

3. **Anforderungsprofil für das Markenmanagement des Unternehmens**[22]

3.1 Die Marken des Unternehmens sind nach durchgeführter gründlicher Markenrecherche (Identitäts- und Ähnlichkeitsrecherche in Bezug auf potenziell kollidierende Kennzeichen) rechtlich sauber begründet und in ihrem Bestand ungefährdet.
3.2 Sie genießen eine starke Durchsetzbarkeit und können mit jeweils gutem Erfolg verteidigt werden.
3.3 Schutzumfang und Kennzeichnungskraft der Marken sind hoch, und zwar bei Markeneinfachheit.

---

[22] Siehe dazu auch den Vorschlag für das Prüfungsschema zum Marken-IP-Audit in Kap. 14.5.

3.4 Bei einer Mehrheit von Kennzeichen unterstützen sie sich gegenseitig durch ausreichende „Querwirkungen".
3.5 Das Unternehmen verfügt über eine effiziente Markenüberwachung.
3.6 Das Unternehmen verfügt über eine gewachsene Markenkultur.
3.7 Es besteht ein Markenbewusstsein.
3.8 Danach richtet sich die nachhaltige Markenführung des Unternehmens.[23]
3.9 Das Unternehmen organisiert seine Marken wirkungsvoll.
3.10 Das Unternehmen verfügt über eine dokumentierte und im Unternehmen kommunizierte Markenvision.
3.11 Das Unternehmen besitzt eine an der allgemeinen Unternehmensstrategie orientierte Markenstrategie.
3.12 Das Unternehmen betreibt ein effizientes Markenmonitoring (Feedback).
3.13 Es wird im Unternehmen ein Brand-Management-System (BMS) wie z. B. bei DHL eingesetzt.
3.14 Das Markenwesen des Unternehmens wird mit anderen Unternehmensbereichen koordiniert (z. B. F&E, Unternehmenskommunikation etc.).
3.15 Die Marken des Unternehmens sind in den geografisch „richtigen" Markenregistern eingetragen. Sofern sie durch Benutzung innerhalb beteiligter Verkehrskreise als Marke Verkehrsgeltung erworben haben, werden sie zur Eintragung angemeldet.
3.16 Es ist gesichert, dass die Marken des Unternehmens geschützt werden für die Waren und Dienstleistungen, die das Unternehmen gegenwärtig und in überschaubarer Zukunft auf dem Markt anbieten wird.
3.17 Eine hohe Kennzeichnungskraft und Wiedererkennbarkeit (Erinnerungswert) der Marken des Unternehmens ist gewährleistet (Schutzumfang!).
3.18 Kennzeichnungs-/kommunikationsstarke Marken erlauben eine qualifizierte Markenbildung für das Unternehmen.
3.19 Das Unternehmen besitzt ein vollständiges Markenportfolio mit einer sinnvollen Portfolioarchitektur.
3.20 Die Marken des Unternehmens erlauben es ihm, durch qualifizierte Markenführung das Angebot mit charakteristischen Merkmalen anzureichern, die eine eindeutige Zuordnung zur Marke (und ihrem Inhaber) ermöglichen und das Angebot vorteilhaft aus einer Masse objektiv gleichartiger Angebote herausheben.

4. **Anforderungsprofil für das Patentmanagement des Unternehmens**
4.1 Die vorhandenen Patente bieten wirksamen, marktorientierten Schutz für die technisch und wirtschaftlich relevanten Innovationen des Unternehmens und sichern ihren wirtschaftlichen Nutzen.

---

[23] Sie wird z. B. nicht konterkariert durch allenfalls kurzfristig wirksame und eher kurzsichtige Aktionen wie „eingebauter Verschleiß" bzw. „geplante Obsoleszenz".

14.2 IP-Cert-Anforderungsprofil

4.2   Das Unternehmen verhindert „Overengineering" und „Patenttechnokratie".
4.3   Die Patente des Unternehmens verbinden Produkt- mit Kompetenzschutz.
4.4   Sie sichern Return on Investment auf Investitionen in technische Innovation.
4.5   Sie mehren als Kristallisationsräume technologischer Kompetenz und Kraft des Unternehmens den Unternehmenswert.
4.6   Sie positionieren das Unternehmen im Wettbewerb, u. a. im Innovationswettbewerb.
4.7   Sie sind wirksame wettbewerbliche Mittel, die Unternehmensstrategie umzusetzen; sie schaffen Handlungsspielraum („freedom to operate").
4.8   Sie reichern eine qualifizierte Wahrnehmbarkeit ihrer Inhaberfirmen an.
4.9   Sie beeinflussen die Bestimmung von Wirtschaftswerten.
4.10 Patente weisen ihren Inhaber als attraktiven Partner für technologische Kooperationen aus.
4.11 Sie verschaffen ihrem Inhaber durch Lizenzeinnahmen eine größere Finanzkraft; sie ermöglichen überdies Lizenzgewährungen als Gegengeschäft und erlauben die Nutzung fremder Technologien (Finanzmarktnutzen durch „Cross Licensing").
4.12 Sie stellen den Patentinhaber als ggf. interessanten M&A-Übernahmekandidaten dar.
4.13 Sie schützen das Unternehmen gegen die wirtschaftliche Übermacht von Großunternehmen.
4.14 Sie helfen, Wettbewerber – soweit rechtlich erlaubt – zu behindern.
4.15 Sie reduzieren Wettbewerbsrisiken, indem sie es lohnend machen, potenzielle Verletzer zu überwachen und ggf. zu verfolgen.
4.16 Sie führen, wie empirische Studien zeigen, zu größerem Umsatzwachstum durch Neuprodukte und höhere Umsatzrendite. Sie nötigen Wettbewerber, aufwendig Umgehungslösungen für geschützte Erfindungen zu finden.
4.17 Der Schutzumfang von Patenten kann durch „Clusterisierung" bedeutend vergrößert werden.
4.18 Das Patentmanagement koordiniert und synchronisiert Patent- und Produktstrategie. Im Schutz- und Anwendungsbereich des Patents entstehen Produkte, die am Markt Erfolg haben.[24]
4.19 Das Patentmanagement gewährleistet ausreichenden Schutz bei Marktzutritt mit neuen Produkten.

---

[24] Das beste Patent – auch mit großem Schutzumfang – ist wenig wert, wenn es nicht durch den Absatz entsprechender Produkte umgesetzt wird bzw. werden kann. Es verfehlt dann seinen Zweck, nämlich dem unternehmerischen Ziel zu dienen, das darin besteht, auf der Ebene der Kaufentscheidung vorgezogen zu werden.

4.20 Das äußerst wichtige Patentinformationsmanagement als Subthema des Patentmanagements nutzt die verfügbaren Patentinformationen zur wesentlichen Steigerung der F&E-Effektivität und -Effizienz (Kostenoptimierung!) und zur Innovationsförderung (Anreicherung und Beschleunigung der Innovationsprozesse).

4.21 Patentmanagement beinhaltet die regelmäßige Überwachung aller Patentfunktionen (insbesondere Anmeldung, Verwaltung und Verteidigung) durch regelmäßiges Reporting und Controlling.

5. **Anforderungsprofil für das Geschmacksmustermanagement des Unternehmens**

5.1 Die Geschmacksmuster des Unternehmens bieten wirksamen Schutz für Innovationen auf gestalterischem Gebiet.

5.2 Sie sichern Return on Investment auf Investitionen in Formgebung.

5.3 Geschmacksmuster mehren als Kristallisationsräume gestalterischer Kompetenz und Kraft des Unternehmens den Unternehmenswert.

5.4 Auch sie positionieren das Unternehmen im Wettbewerb, u. a. im Innovationswettbewerb.

5.5 Geschmacksmuster sind wirksame wettbewerbliche Mittel, die Unternehmensstrategie umzusetzen; sie schaffen „freedom to operate".

5.6 Geschmacksmuster reichern eine qualifizierte Wahrnehmbarkeit ihrer Inhaberfirmen an.

5.7 Geschmacksmuster beeinflussen die Bestimmung von Wirtschaftswerten.

5.8 Sie weisen ihren Inhaber als attraktiven Partner für Kooperationen auf dem Gebiet der Produktgestaltung aus.

5.9 Geschmacksmuster verschaffen ihrem Inhaber durch Lizenzeinnahmen eine größere Finanzkraft; sie ermöglichen überdies Lizenzgewährungen als Gegengeschäft und erlauben die Nutzung fremden Gestaltungs-Know-hows.

5.10 Geschmacksmuster stellen ihren Inhaber als ggf. interessanten M&A-Übernahmekandidaten dar.

5.11 Auch Geschmacksmuster schützen das Unternehmen gegen die wirtschaftliche Übermacht von Großunternehmen.

5.12 Geschmacksmuster helfen, Wettbewerber – rechtlich erlaubt – zu behindern.

5.13 Geschmacksmuster reduzieren Wettbewerbsrisiken, indem sie es lohnend machen, potenzielle Verletzer zu überwachen und ggf. zu verfolgen.

5.14 Voraussetzung für einen wertvollen Schutzumfang ist ein – möglichst großer – kreativer Überschuss über bereits bestehende Gestaltungen.

5.15 Die Möglichkeit wird genutzt, den Schutzumfang von Geschmacksmustern durch „Clusterisierung" zu vergrößern.

5.16 Das Unternehmen dokumentiert die Entstehung seiner Entwürfe und Gestaltungen (Geschmacksmuster).
5.17 Es verfügt über Übersichten, die zeitbezogen die bekannten Erscheinungsformen von Erzeugnissen und Erzeugnisteilen zumindest in seiner Branche und bei den Wettbewerbern vollständig dokumentieren.

6. **Anforderungsprofil für das Management der Schutzrechtsportfolien des Unternehmens**
6.1 Das Unternehmen hat Regeln aufgestellt über Inhalt und Ausgestaltung der Marketinginstrumente, eine gemeinsame Vermarktungsphilosophie und eine Standardisierung des Vermarktungsprozesses.
6.2 Es kommen heterogen zusammengesetzte Teams zum interdisziplinären Einsatz unter Einhaltung grundsätzlicher Rahmenvorgaben und unter Entwicklung und Anwendung von Steuerungs- und Kontrollsystemen.
6.3 Das Top-Management ist zur Durchsetzung markenstrategischer Leitlinien im Unternehmen beteiligt.
6.4 Ein ausreichender Ressourcenzugang ist gewährleistet (Zugang zu technischen, personellen und finanziellen Ressourcen des Unternehmens).
6.5 Komplementäre Ressourcen können genutzt werden (Nutzen des Vorteils der Kombination sich ergänzender Ressourcen).
6.6 Die erforderliche abteilungsübergreifende Zusammenarbeit aller Abteilungen, deren Aufgabenstellung vom Management des Markenportfolios betroffen ist, wird sichergestellt.
6.7 Es herrscht Teamgeist zur Schaffung eines kooperationsfördernden Klimas mit dem Ziel, die abteilungsübergreifende Zusammenarbeit zu optimieren.

7. **Anforderungsprofil für das Urheberrechtsmanagement des Unternehmens**
7.1 Urheberrechte bieten dem Unternehmen Schutz für Innovationen auf geistigem Gebiet.
7.2 Sie sichern Return on Investment auf Investitionen in künstlerische und wissenschaftliche Werke.
7.3 Urheberrechte sollen als Kristallisationsfläche kreativer Kompetenz und Kraft des Unternehmens den Unternehmenswert mehren.
7.4 Auch sie positionieren das Unternehmen im Wettbewerb, u. a. im Innovations- und Kreationswettbewerb.
7.5 Urheberrechte sind wirksame wettbewerbliche Mittel, die Unternehmensstrategie umzusetzen; sie schaffen „freedom to operate".
7.6 Sie weisen ihren Inhaber als attraktiven Partner für Kooperationen auf dem Gebiet der Verwertung urheberrechtlicher Werke aus.

7.7 Voraussetzung für einen wertvollen Schutzumfang ist ein – möglichst großer – schöpferischer Überschuss über bereits bestehende Werkschöpfungen.

8. Anforderungsprofil für das Know-how-Management des Unternehmens

8.1 Das Unternehmen hat ein ausgefeiltes Vorschlagswesen entwickelt und fördert nach Kräften das Hervorbringen von Know-how und Geschäfts- und Betriebsgeheimnissen.

8.2 Betriebliches Know-how und Geschäfts- und Betriebsgeheimnisse des Unternehmens werden vollständig erfasst und dokumentiert.

8.3 Das Unternehmen hat bewusst entschieden, auf gesetzlichen Schutz hierfür, insbesondere Patentschutz, soweit erreichbar, zu verzichten. Allerdings macht das Unternehmen soweit gegeben und sinnvoll von der Möglichkeit Gebrauch, Know-how und Geschäfts- und Betriebsgeheimnisse durch flankierende Schutzrechte abzusichern.

8.4 Das Register wird laufend um Neuerwerbungen an Know-how und Geschäfts- und Betriebsgeheimnissen ergänzt. Obsolet gewordenes Wissen wird als solches gekennzeichnet und ggf. in „Ablageordner" verschoben.

8.5 Der Wille des Betriebsinhabers, dass registriertes Know-how und Geschäfts- und Betriebsgeheimnisse geheim gehalten werden sollen, wird allen Personen, die zu ihnen Zugang haben, beweisbar kommuniziert (gegen schriftliche Quittung der Kenntnisnahme).

8.6 Das tatsächlich bestehende Geheimhaltungsinteresse des Betriebsinhabers wird von allen Zugangsberechtigten schriftlich anerkannt.

8.7 Sie bestätigen schriftlich ferner, dass das Know-how und die Geschäfts- und Betriebsgeheimnisse nicht offenkundig sind.

8.8 Zugangsberechtigungen werden organisiert und dokumentarisch erfasst.

8.9 Die Relevanz von Know-how und Geschäfts- und Betriebsgeheimnissen wird periodisch beurteilt; das Ergebnis wird registriert.

8.10 Das Aufsuchen des Registers über Know-how und Geschäfts- und Betriebsgeheimnisse durch Unternehmensangehörige und autorisierte Dritte wird erfasst und registriert, damit nachvollzogen werden kann, welche Wege Informationen genommen haben.

8.11 Die mit dem Schutz von Know-how und Geschäfts- und Betriebsgeheimnissen verbundenen Kosten werden ermittelt und dokumentiert. Der Aufwand wird in Relation gesetzt zu den Vorteilen (Nutzen) des erreichten Schutzes von Know-how und Geschäfts- und Betriebsgeheimnissen.

8.12 Die Vorkehrungen des Unternehmens gegen ungewollte und erst recht unlautere Offenbarung von Know-how und Geschäfts- und Betriebsgeheimnissen sind mindestens ausreichend.

14.2 IP-Cert-Anforderungsprofil

8.13 Das Unternehmen besitzt Richtlinien über den Umgang mit sensiblen Informationen und überwacht deren Einhaltung.

8.14 Vorkommende Verstöße werden dokumentiert und ausgewertet, um den Schutz von Know-how und Geschäfts- und Betriebsgeheimnissen zu optimieren.

8.15 Die staatlichen Hilfen beim Schutz von Know-how und Geschäfts- und Betriebsgeheimnissen werden genutzt. Verletzungen und Verletzer werden verfolgt.

8.16 Die Arbeitsverträge des Unternehmens sehen Verpflichtungen zur Geheimhaltung von Know-how und Geschäfts- und Betriebsgeheimnissen vor und belehren über Sanktionen im Falle der unzulässigen Offenbarung oder Nutzung.

8.17 Auch die Verträge des Unternehmens mit anderen als Arbeitnehmern (Geschäftsführern, Vorständen, Gesellschaftern, Kooperationspartnern etc.) sehen Verpflichtungen zur Geheimhaltung von Know-how und Geschäfts- und Betriebsgeheimnissen vor und belehren über Sanktionen im Falle der unzulässigen Offenbarung oder Nutzung.

9. **Anforderungsprofil für das IP-Management des Unternehmens im Hinblick auf Beziehungen zu dritten (Arbeits-, Dienst-, Auftrags- und Kooperationsverhältnisse)**

9.1 Das Unternehmen verfügt über die geeigneten „human resources", um ein qualifiziertes IP-Management betreiben zu können.

9.2 Es betreibt Rekrutierungsmaßnahmen, die es erlauben, die IP-Managementpositionen des Unternehmens nachhaltig mit qualifiziertem Personal zu besetzen.

9.3 Das Unternehmen gewährleistet eine Personalführung in diesen Bereichen nach seinen auch unter Personalgesichtspunkten strategischen Bedürfnissen.

9.4 Aus- und Weiterbildungsmaßnahmen sind gewährleistet.

9.5 Einem Verlust von Know-how durch Personalmigration wird durch geeignete Schutzmaßnahmen entgegengewirkt.

9.6 Um Personalmigration und einem solchen Verlust vorzubeugen, strebt das Unternehmen nach einer hohen Mitarbeiterzufriedenheit.

9.7 Das Unternehmen verfügt über eine hoch entwickelte Kommunikationskultur, die gewährleistet, dass (auch) die im IP-Management engagierten Mitarbeiter in einer Weise am unternehmensinternen Informationsaustausch beteiligt sind, die sie befriedigt und zu Ergebnissen führt, die den Unternehmensbelangen gerecht werden.

9.8 Das Unternehmen strukturiert und beherrscht die Vorgänge, bei denen mehrere Personen an der Schaffung geistigen Eigentums beteiligt sind.

9.9 Hierfür werden insbesondere die Möglichkeiten zulässiger vertraglicher Gestaltungen genutzt.

9.10 Das Unternehmen sorgt für Transparenz und lässt beweiskräftige Dokumentationen erstellen.

9.11 Die individuellen Beteiligungen an Leistungsergebnissen werden klar nachvollziehbar festgehalten.

9.12 Die gegebenen vertraglichen Gestaltungsmöglichkeiten sind bekannt und werden genutzt.

9.13 Das betriebliche Vorschlagswesen ist strukturiert und durchorganisiert.

9.14 Das Arbeitnehmererfinderwesen ist den gesetzlichen Regelungen entsprechend installiert und wird implementiert.

9.15 Bei Joint-Venture-Kooperationen sorgen klare Regelungen für eine unzweideutige Zuweisung von Rechten.

10. **Anforderungsprofil für das IP-Management des Unternehmens im Hinblick auf den IP-Prozess Bewertung und Verwertung des geistigen Eigentums**

10.1 Die Zuständigkeiten für die Bewertung und Verwertung des geistigen Eigentums im Unternehmen sind geregelt.

10.2 Das Unternehmen besitzt eine vollständige, zutreffende Übersicht über sein bestehendes geistiges Eigentum und hat alle seine Bestandteile erfasst.

10.3 Das Unternehmen kennt die Anlässe, die eine Bewertung des geistigen Eigentums erfordern oder jedenfalls von Vorteil sind.

10.4 Es kennt auch sämtliche relevanten Verfahren und Methoden zur Bewertung des geistigen Eigentums und seiner Bestandteile und wendet sie im Bedarfsfall an.

10.5 Dem Unternehmen sind alle gegebenen Verwertungsmöglichkeiten bewusst.

10.6 Insbesondere kennt es die unterschiedlichen Formen immaterialgüterrechtlicher Transaktionen (so die Immaterialgüterübertragung, Einräumung immaterialgüterrechtlicher Mitinhaberschaften, Lizenzierung von Schutzrechten).

10.7 Das Unternehmen nutzt die Möglichkeiten der Verwendung von Schutzrechten als Kreditsicherheiten.

10.8 Das Unternehmen profitiert von den Möglichkeiten der Bilanzierung von Immaterialgütern.

10.9 Das Unternehmen kennt und nutzt die steuerlichen Implikationen der Bewertung und Aktivierung des geistigen Eigentums. Es hält auch im Übrigen die steuerlichen Auswirkungen seiner im Rahmen des IP-Managements getroffenen Entscheidungen unter Kontrolle.

14.2 IP-Cert-Anforderungsprofil

11. **Anforderungsprofil für das IP-Management des Unternehmens im Hinblick auf die Durchsetzung des Schutzes geistigen Eigentums mithilfe des Staates**

   11.1 Das Unternehmen kennt seine wesentlichen Wettbewerber und überwacht deren Aktivitäten. Neu hinzutretende Konkurrenten werden gezielt beobachtet.

   11.2 Das Messegeschehen, die interessierenden Medien und das Internet stehen unter Kontrolle.

   11.3 Das Unternehmen hat eine präzise Kenntnis seiner rechtlichen Möglichkeiten, den Schutz seines geistigen Eigentums durchzusetzen.

   11.4 Das Unternehmen verfügt für den Fall von Rechtsverletzungen über einen genauen und praktikablen Ablaufplan.

   11.5 Dieser Plan sieht eindeutige Kompetenzzuweisungen vor.

   11.6 Die Information über einen Kollisionsfall durch das Unternehmen wird durch die zuständige Stelle aufgenommen. Es folgen

   11.7 die Beurteilung der Information und die Entscheidung über Reaktion sowie

   11.8 die Umsetzung der Entscheidung.

   11.9 Im Unternehmen bestehen auch für den Fall von Rechtsverletzungen klare Regeln über die Zusammenarbeit zwischen den Fachabteilungen des Unternehmens (Rechts-, Patentabteilung o. ä.) und qualifizierten externen Dienstleistern (Rechts- und Patentanwaltskanzleien).

   11.10 Es bestehen klare Regeln für einen geordneten, ungehinderten und schnellen Kommunikationsablauf zwischen den an Konfliktprozessen Beteiligten.

   11.11 Alle Beteiligten geben Feedback für eine Optimierung des Verhaltens des Unternehmens vor und im Konfliktfall.

   11.12 Für ein Kosten- und Effizienz-Controlling des Konfliktgeschehens ist gesorgt.

   11.13 In Konfliktfällen gewonnene Erfahrungen werden genutzt, um Stärken-Schwachstellen-Untersuchungen (etwa als SWOT[25]-Analyse) des geistigen Eigentums durchzuführen und zu evaluieren, wie dieser Bereich zur Gesamtheit der Unternehmensprozesse beträgt und was er perspektivisch beitragen kann.

---

[25] SWOT = Strength-Weaknesses-Opportunities-Threats; s. Esch, F.-R,/Herrmann, A./Sattler, H. (2006), S. 165.

14.3 IP-Audit-Prüfungsstruktur (umfassendes IP-Audit)

Teil I

1. **Unternehmensbezogene Daten**
   1.1 Größe des Unternehmens (Kategorienzugehörigkeit: Konzern, KMU; Marktanteil)
   1.2 Spezialisierung, Fokussierung auf Nischen
   1.3 Maßgebliche Branche
   1.4 Charakteristik der Branche (Modeabhängigkeit, Bedeutung von Trends etc.)
   1.5 Innovationsgeschwindigkeit der Branche
   1.6 Differenzierungsgrad bei Produkten der Branche
   1.7 Struktur des Wettbewerbs
   1.8 An welchen Wertschöpfungsstufen beteiligt?
   1.9 Besitz von Kerntechnologien/-kompetenzen
   1.10 Geografischer Aktionsradius
   1.11 Ressourcen für IP-Management (für Schutzrechtsbegründung und -verteidigung)
2. **Produktbezogene Daten**
   2.1 Technologisches Niveau
   2.2 Diversifizierbarkeit des Produkts/der Produkte?
   2.3 Substituierbarkeit
   2.4 Aktualitätsattraktivität („trendiness")
   2.5 Innovationszyklen
3. **Warum ist ein IP-Audit veranlasst?**
   3.1 Soll das Unternehmen (ganz oder teilweise) verkauft werden?
   3.2 Soll ein Unternehmen (ganz oder teilweise) gekauft werden?
   3.3 Steht eine Fusion bevor?
   3.4 Steht die Börseneinführung bevor?
   3.5 Sollen einzelne Schutzrechte gekauft/verkauft werden?
   3.6 Steht der Abschluss von Lizenzverträgen (Franchiseverträgen etc.) bevor?
   3.7 Sollen Werte des IP-Bestands für Finanzierungsgespräche/Kreditverhandlungen ermittelt werden?
   3.8 Benötigt die Unternehmensführung eine Übersicht über die Kosten des Aufbaus und der Verteidigung des geistigen Eigentums?
   3.9 Werden Erkenntnisse benötigt über den Return on Investment bezüglich der für das geistige Eigentum investierten Summen?
   3.10 Ist das Unternehmen in Streitigkeiten über das geistige Eigentum verwickelt?

14.3 IP-Audit-Prüfungsstruktur (umfassendes IP-Audit) 171

4. **Definition des Audit-Ziels**
5. **Benennung der Audit-Beteiligten**
6. **Festlegung des Audit-Verfahrens/der IP-Audit-Methoden**
7. **Wahrnehmbarkeit**
    7.1 Gibt es im Unternehmen strategische Entscheidungen bezüglich seiner eigenen Wahrnehmbarkeit und der seiner Hervorbringungen? (Erfassen der strategischen Kommunikationsziele des Unternehmens)
    7.2 Wird die diesbezügliche Strategie des Unternehmens im IP-Bereich umgesetzt?
    7.3 Gibt es dazu ein Controlling?
    7.4 Gibt es beim Unternehmen – etwa aufgrund von Recherchen/Verkehrsbefragungen oder sonstiger Untersuchungen – Erkenntnisse darüber, wie das Unternehmen und sein Auftritt (einschließlich der Unternehmenssymbole und -kennzeichen), seine Erzeugnisse und deren Präsentation von den Angehörigen der Zielgruppe und weiteren Bezugsgruppen wahrgenommen werden? Welche Inhalte kommunizieren sie, welche Werte verkörpern sie? Gibt es ein kontinuierlich durchgeführtes „trendscouting"?
8. **Ermittlung der IP-Substanz des Unternehmens**
    8.1 Über welches IP-relevante Wissen und welche Schutzrechte verfügt das auditierte Unternehmen?
    Sind die folgenden IP-Vermögenspositionen identifiziert, erfasst und bewertet?
    – Erfindungen
    – Schöpfungen
    – Know-how
    – Geschäfts- und Betriebsgeheimnisse
    – in-house entwickelte Software
    – Ideen und Publikationen der Angehörigen des Unternehmens
    – Patente
    – Marken aller Art
    – Formschöpfungen/Geschmacksmuster
    – Domain-Namen
    – Urheberrechte
    Welchen Stand hat das Wissensmanagement des Unternehmens?
    8.2 Welches sind die weiteren Bestandteile seines geistigen Eigentums?
    Substanzbestandteile: Wie werden die identifizierten IP-Vermögenspositionen von den unterschiedlichen, mit IP befassten Unternehmensteilen gehandhabt?
    Prozessbestandteile: Wie gehen die unterschiedlichen, mit IP befassten Unternehmensteile mit dem Management des geistigen Eigentums um?

8.3 IP-Geschichte des Unternehmens
8.4 IP-Kultur des Unternehmens
8.5 IP-relevante Vernetzungen im Unternehmen
speziell: IP – Marketing – Unternehmenskommunikation
8.6 IP-HRM

Teil II

1. **Die einzelnen Positionen des geistigen Eigentums**
    1.1 Patente
        1.1.1 Über welche Patente verfügt das Unternehmen? (Rechtsinhaberschaft)
        1.1.2 Bestandskraft der Patente
            1.1.2.1 Einspruchsverfahren
            1.1.2.2 Nichtigkeitsverfahren
            1.1.2.3 Unterlassungs-Verpflichtungserklärungen
            1.1.2.4 Verlängerungsgebühren
        1.1.3 Schutzdauer
        1.1.4 Patentportfolio und Patentportfoliomanagement
        1.1.5 Bewirken die Patente ausreichenden Schutz für die gemachten Erfindungen?
        1.1.6 sachlicher Schutzbereich (Patentansprüche)
        1.1.7 geografischer Schutzbereich
        1.1.8 Ist die Inanspruchnahme von „Abrundungslizenzen" erforderlich und möglich?
        1.1.9 Lizenzierungspotenzial des Patentbestands
        1.1.10 Verletzungsverfahren
        1.1.11 Patentinformationsmanagement
        1.1.12 Patentanmeldungen
        1.1.13 Patentaufrechterhaltungen (rechtfertigt das kommerzielle Potenzial des Patents und dessen zukünftige Nutzung die Zahlung der Aufrechterhaltungsgebühren?)
    1.2 Marken
        1.2.1 Über welche Marken verfügt das Unternehmen? (Rechtsinhaberschaft)
        1.2.2 Bestandskraft der Marken
            1.2.2.1 Widerspruchsverfahren
            1.2.2.2 Löschungsverfahren

14.3 IP-Audit-Prüfungsstruktur (umfassendes IP-Audit)

1.2.2.3 Unterlassungs-Verpflichtungserklärungen
1.2.2.4 Verlängerungsgebühren
1.2.3 Markenportfolio und Markenportfoliomanagement
1.2.4 Kontrolliert Ihr Unternehmen die Rechtsgültigkeit seiner Marken?
1.2.5 Unterscheidungskraft/Kennzeichnungskraft der Marken?
1.2.6 Bekanntheitsgrad/Notorietät/Ruf der Marke?
1.2.7 Stimmt das Waren-/Dienstleistungsverzeichnis mit der tatsächlichen Benutzung der Marke überein? Sind Nachanmeldungen erforderlich?
1.2.8 Kann es aufgrund durchgeführter Recherchen verlässlich das Bestehen älterer/besserer Rechte ausschließen?
1.2.9 Bisherige Nutzung der Marken, insbesondere: Wurden die Marken so benutzt (rechtserhaltend), wie sie registriert sind?
1.2.10 sachlicher Schutzbereich
1.2.11 geografischer Schutzbereich
1.2.12 Kennt das Unternehmen den Grad der Bekanntheit seiner Marken?
1.2.13 Gibt es Erkenntnisse über den Ruf der Marken?
1.2.14 Weiß Ihr Unternehmen, wie seine Marken von den Bezugsgruppen wahrgenommen werden?
1.2.15 Kennt Ihr Unternehmen den Wert seiner Marken?
1.2.16 Hat Ihr Unternehmen eine gesicherte Vorstellung von dem Maß der Unterscheidungskraft seiner Marken?
1.2.17 Verfügt Ihr Unternehmen über eine Dokumentation darüber, wie seine Marken bislang benutzt wurden?
1.2.18 Verfügt Ihr Unternehmen über eine Dokumentation darüber, wie seine Marken lizenziert wurden?
1.2.19 Verfügt Ihr Unternehmen über eine Dokumentation darüber, wie seine Marken beworben wurden (Art der Werbung, Kosten, geografische Ausdehnung der Werbung)
1.2.20 Verfügt Ihr Unternehmen über Kenntnisse, dass seine Marken von Dritten unbefugt benutzt werden, und toleriert es diese Benutzung?
1.2.21 Markenüberwachung?
1.2.22 Markeninformationsmanagement
1.3 Formschöpfungen/Design-Audit (Geschmacksmuster/Urheberrechte)
  1.3.1 Datum der Schöpfung (Beweisbarkeit des Schöpfungszeitpunkts)
  1.3.2 Vorgeschichte der Kreation (Dokumentation?)
  1.3.3 Identität des Schöpfers
  1.3.4 Überprüfung des Stands der Kunst/des gestalterischen Umfelds/ älterer Rechte (Sind Recherchen vor der Schöpfung durchgeführt worden?)

1.3.5 Offenbarung der Formschöpfung (Ort/Zeit-Dokumentation, Beweisbarkeit)
1.3.6 Erwähnung der Formschöpfung/Gestaltung in Medien
1.3.7 Wurden bezüglich der Kreation Schutzrechte angemeldet?
1.3.8 Vertragliche Beziehungen zwischen Schöpfer und Unternehmen/ Rechtsinhaberschaft bezüglich der an den Kreationen entstandenen Rechte
1.3.9 Bestandskraft der Rechte
   1.3.9.1 Löschungsverfahren
   1.3.9.2 Unterlassungs-Verpflichtungserklärungen
   1.3.9.3 Verlängerungsgebühren
1.3.10 Verfügungen über entstandene Rechte?
1.3.11 Bestehen generell hinsichtlich Formschöpfungen Schutzstrategien? (Inland/Ausland)
   – Anmeldung von Rechten?
   – Geheimhaltungsstrategien?
3.1.12 Bestehen Verwertungsstrategien? (Inland/Ausland)
   – Vertragsstrategien?
   – Beteiligung der betroffenen Unternehmensstrukturen?
1.3.13 Wie werden Formschöpfungen genutzt? Selbst/durch Dritte?
   1.3.13.1 Umsätze im Inland
   1.3.13.2 Umsätze im Ausland
   1.3.13.3 Werbeaufwendungen
   1.3.13.4 Marktanteil
   1.3.13.5 Bekanntheitsgrad
   1.3.13.6 Marktpräsenz (Internet?)
3.1.14 Verlängerungen der Schutzdauer?
3.1.15 Portfolio und Portfoliomanagement (Geschmacksmusterportfolio)
3.1.16 Sind Ansätze für „systematischen Designschutz" erkennbar?
1.4 Werkschöpfungen sonstiger Art (Urheberrechte)
1.5 Know-how
   1.5.1 Identifikation der Geschäfts- und Betriebsgeheimnisse
   1.5.2 Systematische Erfassung
   1.5.3 Welches Know-how des Unternehmens kann und sollte in Schutzrechte umgemünzt werden?
   1.5.4 Für welches Know-how sind Geheimhaltungsvorkehrungen getroffen worden? Wie sind sie zu beurteilen?

14.3 IP-Audit-Prüfungsstruktur (umfassendes IP-Audit) 175

    1.5.5 Für welches Know-how sind Geheimhaltungsvereinbarungen getroffen worden? Wie sind sie zu beurteilen?
    1.5.6 Welche Erfahrungen hat das Unternehmen mit Geheimhaltungsstrategien gemacht?
    1.5.7 Sind diesbezüglich Prozesse anhängig? Wie sind sie zu beurteilen (Chancen/Risiken)?
1.6 Domain-Namen
1.7 in-house entwickelte Software

2. Vertraglicher Bereich (insbesondere Lizenz- und Franchiseverträge)
2.1 Auswertung der IP-relevanten Verträge mit Dritten (Bestandsanalyse)
    2.1.1 Katalogisierung nach Vertragsart und -gegenstand
    2.1.2 Qualifizierte Dokumentation vorhanden?
    2.1.3 Bewertung der Verträge
        2.1.3.1 Vertragsgegenstand
        2.1.3.2 Wirksamkeit der Verträge (auch kartellrechtlich)
        2.1.3.3 Vertragsgebiet
        2.1.3.4 Laufzeiten/Kündigungsfristen/Kündigungsgründe
        2.1.3.5 exklusive/nicht-exklusive Berechtigung
        2.1.3.6 Nutzungspflicht
        2.1.3.7 Vereinbarungen bezüglich Verbesserungen
        2.1.3.8 Lizenzgebühren (Art der Lizenz, Berechnung)
        2.1.3.9 erkennbare Risiken
    2.1.4 saldierte Vorteilhaftigkeit der Verträge für das Unternehmen
2.2 Kooperation der Abteilungen des Unternehmens beim Zustandekommen von Verträgen?
2.3 Implementierung von Verträgen
    2.3.1 Kontrolle der Vertragserfüllung
    2.3.2 Krisenmanagement bei Störungen der Vertragsimplementierung
    2.3.3 Feedback-Wesen aus der Erfahrung mit Verträgen und Vertragserfüllung
    2.3.4 Strategien bei Problemen mit der Implementierung von Verträgen

3. Arbeitnehmererfindungswesen
3.1 Gibt es im Unternehmen Richtlinien für die Behandlungen von Erfindungen?
    3.1.1 Existieren Richtlinien über technische Verbesserungsvorschläge?
    3.1.2 Umsetzung dieser Richtlinien
    3.1.3 Umsetzung der gesetzlichen Bestimmungen des Gesetzes über Arbeitnehmererfindungen
    3.1.4 akute Fälle

4. **IP-Streitigkeiten/Konfliktmanagement**
   4.1 Gibt es eine Strategie zur Vermeidung von eigenen Rechtsverletzungen?
   4.2 Gibt es eine Strategie zur Aufdeckung von fremden Rechtsverletzungen?
   4.3 Wie werden diese Strategien konkret umgesetzt?
   4.4 Werden die Möglichkeiten der Mediation nutzbar gemacht?
   4.5 Welche IP-Streitigkeiten sind in der Vergangenheit geführt worden?
   Welche Rechte/Positionen waren betroffen?
   Was waren die Resultate?
   Zu welchen Ergebnissen führt eine Schwachstellenanalyse?
   4.6 Wie sind die Funktionen zwischen Unternehmen und externen Beratern verteilt?
   4.7 Risikobeurteilung der anhängigen Streitigkeiten
   4.8 Risikobeurteilung der drohenden Auseinandersetzungen – Inanspruchnahmen
   4.9 Beurteilung der Möglichkeiten, Konflikte in eine „win-win"-Richtung aufzulösen
5. **Bewertungs-Audit**
   5.1 Beurteilung der Werte der einzelnen Positionen, Besitzstände und Rechte (Auswahl der Bewertungsmethode)
   5.2 Erfassen der Kosten
   5.3 Beurteilung der Budgets
6. **Steuerliche Gestaltung des IP-Wesens/-Bestands des Unternehmens**
   6.1 Inanspruchnahme der gegebenen Abschreibungsmöglichkeiten
   6.2 Nutzung von geografischen Steuergefällen
7. **Ergebnis des IP-Audits**
   7.1 Analyse in Form eines Gutachtens
   Beurteilung des Ergebnisses der Aufnahme der Ist-Situation
   Insbesondere: Entsprechen die IP-Positionen des Unternehmens seinen strategischen Entscheidungen bezüglich seiner eigenen Wahrnehmbarkeit und der seiner Hervorbringungen? Unterstützen sie das Erreichen der strategischen Kommunikationsziele des Unternehmens?
   7.2 Beurteilung des IP-Bestands
   Welche Qualität weist der IP-Bestand auf
   – in ökonomischer Hinsicht (wirtschaftliche Verwertbarkeit, ggf. auch durch licensing out; Ergänzungsbedürftigkeit, evtl. durch licensing in von externer Technologie)
   – in rechtlicher Hinsicht (Bestandssicherheit, Schutzumfänge)
   7.3 Vorschläge für die IP-Politik des Unternehmens
8. **Festlegung der Häufigkeit eines IP-Audits/des Zeitpunkts des nächsten IP-Audits**

14.4 IP-Audit-Fragebogen

1. Bedeutung und Wesen eines IP-Audits
   1.1 Kennen Sie den Begriff IP-Audit? ja/nein
   1.2 Hat sich Ihr Unternehmen schon einmal mit dem Thema IP-Audit befasst? ja/nein
   1.3 Wurde in Ihrem Unternehmen schon einmal ein IP-Audit durchgeführt? ja/nein
   1.4 Bestand danach die Absicht, ein IP-Audit regelmäßig durchzuführen? ja/nein
2. Kennen Sie Gründe für die Durchführung eines IP-Audits? Falls ja, welche? Antwort:
3. Wenn Sie Frage 2 nicht beantwortet haben, kreuzen Sie bitte die nachstehenden Gründe für ein IP-Audit entsprechend ihrer Wichtigkeit an:
   3.1 Investitionsentscheidungen des Unternehmens erleichtern: sehr wichtig/wichtig/weniger wichtig
   3.2 Die Richtigkeit der Schutzrechtsstrategie zu überprüfen: sehr wichtig/wichtig/weniger wichtig
   3.3 Zusätzliche Schutzmöglichkeiten entdecken: sehr wichtig/wichtig/weniger wichtig
   3.4 Den Nutzen gewerblicher Schutzrechte erkennen: sehr wichtig/wichtig/weniger wichtig
   3.5 Den Wert einzelner Schutzrechte ermitteln: sehr wichtig/wichtig/weniger wichtig
   3.6 Die Zweckmäßigkeit der IP-Instrumente des Unternehmens ermitteln: sehr wichtig/wichtig/weniger wichtig
   3.7 Die Rentabilität der Verfahren zur Verteidigung der Schutzrechte testen: sehr wichtig/wichtig/weniger wichtig
   3.8 Die Übertragung oder Erwerb von Schutzrechten oder Schutzrechtsportfolios sehr wichtig/wichtig/weniger wichtig
   3.9 Den Wert beabsichtigter Beteiligungen/Firmenübernahmen ermitteln: sehr wichtig/wichtig/weniger wichtig
4. Welchen der nachstehend aufgeführten Schutzrechte/Wettbewerbspositionen würden Sie welche Bedeutung für Ihr Unternehmen beimessen?
   4.1 Marken hoch/mittel/gering
   4.2 Patente hoch/mittel/gering
   4.3 Gebrauchsmuster hoch/mittel/gering
   4.4 Geschmacksmuster hoch/mittel/gering
   4.5 Urheberrechte/Copyright hoch/mittel/gering

4.6 Know-how hoch/mittel/gering
4.7 Geschäfts- und Betriebsgeheimnisse hoch/mittel/gering
4.8 Domain-Namen hoch/mittel/gering
4.9 Design hoch/mittel/gering
4.10 Ruf hoch/mittel/gering
4.11 Bekanntheit hoch/mittel/gering
4.12 Qualitätsstandard hoch/mittel/gering
4.13 Computerprogramme hoch/mittel/gering
4.14 Spitzenstellung/Monopol hoch/mittel/gering
4.15 Haben Sie den Eindruck, dass das Datenmanagement in Ihrem Unternehmen bezüglich dieser Schutzrechte (bezüglich des Nachweises der Inhaberschaft der Rechte, der Aufrechterhaltung des Schutzes etc.) berechtigten Erfordernissen entspricht und die relevanten Daten auf Anforderung ohne Mühe und Aufwand dokumentiert werden können? ja/nein

5. **Sind diese vorstehend aufgeführten Schutzrechten/Wettbewerbspositionen optimal geschützt?** ja/nein
   Wenn nein: Wo sehen Sie Defizite?
   ....

6. **Grundsätzliches zum IP-Management des Unternehmens**
   6.1 Beschränkt sich IP-Management auf den Schutz des Unternehmens? ja/nein
   6.2 Beinhaltet IP-Management auch den Zugang zu neuen Geschäftsfeldern? ja/nein
   6.3 Erfolgt unter Synergienutzenbetrachtung eine Kombination von formalen Schutzinstrumenten (gesetzliche Schutzrechte) und faktisch-strategischen Schutzinstrumenten (z. B. zeitlicher Vorsprung, Geheimhaltung, Komplexität der Gestaltung) ja/nein
   6.4 Sind IP-Strategie und die allg. Unternehmens- und Innovationsstrategien miteinander vernetzt? ja/nein
   6.5 Verfügt das Unternehmen über eine eigene Entwicklung seiner Kennzeichen und Technologien? ja/nein
   6.6 Beinhaltet das Schutzrechtswesen des Unternehmens die aktive Akquisition und Verwertung von schützbaren Gegenständen und Inhalten (Kennzeichen, Technologien und Patenten)? ja/nein
   6.7 Betreibt das Unternehmen ein aktives Patent-/Markeninformationsmanagement? ja/nein
   6.8 Existiert im Unternehmen ein Wissensmanagement? ja/nein
   6.9 Ist das Wissensmanagement mit dem jeweiligen Schutzrechtsmanagement verbunden? ja/nein

14.4 IP-Audit-Fragebogen

6.10 Existiert im Unternehmen ein Ideenmanagement? ja/nein
6.11 Verfolgt das Unternehmen die Entwicklung von Werten seiner Schutzrechte? ja/nein
6.12 Ist das IP-Management mit dem Marketing vernetzt? ja/nein
6.13 Ist die Zusammenarbeit mit externen IP-Experten organisiert? ja/nein

7. **IP-Prozesse im Unternehmen**
   7.1 Gibt es eine klare Zuständigkeitsregelung für die Identifikation und Steuerung der IP-Prozesse im Unternehmen? ja/nein
   7.2 Wenn diese nicht der Geschäftsführung zugeordnet ist, gibt es dort einen offiziellen Ansprechpartner? ja/nein
   7.3 Sind die diversen IP-Prozesse im Unternehmen identifiziert und organisiert? ja/nein
   7.4 Ist für sie Systematisierung, Strukturierung und Formalisierung kennzeichnend? ja/nein
   7.5 Sind Initialisierungs- und Weiterbildungsvorgänge (IP-HRM) im Unternehmen vorgesehen? ja/nein
   7.6 Haben die Regelungen des Arbeitnehmererfindungsrechts in die Unternehmensabläufe Eingang gefunden? ja/nein
   7.7 Ist das betriebliche Vorschlagswesen organisiert? ja/nein

8. **Speziell zum Markenwesen des Unternehmens**
   8.1 Kontrolliert Ihr Unternehmen die Rechtsgültigkeit seiner Marken? ja/nein
   8.2 Werden die Marken so benutzt (rechtserhaltend), wie sie registriert sind? ja/nein
   8.3 Können Sie aufgrund durchgeführter Recherchen verlässlich das Bestehen älterer/besserer Rechte ausschließen? ja/nein
   8.4 Kennt Ihr Unternehmen den Grad der Bekanntheit seiner Marken? ja/nein
   8.5 Gibt es Erkenntnisse über den Ruf der Marken? ja/nein
   8.6 Weiß Ihr Unternehmen, wie seine Marken von den Bezugsgruppen wahrgenommen werden? ja/nein
   8.7 Kennt Ihr Unternehmen den Wert seiner Marken? ja/nein
   8.8 Hat Ihr Unternehmen eine gesicherte Vorstellung von dem Maß der Unterscheidungskraft seiner Marken? ja/nein
   8.9 Verfügt Ihr Unternehmen über eine Dokumentation darüber, wie seine Marken bislang benutzt wurden? ja/nein
   8.10 Verfügt Ihr Unternehmen über eine Dokumentation darüber, wie seine Marken lizenziert wurden? ja/nein
   8.11 Verfügt Ihr Unternehmen über Kenntnisse, dass seine Marken von Dritten unbefugt benutzt werden, und toleriert es diese Benutzung? ja/nein

8.12 Welche sonstigen Kennzeichnungsmittel setzt Ihr Unternehmen für welche Zwecke ein?

....
....
....
....
....

9. **Speziell zum Patentwesen des Unternehmens**
   9.1 Entscheidet sich Ihr Unternehmen bewusst gegen Know-how-Schutz und für den Patentschutz? ja/nein
   9.2 Trifft es bewusste Entscheidungen zwischen Gebrauchsmuster und Patentschutz? ja/nein
   9.3 Werden die Art und der Umfang von anzustrebenden Erfindungen und Patenten bewusst und strategisch festgelegt? ja/nein
   9.4 Wird die geografische Reichweite des Patentschutzes strategisch entschieden? ja/nein
   9.5 Besteht Klarheit über die verschiedenen Patentfunktionen (Blockier- und Schutzfunktion, Informationsfunktion, Signalfunktion, Reputationsfunktion, Tauschmittelfunktion, Finanzierungsfunktion etc.)? ja/nein
   9.6 Hat sich das Unternehmen bewusst zwischen den unterschiedlichen Patentstrategien entschieden? ja/nein
   9.7 Beinhaltet das Patentwesen die aktive Akquisition und Verwertung von Technologien und Patenten? ja/nein
10. **Speziell zum Vertragswesen des Unternehmens**
    10.1 Verfügt Ihr Unternehmen über eine detaillierte Dokumentation bestehender Verträge? ja/nein
    10.2 Ist ein Vertragskontrollwesen installiert? ja/nein
    10.3 Werden bei der Vertragsimplementierung gemachte Erfahrungen aufbereitet und für neue Verträge systematisch nutzbar gemacht? ja/nein
11. **Kooperation der Unternehmensabteilungen in Hinsicht auf gewerbliche Schutzrechte und interne Unternehmenskommunikation**
    11.1 Ist eine solche Kooperation der Unternehmensabteilungen strukturell installiert? ja/nein
    11.2 Findet eine derartige Kooperation regelmäßig statt? ja/nein
    11.3 Ist die Wahrung der Unternehmensgeheimnisse bei dieser Kooperation sichergestellt? ja/nein
12. **Konfliktmanagement im Fall der Schutzrechtskollision**
    12.1 Verfügt Ihr Unternehmen über ein Konfliktmanagement im Fall der Schutzrechtskollision ja/nein

14.4 IP-Audit-Fragebogen

12.2 Hat Ihr Unternehmen ein System der Schutzrechtsüberwachung installiert? ja/nein
12.3 Gibt es in Ihrem Unternehmen eine Technik der Streitvermeidung mit Inhabern älterer Schutzrechte mit besserem Rang? ja/nein
12.4 Hat Ihr Unternehmen für den Fall der Verletzung eigener Schutzrechte Vorkehrungen getroffen für eine Interessenwahrnehmung nach dem Grundsatz der Kosten-Nutzen-Optimierung? ja/nein
12.5 Hat Ihr Unternehmen Erfahrungen mit MEDIATION im Fall der Schutzrechtskollision? ja/nein
12.6 Gedenkt es, im Fall der Schutzrechtskollision die Möglichkeiten der MEDIATION in Anspruch zu nehmen? ja/nein

13. **Verbesserung der Nutzung gewerblicher Schutzrechte**
    13.1 Werden die Schutzrechte Ihres Unternehmens (s. o. Ziffer 4) durch Ihr Unternehmen selbst optimal genutzt? ja/nein
    13.2 Wird die Lizenzierbarkeit seiner Schutzrechte optimal genutzt? ja/nein

14. **Gibt es in Ihrem Unternehmen Sicherheitsvorkehrungen gegen Industriespionage? ja/nein**

15. **Wer nimmt im Unternehmen einen IP-Audit vor?**
    15.1 Bei einem internen IP-Audit?
    ………………………………………..
    15.2 Wem berichten die internen Auditoren?
    ………………………………………..
    15.3 Bei einem externen IP-Audit?
    ………………………………………….
    15.4 Wer ist bei einem externen IP-Audit im Unternehmen Ansprechpartner der externen Auditoren?
    ………………………………………….
    15.5 Wer verfügt im Unternehmen über die für einen IP-Audit notwendigen Informationen?
    ………………………………………….

16. **Wie soll ein IP-Audit durchgeführt werden?**
    16.1 Wer definiert die Ziele eines IP-Audits?
    ………………………………………….
    16.2 Wer bestimmt die Methoden eines IP-Audits?
    ………………………………………….

17. **Wie häufig sollte ein IP-Audit durchgeführt werden?**
    17.1 Generelles IP-Audit:…………………………………
    17.2 Spezielles IP-Audit:…………………………………..

18. Nach welcher Methode wird das Ergebnis eines IP-Audits ausgewertet?
   18.1 Wer ist beteiligt an der Auswertung?
   18.2 Wer ist über die Auswertungsergebnisse zu informieren?
   18.3 Wie sind die Entscheidungsprozesse und -ergebnisse nach Auswertung eines IP-Audits zu dokumentieren?

Statistische Angaben

1. Größe des Unternehmens?
   – Mitarbeiter
   – Jahresumsatz
2. Branche
3. Marktstufe
4. Zahl der Schutzrechte
   4.1 Patente
   4.2 Marken
   4.3 Lizenzverträge
5. Zukunftsträchtigkeit/Entwicklung
   5.1 des Unternehmens
   5.2 der Branche

14.5 Marken-IP-Audit: Prüfungsstruktur/Prüfschema

1. Marke – Begriffsbestimmung im Sinne eines Marken-IP-Audit
   1.1 Marke = Jegliches Zeichen gleich welcher Art, das geeignet ist, in den Augen der Bezugsgruppen auf das Unternehmen und auf die Herkunft seiner Leistungsergebnisse hinzuweisen.[26]
   1.2 Marken = Zeichen nach 1.1, gesehen als Bestandteil der gesamten „Zeichenwelt" des Unternehmens[27]

---

[26] Indem das Marken-IP-Audit eines Unternehmens alle Zeichen erfasst (das gesamte wahrnehmbare „Markenwesen") und nicht nur die nach dem Markengesetz (MarkenG) geschützten Zeichen (§ 3 MarkenG), entscheidet sich das Marken-IP-Audit gegen einen bloß rechtlichen Prüfungsansatz und bevorzugt den Standpunkt, dass für seine Funktion alle Zeichen berücksichtigt werden müssen, die eine unternehmerische Relevanz haben.

[27] Dieser Denk- und Betrachtungsansatz folgt der Einsicht, dass alles, was wahrgenommen werden kann, tatsächlich auch wahrgenommen wird. Jedes Unternehmen verfügt immer über mehrere wahrnehmbare Zeichen und Symbole. Sie bilden die „Zeichenwelt" des Unternehmens. Letzteres hat Interesse, sie alle unter seine Kontrolle zu nehmen, weil sie alle

14.5 Marken-IP-Audit: Prüfungsstruktur/Prüfschema

2. Marken-IP-Audit – auditierbare und zertifizierbare Faktoren
2.1 juristisch
- Wie schafft das Unternehmen seine Zeichen?
- Wie begründet das Unternehmen markenrechtlichen Schutz?
- Nimmt es dafür Recherchemöglichkeiten in Anspruch?
- Ost der Markenbestand formal solide begründet?
- Sind die eingetragenen und benutzten Marken juristisch angreifbar (z. B. lauterkeitsrechtlich)?
- Sind sie Erfolg versprechend durchsetzbar gegen fremde Zeichen (Schutzumfang)?
- Können sie mit Erfolg gegen Angriffe Dritter verteidigt werden?
- Wie groß ist der Schutzumfang der begründeten Marken?
- Wie stark ist ihre Kennzeichenkraft/wie hoch ihr Erinnerungswert?
- Kann bei einer Mehrheit von Zeichen eine ggf. verstärkende „Querwirkung" verzeichnet werden?
- Ist eine Markenüberwachung installiert?

2.2 betriebswirtschaftlich
- Verfügt das Unternehmen über eine MarkenORGANISATION – ist sein Markenwesen geordnet und durchorganisiert?
- Gibt es eine – in die Gesamtstrategie integrierte oder daran orientierte – Markenstrategie?
- Existiert ein Markenmanagement (das sich u. a. Markendesign, Steuerung der Interaktion von Marken – gegenseitige Stärkung vs. Markenkannibalismus – kümmert)?
- Gibt es ein Markenportfoliomanagement?
- Existiert ein Markeninformationsmanagement?
- Existiert eine Markenvision (Inhalt, wie differenziert ausgearbeitet?
- Ist die Markenführung in die gesamte Unternehmenskommunikation integriert?
- Ist sie abgestimmt mit dem Marketing?
- Verfügt das Unternehmen über eine Feedback-gestützte Kenntnis über die Markenwahrnehmung durch die Bezugsgruppen (quantitativ und qualitativ) → Erkenntnisse über Markenkommunikationskraft, Markencharakter [was symbolisiert die Marke in welcher Intensität], Kernbotschaft der Marke, Markenemotionalität, Markeninszenierung, Grad der „gelebten" Marke, Glaubwürdigkeit der Marke [eingelöstes Markenversprechen?]?

---

auf die Wahrnehmung des Unternehmens und seiner Hervorbringungen einwirken können – positiv, aber eben auch negativ.

3. **Markenkultur/Markenführungskultur des Unternehmens**
  3.1 Existiert im Unternehmen eine Markentradition? Gibt es eine Dokumentation über den bisherigen Markenauftritt des Unternehmens (Markenhistorie)? Gibt es ein gewachsenes Markenbewusstsein?[28]
  3.2 Gegenwärtiges Markenwissen im Unternehmen[29]. Markenproblembewusstsein?
  3.3 Markenkreationswesen des Unternehmens[30]
  3.4 Betriebswirtschaftliches Markenmanagementwissen im Unternehmen
  3.5 Rechtliches Wissen über die Begründung von markenrechtlichen Besitzständen und die Markenverteidigung
  3.6 Besitzt das Unternehmen eine schriftlich ausformulierte Markenstrategie, die an der allgemeinen Unternehmensstrategie orientiert ist? Gibt es ein schriftlich fixiertes Kennzeichenkonzept? Ist die Nachhaltigkeit der Markenführung gesichert (Kontinuität der Unternehmenswahrnehmung und Unternehmenswerte)?
  3.7 Existiert im Unternehmen eine schriftliche Dokumentation über das Kennzeichenwesen, die an dieser Strategieorientierung ausgerichtet ist?
  3.8 Ist ein Markenmonitoring eingerichtet?
  3.9 Ist ein Brand-Management-System installiert (BMS → DHL)?
  3.10 Wird die Markenführung mit der Produktentwicklung und anderen tangierten Unternehmensbereichen koordiniert?

---

[28] Hier stellt sich insbesondere die Frage, ob das Unternehmen in seinem Verständnis von „Marke" die Änderung der Auffassungen von dem, was eine Marke ist, für sich und seine Aktivitäten nachvollzogen und integriert hat. War nach klassischem Verständnis eine Marke (nur) ein physisches Kennzeichen für die Herkunft eines Markenartikels, geht das Verständnis des „Phänomens Marke" heute vielmehr dahin, dass Marken „Vorstellungsbilder in den Köpfen der Konsumenten (sind), die eine Identifikations- und Differenzierungsfunktion übernehmen und das Wahlverhalten prägen". Marke ist damit „the consumer's idea of a product" (vgl. Esch, Strategie und Technik der Markenführung, 3. Aufl. 2005). Dieser Paradigmenwechsel wirkt sich zwangsläufig darauf aus, welche Anforderungen an die Führung der Marken in betriebswirtschaftlicher und auch rechtlicher Hinsicht und an das gesamte Marken-IP-Management zu stellen sind.

[29] Wissen, was eine Marke ist und wie sie genutzt/eingesetzt werden kann. Weiß das Unternehmen, welche unterschiedlichen Zeichen/Marken es nutzen kann? Welches ist die „richtige" Marke für das Unternehmen und spezielle Vorhaben? Zum Begrifflichen: „Zeichen" ist in diesem Zusammenhang der weiteste Begriff. Schon der Begriff „Symbol" ist enger, weil er nur Zeichen mit Symbolcharakter erfasst. Das Markenrecht interessiert sich nur für Zeichen, die als Marke schutzfähig sind (§ 3 Abs. 1 Satz 1 MarkenG). „Warenzeichen" ist als Wort für „Marke" veraltet und zu eng, weil es auch "Dienstleistungsmarken" geben muss (und gibt).

[30] Kreiert das Unternehmen seine Marken selbst oder nutzt es die Kompetenz von professionellen Markenentwicklern (s. Kap. 6.3.1.1) und Markendesignern?

14.5 Marken-IP-Audit: Prüfungsstruktur/Prüfschema

3.11 Ist die Verantwortung für das Marken-IP-Management an der geeigneten Stelle des Unternehmens positioniert?[31]

3.12 Ist die qualifizierte markenrechtliche Betreuung/Begleitung des Unternehmens in-house/extern gewährleistet?

3.13 Existiert ein Controlling des Marken-IP-Managements, das ein evtl. Zurückbleiben hinter den Zielvorgaben aufdeckt, dokumentiert und ggf. kommentiert?

4. **Besitzstand-Ermittlung (quantitativ)**

Über welche Zeichen verfügt das Unternehmen, die von den Bezugsgruppen als Symbole für es selbst und seine Hervorbringungen[32] wahrgenommen werden?[33]

Konkret wofür (für welche Waren und/oder Dienstleistungen) sind die etablierten Zeichen/Marken geschützt?[34] Steht dem Besitzstand ein Besitz- und Benutzungsbewusstsein und ein Besitz- und Benutzungswille des Unternehmens gegenüber?

    4.1 eingetragene Marken
        4.1.1 DPMA
        4.1.2 HABM
        4.1.3 WIPO
    4.2 Benutzungsmarken[35]
    4.3 notorisch bekannte Marken[36]

---

[31] Das Marken-IP-Management ist, wie das gesamte IP-Management des Unternehmens, aufgrund seiner strategischen Ausrichtung und des entsprechenden Stellenwerts der unmittelbaren Aufsicht durch die Unternehmensführung zu unterstellen.

[32] Bewusst wird in diesem Zusammenhang der weite Begriff der Hervorbringung gewählt, unter den neben den eigentlichen kommerzialisierbaren Produkten (Waren und Dienstleistungen) auch alle anderen wahrnehmbaren materiellen und immateriellen Äußerungen (Manifestationen) des Unternehmens fallen, wie z. B. seine Werbung, sein Internetauftritt (Website), sogar die Architektur seiner Gebäude etc.

[33] Auch an dieser Stelle wird auf den für das ganze Markenwesen entscheidenden Prozess der Wahrnehmung durch die Bezugsgruppen, insbesondere die Zielgruppen des Unternehmens, abgestellt.

[34] Bei eingetragenen Marken kommt insoweit dem jeweiligen Verzeichnis der „beanspruchten" Waren und Dienstleistungen maßgebliche Bedeutung zu. Darin sind alle Waren und Dienstleistungen aufzuführen, die „unter der Marke" kommerzialisiert werden sollen – gegenwärtig oder zukünftig.

[35] Gemäß § 4 Nr. 2 MarkenG.

[36] Gemäß § 4 Nr. 3 MarkenG.

4.4 geschäftliche Bezeichnungen[37]
4.5 geografische Herkunftsangaben[38]
4.6 Produktformen (3D-Marken)
4.7 Verpackungsformen (3D-Marken)
4.8 Farben
4.9 Farbzusammenstellungen
4.10 Sind die Kennzeichen in einem Markenportfolio organisiert? Wie ist das Markenportfoliomanagement beschaffen?

5. **Besitzstand-Ermittlung (qualitativ)**
5.1 Ermittlung der Zeichen-/Markenstruktur (Unternehmensmarken, Dachmarken, Produktmarken)
5.2 Genutzte Markenarten[39] und Markenformen[40]
5.3 Benutzte/nicht benutzte eingetragene Marken
5.4 Bekanntheitsgrad der benutzten Zeichen[41]
5.5 Ruf der Marken[42]
5.6 Verhältnis Zeichen: Erzeugnisse
5.7 Verteilung des Umsatzes auf die Marken
5.8 dynamische Betrachtung[43]

6. **Ermittlung der rechtlichen Bestandssicherheit**
6.1 Besteben absoluter Eintragungshindernisse[44]

---

[37] § 5 MarkenG; Unternehmenskennzeichen (= Zeichen, deren Bedeutung für die Unternehmenskommunikation nicht hoch genug veranschlagt werden kann, wie Name bzw. die Firma eines Unternehmens, Beispielkaufmann e.K. Beispielkaufmann GmbH & Co. KG, Adeo AG, „besondere Bezeichnung" des Geschäftsbetrieb (alle Kennzeichen, die nicht Unternehmensname oder -firma sind) z. B. „Mercedes" oder „Benz" für die Daimler AG, Geschäftsabzeichen, z. B. Auskunft-Telefonnummer „11833" für Telekom, Stern für Daimler AG, Muschel für Shell (Stern und Muschel sind natürlich auch als eingetragene Bildmarken geschützt!) und Werktitel (Namen oder besonderen Bezeichnungen (Titel) der Druckschriften eines Unternehmens oder seiner sonstigen Veröffentlichungen).

[38] §§ 126 ff. MarkenG.

[39] Etwa: eingetragene oder „nur" benutzte Marke.

[40] Vornehmlich: Wort-, Bild- oder Farbmarken, dreidimensionale Marken, Positions-, Hör-, Geruchs-, Tastmarken, Bewegungsmarken.

[41] Eine Größe, die aus Rechts- und Marketinggründen unbedingt unter ständiger Kontrolle zu halten ist.

[42] Aspekt der Wertschätzung, die der Marke entgegengebracht wird.

[43] Alle genannten Faktoren sind in ihrer Veränderung und Entwicklung zu betrachten und zu bewerten.

[44] §§ 8, 50 MarkenG: In erster Linie fehlende Unterscheidungskraft und sog. Freihaltungsbedürfnis. Auch bereits eingetragene Marken können an absoluten Eintragungshindernissen

14.5 Marken-IP-Audit: Prüfungsstruktur/Prüfschema

6.2 Bestehen relativer Eintragungshindernisse[45]
6.3 Entgegenstehende prioritätsältere Benutzungszeichen[46]
6.4 Entgegenstehende sonstige ältere Rechte[47]
6.5 Entgegenstehende notorisch bekannte Marken[48]
6.6 Bestehen von Löschungsgründen infolge nicht ausreichender Benutzung[49]
6.7 Laufende, den Bestand betreffende rechtliche Verfahren
    6.7.1 Widerspruchsverfahren
    6.7.2 Löschungsverfahren
    6.7.3 Verteidigungsprozesse
6.8 Risikobewertung zu allen Positionen gem. Ziffer 6.
7. Ermittlung des rechtlichen Schutzumfangs[50]
7.1 Kennzeichnungskraft[51] der Zeichen
7.2 Originalitätsgrad der Marke[52]
7.3 Kompensation durch intensive Benutzung

---

scheitern und selbst nach langer Zeit der Verweildauer im Markenregister gelöscht werden. Beispiel: Lego-8-Noppen-Baustein (ehem. 3D-Marke).

[45] §§ 9, 51 MarkenG.
[46] § 12 MarkenG.
[47] § 13 MarkenG.
[48] § 10 MarkenG.
[49] §§ 25, 26, 49 MarkenG.
[50] Der Schutzumfang (Schutzbereich) ist das entscheidende Kriterium für die Bedeutung eines Zeichens (wie i. Ü. aller Schutzrechte), und zwar sowohl in rechtlicher als auch in wirtschaftlicher Hinsicht. Es muss das Anliegen jedes Inhabers eines Zeichens sein, eine Marke etc. mit möglichst weitem Schutzumfang zu besitzen. Je größer der Schutzumfang ist, desto leichter lässt sich das Zeichen rechtlich verteidigen und desto bedeutender kann es in der Unternehmenskommunikation werden. Auch der Markenwert bemisst sich u. a. danach.
[51] „Kennzeichnungskraft" ist ein zentraler Begriff des Markenrechts und ein Element der Prüfung der Verwechslungsgefahr in der Situation der Zeichenkollision. Dieser Begriff korreliert mit dem der Kommunikationskraft im Sinne der Unternehmenskommunikation und der Wahrnehmbarkeit (Perzeptionsfähigkeit) im Sinne der Wahrnehmungspsychologie. Konstitutiv für die Kennzeichnungskraft der Marke sind neben der originären Unterscheidungskraft des Zeichens die Art und Dauer der zurückliegenden Benutzung, der Werbeaufwand für die Marke und u. a. der Marktanteil.
[52] Bedeutungshaltige Marken mit assoziativem Bezug zum Angebot (sog. „sprechende" Marken, also Marken die meist durch sprachliche, ggf. aber auch durch grafische Umsetzungen nach Möglichkeit bereits kommunizieren sollen, wofür oder durch wen die „beanspruchten" Waren benutzt werden sollen) sind zumeist stark beschreibend und wenig unterscheidungskräftig. Infolgedessen haben sie regelmäßig einen nur geringen Schutzumfang. Allerdings können sie durch andere Faktoren (Pfiffigkeit, Humor, überraschende Kombination etc.) an Kennzeichenkraft gewinnen und so auch an Schutzumfang zulegen. Bekanntes Beispiel: „Swatch"; zusammengesetzt aus „Swiss" und „watch", mehr als naheliegend für Uhren aus der

8. **Ermittlung der unternehmerischen Relevanz der Zeichen**
   8.1 Ist das Marken-IP-Management des Unternehmens mit seinem Marketing vernetzt?
   8.2 Inwieweit helfen die Marken, Hebel der Umsatzentwicklung zu sein?
9. **Beurteilung des Zeichenmanagements des Unternehmens (Markenpolitik/ Markenmanagement)**
   9.1 Verfügt das Unternehmen über eine schriftlich fixierte Markenstrategie?
   9.2 Werden die Marken des Unternehmens richtig evaluiert?
   9.3 Werden die Marken wertorientiert geführt?
   9.4 Sind die Marken richtig positioniert?
   9.5 Sind die Marken des Unternehmens in der Lage, Markenerlebnisse zu vermitteln?
   9.6 Sind die Maßnahmen der Unternehmenskommunikation vom Produktdesign bis zur Werbung koordinierte wirkende Träger der Markenerlebnisse?
   9.7 Hat das Unternehmen das richtige Markenportfolio mit einer sinnvollen Portfolioarchitektur aufgebaut?
   9.8 Ist das Markenportfolio mit der richtigen Budgethöhe ausgestattet?
   9.9 Sind im Unternehmen die richtigen Strukturen installiert und laufen die richtigen Prozesse ab zur Umsetzung der Markenführungsaktivitäten?
   9.10 Betreibt das Unternehmen eine systematische Markenüberwachung?[53]
   9.11 Betreibt das Unternehmen ein systematisches Zeichen-/Markeninformationsmanagement?[54]
   9.12 Nutzt das Unternehmen die Vorteile von Kollektivmarken?[55]
   9.13 Setzt das Unternehmen die für seine Bedürfnisse optimale Marken-IP-Management-Software ein?[56]

Schweiz; gleichwohl infolge der gelungenen ungewöhnlichen und pfiffigen Sprachkombination schutzfähig und überdies in der Lage, einen großen Schutzumfang zu gewinnen.

[53] Systematisches Aufspüren von Kennzeichen, die mit den eigenen Kennzeichen in Kollision geraten können. Dienste der Markenüberwachung werden von professionellen Überwachungsbüros international angeboten.

[54] Dazu gehört z. B. die Überwachung der Kennzeichenstrategien der wesentlichen Wettbewerber, ihres Anmeldeverhalten, der Gestaltung von Waren-/Dienstleistungsverzeichnissen der von ihnen angemeldeten Marken etc. Diese Verzeichnisse können in ihrer Komposition Aufschluss darüber geben, was die Konkurrenten strategisch vorhaben.

[55] Das sind Marken, die von einem Verband o. ä. angemeldet werden und den verbandsangehörigen Unternehmen zur Verfügung stehen. Die Verteidigung dieser Marken obliegt zumeist dem Verband selbst.

[56] Auch zu dem Zweck, Informationsmanagement zu betreiben, insbesondere die Datenflut zum IP-Wesen zu beherrschen, Rentabilitätsberechnungen für die Marken durchzuführen und die Lizenzvergabe zu optimieren.

14.5 Marken-IP-Audit: Prüfungsstruktur/Prüfschema

10. Ermittlung des ökonomischen Nutzwerts der Zeichen
  10.1 Aufwand für Schaffung und Erhalt von Zeichen
  10.2 Aufwand für Markenüberwachung und Verteidigung der Zeichen
  10.3 Lizenzwesen[57] (Lizenzeinnahmen durch Gestattung der Fremdbenutzung)
11. Ermittlung des finanziellen Werts der Zeichen des Unternehmens

Immaterielle Wirtschaftsgüter – wie Marken – stellen einen immer bedeutsameren Teil des Unternehmensvermögens dar. Sie sind in der Lage, eine wichtige Rolle im Zusammenhang mit der Unternehmensfinanzierung zu spielen. Es stellt sich im Rahmen eines Marken-IP-Audits die Frage, ob das Unternehmen diese Möglichkeit erkennt, nutzt und optimiert.

  11.1 Verkehrswert
       Dem Unternehmen bekannte Größe?[58] Wird die Information über den Verkehrswert genutzt?
  11.2 Beleihungswert
       Dem Unternehmen bekannte Größe? Wird die Information genutzt?
  11.3 Bilanzielle Aktivierbarkeit der Zeichen
       Möglichkeit geklärt? Bilanziell verwertet?
12. Nutzung der steuerlichen Gestaltungsmöglichkeiten
  12.1 Nutzung der möglichen steuerlichen Optimierungen[59]
  12.2 Verrechnung von Lizenzgebühren unter Konzerngesellschaften

---

[57] § 30 MarkenG.

[58] Der Wert eines Brands kann mittels EVA (Economic Value Added) ermittelt werden. Vgl. i. Ü. ISO 10668 „Brand Valuation – Requirements for monetary brand valuation" der International Organization for Standardization ISO, Genf.

[59] Immaterielle Wirtschaftsgüter, wie Marken, sind als kommerzielle Phänomene an keinen geografischen Ort gebunden. Sie können leicht verlagert werden. Damit öffnen sich dem Inhaber des Schutzrechts ggf. interessante Möglichkeiten der Steueroptimierung, ggf. durch Ausgliederung des unternehmenseigenen geistigen Eigentums und seiner Verwertung durch Verwertungsgesellschaften mit steuerlich günstigem Domizil, ggf. also auch durch Gründung von Unternehmen an steuerlich vorteilhaften Standorten.

14.6 Schema zum Phänomen und Prozess der Wahrnehmung

Angesichts der Komplexität des Prozesses der Wahrnehmung und der durch ihn ausgelösten Folgeprozesse handelt es sich hier um ein grob vereinfachendes Schema, was mit Rücksicht auf den begrenzten Zweck der Darstellung vertretbar erscheint[60].

---

[60] Stets sollte man sich indes im Klaren sein, dass Wahrnehmung infolge von immer vorhandenen Wahrnehmungsschwellen und -filtern Vorstellungen (Repräsentationen) aufkommen lässt, die nur selten inhaltlich mit der/den von anderen aufgenommenen Umwelt(en) vollständig übereinstimmen (vgl. Wikipedia (28.5.2013), Stichwort Wahrnehmung, Unterstichwort Kognition/Filtereffekte). Ferner ist zu berücksichtigen, dass das menschliche Gehirn – allein im Überlebensinteresse – unter dem Zwang steht, angemessen schnell Sinnzusammenhänge zu produzieren. Dieser Vorgang der Sinn"gebung" wird regelmäßig durch die Produktion ausreichend plausibler Erklärungen der aufgenommenen Umweltelemente und ohne Rücksicht darauf beendet, ob die „real existierende", „objektive" Wirklichkeit tatsächlich erfasst und zutreffend erklärt wird (vgl. Goldstein, B. E. (2002), S. 3 ff.).

14.6 Schema zum Phänomen und Prozess der Wahrnehmung

---

[61] Wahrnehmbare Umgebung, z. B. Angebot an Waren und Dienstleistungen.

[62] Wirkungssphäre der z. B. von Unternehmen ausgesandten Perzepte, der Inhalte der Unternehmenskommunikation und speziell der Maßnahmen des Marketings (z. B. Erlebnismarketing). Was nicht wahrgenommen wird, scheidet als Wirkfaktor für die nachfolgenden Prozessstufen aus. Der Begriff der Wahrnehmung ist zugleich von zentraler Wichtigkeit für die Seinsumstände (Entstehung und Wirkung) von Schutzrechten.

[63] Zum Beispiel angereichert durch das Entstehen von Eindrücken (Bildern), an die die nachfolgende Bewertung anknüpft.

[64] Station der kognitiv/intellektuellen Aneignung von Resultaten der vorhergehenden Vorgänge.

[65] Zum Beispiel Kaufentscheidung.

[66] Zum Beispiel Kauf und Verfügung über Finanzierungsmittel.

[67] Zum Beispiel Kundenvergewisserung; Phase der After-Sales-Dienstleistungen (Kundenbetreuung).

[68] Zum Beispiel bestenfalls Weiterempfehlung oder Nachkauf, aber auch Reklamation und Rückabwicklung des ganzen Vorgangs (z. B. Kaufs).

Literatur

Absatzwirtschaft-Sonderveröffentlichung 2004: Markenbewertung Die Tank-AG; jeweils mitweiterführenden Hinweisen.
Achleitner, A./Jarchow, S./Schraml, S./Nathusius, E. (2008), Projekt „Management und Bewertung von IP-basierten Unternehmen", GRUR Int. 2008, S. 585.
Albers, M. (2009), MECONOMY, Berlin.
Belliger, A./Krieger, D. (2007), Wissensmanagement für KMU, Zürich.
Benkard, G. (2006), Patentgesetz, 10. Aufl., München.
Bingener, S. (2012), Markenrecht, 2. Aufl., München.
Bosworth, D./Webster, E. (2006), The Management of Intellectual Property, Cheltenham, UK, Northampton, USA.
Breesé, P. (2002), Stratégies de Propriété Industrielle, Paris.
Breesé, P./Kaiser, A. (2004), L'évaluation des droits de propriété industrielle, Paris.
Bruhn, M. (2006), Integrierte Unternehmens- und Markenkommunikation, 4. Aufl., Stuttgart.
Burr, W./Stephan, M./Soppe, B./Weisheit, S. (2007), Patentmanagement, Stuttgart.
Dienel, H.-L./Wilke, G. (2004), Deutschland in der globalen Wissensgesellschaft, Berlin.
Dörner, D. (1989), Die Logik des Misslingens, Hamburg.
Dreyfus, N./Thomas, B. (2006), Marques, dessins & modèles, 2. Aufl., Paris.
Eichmann, H./v. Falckenstein, R. (2005), Geschmacksmustergesetz, 3. Aufl., München.
Eickemeier, D. (2006), Chefsache Geistiges Eigentum, Ideen erfolgreich schützen, Frankfurt.
Ensthaler, J./Wege, P. (2013), (Hrsg.), Management geistigen Eigentums, Berlin, Heidelberg.
Ernst, H. (2002), Strategisches IP-Management in schnell wachsenden Technologieunternehmen. In: Hommel, U./Knecht, T., Wertorientiertes Start-Up Management, München.
Esch, F.-R. (2005), Markenführung, 3. Aufl., München.
Esch, F.-R./Herrmann, A./Sattler, H. (2006), Marketing, München.
Gassmann, O./Bader, M.A. (2007), Patentmanagement, Berlin, Heidelberg.
Goldstein, E. Bruce (2002), Wahrnehmungspsychologie, Berlin
Göttgens, O./Gelbert, A./Böing, C. (2003), Profitables Markenmanagement, Wiesbaden.
Gottschalk, B./Kalmbach, R. (2003), Markenmanagement in der Automobilindustrie, Wiesbaden.

Hanser, P. (2004), Monetäre Markenbewertung, Die Marke als Kapitalanlage, in: absatzwirtschaft 2004, S. 26 ff.

Haupt, S./Schmidt, R. (2007): Markenrecht und Branding – Schutz von Marken, Namen, Titeln, Domains und Herkunftsangaben, München.

Harke, D. (2001): Ideen schützen lassen? Patente, Marken, Design, Werbung, Copyright., München

Herbst, D. (2003), Unternehmenskommunikation, Berlin.

Heuser, U. J./Spoun, S. (Hrsg.) (2013), Betriebswirtschaftslehre, Hamburg.

Hoffmann, M./Richter, T. (2011), Geistiges Eigentum in der Betriebspraxis,1. Aufl., Wiesbaden.

Hungenberg, H. (2006), Strategisches Management in Unternehmen, 5. Aufl., Wiesbaden.

Ingerl, R./Rohnke, C. (2003), Markengesetz, 2. Aufl., München.

Jolly, A./Philpott, J. (2007), European Intellectual Property Management, London und Philadelphia.

Kamiske, Gerd F. (Hrsg.) (2008), Managementsysteme, Begutachtung, Auditierung und Zertifizierung, Düsseldorf.

Köhler, H./Bornkamm, J. (2012), Gesetz gegen den unlauteren Wettbewerb UWG, 30. Aufl., München.

Linxweiler, R. (2004), Marken-Design, 2. Aufl., Wiesbaden.

Löbler, H. (2007), „Abschied von der Sender-Empfänger-Logik", absatzwirtschaft 5/2007, S. 76.

Martius, W., (2008), Fairplay Franchising., Wiesbaden.

Mast, C. (2006), Unternehmenskommunikation, 2. Aufl., Stuttgart.

Meffert, H./Burmann, C./Kirchgeorg, M., (2008), Marketing, 10. Aufl., Wiesbaden.

Meffert, H./Burmann, C./Koers, (2003), Markenmanagement, Bern.

Mittelstaedt, A. (2007), Kommt es für die Feststellung der Geschmacksmusterverletzung auf die Unterschiede oder auf die Gemeinsamkeiten an? WRP 2007, 1161.

Mittelstaedt, A. (2008), Geschmacksmusterrecht, in: Erdmann/Rojahn/Sosnitza (Hrsg.), Handbuch des Fachanwalts Gewerblicher Rechtsschutz, 1. Aufl., Köln.

Mittelstaedt, A. (2009), Strategisches IP-Management – mehr als nur Patente, 1. Aufl., Wiesbaden.

Münch, P./Ziese, H. (2012), Intellectual Property Management, 1. Aufl., Zürich-Basel-Genf.

Osterrieth, C. (2007), Patentrecht, 3. Aufl., München.

Peifer, K.-N. (2008), Urheberrecht für Designer, Einführung in das Designrecht, München.

Piper, H./Ohly, A. (2010), Gesetz gegen den unlauteren Wettbewerb, 5. Aufl., München.

Rebel, D. (2009), Gewerbliche Schutzrechte, 6. Aufl., Köln, Berlin, München

Repenn, W./Weidenhiller, G. (2005), Markenbewertung und Markenverwertung, 2. Aufl., München.

Samland, B. (2006), Unverwechselbar: Name, Claim & Marke, Planegg/München.

Sattler, H./Völckner, F. (2007), Markenpolitik, 2. Aufl., Stuttgart.

Schirrmacher, F. (2013), EGO – Das Spiel des Lebens, München.

Schlögl, G. (2003), Integrierte Unternehmenskommunikation, Wien.

Schultz von Thun, F. (1981), Miteinander Reden, Störungen und Klärungen (46. Aufl. 2008), Reinbek bei Hamburg.

Ströbele, P./Hacker, F. (2007), Markengesetz, 8. Aufl., Köln, Berlin, München.

Vollhardt, K. (2007), Management von Markenportfolios, Dissertation Universität Mainz, Wiesbaden.

Literatur

Wandtke, A./Bullinger, W. (2002), Praxiskommentar zum Urheberrecht, München.
Wodtke, C./Richters, S. (2004), Schutz von Betriebs- und Geschäftsgeheimnissen, Berlin.
Wurzer, A. J. (2004), Patentmanagement, Eschborn.
Wurzer, A. J. (2008), IP-Management – Schlüsselkompetenz in einer Wissensökonomie, in GRUR 2008, 577.
Wurzer, A. J., Hrsg. (2009), IP-Manager, München.
Wurzer, A. J. (2010), Aktuelles aus der IP-Ökonomie, Mitt 2010, S. 520.
Wurzer, A. J. (2013), Aktuelles aus der IP-Ökonomie, Mitt 2013, S. 221.
Wurzer, A. J./Grünewald, T. (2007), Patentinformation – Wettbewerbsvorsprung im Innovationsprozess, München.

Stichwortverzeichnis

A
Anforderungsprofil, 26, 44, 80, 101, 104, 119
Anspruchsgruppe, 20, 31, 59, 65, 136
Apple, 37, 60, 71, 78
Arbeitnehmererfindung, 22, 98
Aspirin, 55
Asset, 155
Audit, 5
 internes, 137
 Module, 123
 umfassendes, 170
Auditierung, 27, 121
Auskunftsrecht, 115

B
Besitzstand-Ermittlung, 185
Bestandssicherheit, rechtliche, 186
Bewertung, 45, 109, 134
Bewertungs-Audit, 176
Black Box, 12, 16
BMW, 36, 71

C
Chefsache, 8, 144
Cluster, 55
Controlling, 119, 130, 142

D
Design-IP-Audit, 9
Durchsetzung, 89, 113, 118, 119

E
Ebene der Kaufentscheidung, 13, 31
Effizienzkontrolle, 12, 18

Eigentum, geistiges, 7, 23, 32, 49, 101, 105, 107
 Verletzungen, 115
Erfinder, patentrechtlicher, 105

F
Formmarke, 63
Freudenhaus, 62
Führungssicherheit, 11, 14

G
Ganzheitlich, 10, 28
Gebrauchsmuster, 51, 81, 84, 114
Gesamtaudit, 10
Geschmacksmuster, 42, 51, 54, 81, 114, 130, 131, 135, 173
Geschmacksmusterinhaber, 86
Geschmacksmustermanagement, 152, 164
Geschmacksmusterrecht, 81, 84
Gestalter, geschmacksmusterrechtlicher, 105
Globalisierung, 77, 90
Grenzbeschlagnahme, 117

H
Handlungsfreiheit, 12, 75
Herkunftsfunktion, 62, 70
Human resources, 101, 155, 167

I
Imitation, 33, 117
Industriespionage, 181
Inklusionsfunktion, 71
Innovation, 3, 7, 11, 14, 18, 29, 30, 32, 38, 45, 49, 79, 82
Innovationscluster, 44

Innovationsmanagement, 160
Innovationsrendite, 7, 26, 101
Innovationsstreben, 29, 32, 38
Innovationstrieb, 49
Innovationsvorsprung, 7, 13, 21
IP
   Audit, 8, 12, 18, 53, 73, 121, 122, 124, 125, 127, 130, 132, 134, 136
   Fragebogen, 6
   Prüfungsstruktur, 6
   Cert
   Anforderungsprofil, 6, 124, 138 ,157, 160, 161, 162, 164, 165, 167, 168
   Controlling, 46, 141
   Human Ressource Management, 103
   Management, V, 5, 8, 10, 11, 49, 62, 69, 70, 71, 78, 96, 97, 99, 102, 125, 133, 135
   Managementprozess, VI, 103, 141, 143
   Manager, 42, 52, 101
   Prozess, 27, 157, 179
   Bewertung, 168
   Strategie, 8, 45, 131
   Substanz, 171
   Themen, 45
   Zertifizierung, 7

K
Kaufentscheidung, 55, 70
KMU, 76
Know-how-Management, 154, 166
Know-how-Schutz, 46, 56, 93, 180
Kommunikationsfunktion, 71
Komplementärfaktor, 26
Kooperation, 59, 79, 106
Kostenerstattung, 117
Kostenkontrolle, 12, 17
Kreativität, 3, 11, 14, 30, 31, 38, 49, 134
Kundennutzen, 19, 31, 38

M
Managementprozess, 5, 11, 19, 46, 56, 121, 138
Marke
   einfache, 57
   sprechende, 61
Markenallianz, 68
Markenentwickler, 61
Markenfunktion, 62, 69, 70
Marken-IP-Audit, 9, 189
Markenkultur, 184
Markenmanagement, 45, 56, 57, 64, 67, 123, 150, 161, 183
Markenpositionierung, 67
Markenrecht, 16, 40, 52, 55, 56, 62, 66, 71, 133
Marketing, 64, 89
Maßnahme, einstweilige, 116
Mitarbeitermotivation, 13, 21
Mitarbeiterrekrutierung, 22,
Mitarbeiterzufriedenheit, 13, 22, 104
Monitoring, 72

N
Nachahmen, 33
NSU, 34

P
Patent, 73
Patentaudit, 79
Patent-IP-Audit, 9
Patentmanagement, 151, 162
Patentrecht, 16, 55, 78
Prozesshaft, 10, 18

Q
Qualität, 13, 54, 96, 134

R
Rückruf, 115

S
Schadensersatz, 116
Scharfrichter, 117
Schlüsselerfinder, 33, 77, 103
Schlüsselpatent, 74
Schöpfer, urheberrechtlicher, 105
Schutzdauer, 92
Schutzrechtscluster, 55
Schutzrechtsportfolio, 45, 86, 89, 91, 153, 165
Schutzumfang, 3, 13, 41, 45, 57, 59, 60, 61, 67, 72, 74, 82, 114, 131
Schwachstellenanalyse, 136
Schwerpunktmodul, 9
Sicherheit, 61, 135
Sicherungsmaßnahme, 116

Stichwortverzeichnis

Sicherung von Beweismitteln, 114
SIP, 5, 45, 67, 125
   Controlling, 45, 149
   Stakeholder, 12, 24, 66, 122
   Wahrnehmung, 90
Strategisches IP-Management (SIP), 1, 32
SWOT, 119, 131
Systemisch, 10

T
Transparenz, 16

U
Unternehmenskommunikation, 63, 65, 72, 126, 135
Unternehmensstrategie, 4, 5, 8, 45, 59, 72, 79
Unternehmensziel, 131, 135
Urheberrecht, 16, 45, 51, 91, 92, 114, 131, 173
Urheberrechtsgesetz, 92
Urheberrechtsmanagement, 153, 165
Urteilsveröffentlichung, 117

V
Vernetzung, 4, 28, 92, 99, 136
Vernichtung verletzender Waren, 115
Vertrauen, 12, 20
Vertrauensfunktion, 71
Vorschlagswesen, 22, 94, 98, 106, 135

W
Wahrnehmbarkeit, 12, 20, 31, 55, 58, 64, 77, 79, 82, 135
Wahrnehmung, 38, 59, 63, 65, 67, 71, 82
Wankelmotor, 34
Wechselbezüglichkeit, 52
Wertschöpfungsfaktor, 24
Wissensgesellschaft, 23, 45, 73, 78
Wissensmanagement, 25, 38, 50, 98
Wissensökonomie, V, 23, 25, 102

Z
Zertifizierung, 5, 27, 107, 109, 121, 122, 141
Zertifizierungsinstitution, 8, 127
Ziel, 71
Zukunftsaussichten, 142

Printed by Printforce, the Netherlands